Interventions- und haftungsrechtliche Aspekte grenzüberschreitender Rundfunksendungen

Von

Dr. Christof Weil

DUNCKER & HUMBLOT / BERLIN

D 16

Gedruckt 1981 bei Buchdruckerei A. Sayffaerth - E. L. Krohn, Berlin 61
Printed in Germany
ISBN 3 428 04977 2

Vorwort

Die vorliegende Arbeit wurde im Wintersemester 1980/1981 von der Juristischen Fakultät der Universität Heidelberg als Dissertation angenommen. Sie wurde angeregt, betreut und gefördert von meinem verehrten akademischen Lehrer Prof. Dr. Karl Doehring, dem ich nicht nur hierfür zu großem Dank verpflichtet bin. Mein Dank gebührt ebenfalls Herrn Prof. Dr. Eckart Klein für seine wertvolle Kritik im Rahmen der Zweitbegutachtung und Herrn Senator e. h. Prof. Dr. Johannes Broermann für die freundliche Aufnahme der Arbeit in diese Schriftenreihe. Gedankt sei schließlich auch Frau Hannelore Körner für die mühevolle redaktionelle Betreuung.

Das Manuskript wurde im Januar 1980 abgeschlossen.

Montpellier, im August 1981

Der Verfasser

Inhaltsverzeichnis

II. Teil

Die Intervention durch Rundfunksendungen

III. Teil

Die Verantwortlichkeit der Staaten für völkerrechtswidrige transnationale Rundfunksendungen

Abkürzungsverzeichnis

AJIL	= American Journal of International Law
AMRK	= Amerikanische Menschenrechtskonvention
ARD	= Arbeitsgemeinschaft der öffentlich-rechtlichen Rundfunkanstalten der Bundesrepublik Deutschland
BayVGH	= Bayrischer Verwaltungsgerichtshof
BayVBl.	= Bayrisches Verwaltungsblatt
BBC	= British Broadcasting Corporation
BGBl.	= Bundesgesetzblatt
BGHZ	= Entscheidungen des Bundesgerichtshofs in Zivilsachen
BVerfG	= Bundesverfassungsgericht
BVerfGE	= Entscheidungen des Bundesverfassungsgerichts
CIA	= Central Intelligence Agency
Cmnd	= Great Britain, Parliamentary Papers by Command
Com.	= Committee
C.P.J.I.	= Cour Permanente de Justice Internationale
Dept. of State Bull.	= Department of State Bulletin
Diss.	= Dissertation
DLF	= Deutschlandfunk
Doc.	= Document
DW	= Deutsche Welle
DW/DLF-G	= Gesetz über die Errichtung von Rundfunkanstalten des Bundesrechts
EA	= Europa Archiv
ECOSOC	= Economic and Social Council
EGBGB	= Einführungsgesetz zum Bürgerlichen Gesetzbuch
EMRK	= Europäische Menschenrechtskonvention
FAG	= Fernmeldeanlagengesetz
FRD	= Declaration on Principles of International Law concerning Friendly Relations and Co-operation among States in accordance with the Charter of the United Nations
FRD-Spec. Com.	= Special Committee on Principles of Interational Law concerning Friendly Relations and Co-operation among States
GA	= General Assembly
GAOR	= General Assembly Official Records
GBl.	= Gesetzblatt
GG	= Grundgesetz
ICA	= International Communication Agency
ICJ	= International Court of Justice
IGH	= Internationaler Gerichtshof
ILC	= International Law Commission
ILM	= International Legal Materials
Inc.	= Incorporated
IPW	= Institut für Internationale Politik und Wirtschaft der DDR
ITU	= International Telecommunication Union

JIR	= Jahrbuch für Internationales Recht
JZ	= Juristenzeitung
KSZE	= Konferenz über Sicherheit und Zusammenarbeit in Europa
LB	= Lehrbuch
MR	= Menschenrechte
MRP	= Menschenrechtspakt (Internationaler Pakt vom 19. Dezember 1966 über bürgerliche und politische Rechte)
mtg.	= meeting
NJW	= Neue Juristische Wochenschrift
no.	= number
OR	= Official Records
P.C.I.J.	= Permanent Court of International Justice
RdC	= Recueil des Cours
Rdn.	= Randnummer
Res.	= Resolution
RFE	= Radio Free Europe
RGBl.	= Reichsgesetzblatt
RIAS	= Radio in the American Sector
RL	= Radio Liberty
SCOR	= Security Council Official Records
Ser.	= Series
Sess.	= Session
SOAS	= Satzung der Organisation Amerikanischer Staaten
Spec. Suppl.	= Special Supplement
StIGH	= Ständiger Internationaler Gerichtshof
SVN	= Satzung der Vereinten Nationen
UN	= United Nations
UNESCO	= United Nations Educational, Scientific, and Cultural Organization
UNGA	= United Nations General Assembly
USIA	= United States Information Agency
VBS	= Satzung des Völkerbundes
VG	= Verwaltungsgericht
VN	= Vereinte Nationen
VoA	= Voice of America
Vol.	= Volume
VR	= Völkerrecht
YBILC	= Yearbook of the International Law Commission
ZDF	= Zweites Deutsches Fernsehen

Vorbemerkung

Die vorliegende Arbeit befaßt sich mit zwei Gesichtspunkten der völkerrechtlichen Problematik von grenzüberschreitenden Rundfunksendungen.

Zum einen setzt sie sich mit jenen Normen des Völkerrechts auseinander, welche die inhaltliche Zulässigkeit transnationaler Radioprogramme bestimmen. Dabei war es trotz Chateaubriands Einsicht, daß die Beschäftigung mit der Intervention eine absolute Kinderei sei, „dont ne s'embarrassera aucune tête qui pense“[1], unabdingbar, zunächst den Versuch zu unternehmen, dieses auch für das internationale Rundfunkrecht zentrale Begriffsphänomen zu klären. Die für die allgemeine Interventionsthematik typischen Abgrenzungsbemühungen um den interventionstauglichen domaine réservé führten dann zur Beschäftigung mit der speziellen Frage, inwieweit menschenrechtliche Garantien der Informationsfreiheit eine völkerrechtswidrige Einmischung mittels internationaler Rundfunksendungen ausschließen.

Zum anderen nimmt die Arbeit Stellung zu den völkerrechtlichen Grundsätzen, welche die Verantwortlichkeit der Staaten für illegale von ihrem Hoheitsgebiet ausgehende Rundfunkprogramme regeln. Wegen der unterschiedlichen Haftungsanforderungen und -folgen wurde hierbei besonderes Gewicht auf die Differenzierung zwischen organschaftlich und privat betriebenen Sendern gelegt.

---

[1] „En politique, il n'y a pas de principes exclusifs; on intervient ou on n'intervient pas selon que le conseillent les exigences de son propre pays“, Chateaubriand, zitiert bei *Fauchille*, S. 556.

I. TEIL

Die Intervention im Völkerrecht

Einleitung

Dahms resignierende Feststellung, daß die Lehre von der Intervention wohl zu den dunkelsten und umstrittensten Kapiteln der Völkerrechtslehre gehöre[2], hat ihre Gültigkeit behalten. Nach wie vor kann im Völkerrecht weder von einem fest umgrenzten Interventionsbegriff, das heißt einem universell anerkannten, die interventionistische Handlung präzise beschreibenden Tatbestand, noch von einer dogmatisch einhelligen Untermauerung des Interventionsverbots gesprochen werden.

Die in der Literatur geäußerte Verwunderung, was es sei, das die Behandlung interventionistischer Vorgänge für begriffliche Ambiguität und für eine Vernachlässigung methodologischer Rigorosität so anfällig mache[3], findet ihre Erklärung zum einen im verständlichen Bestreben der Staaten, die Ausübung ihrer außenpolitischen Macht, die in erster Linie am nationalen Interesse orientiert ist[4], mit kunstvoller Legalitätsrhetorik zu bemänteln[5]. Wenn nun einerseits eine solche „Verrechtlichung" von Machtpolitik nicht zur Klärung der Interventionsproblematik beitragen kann, erschwert andererseits die fortschreitende Ideologisierung des Interventionsrechts die Bemühungen, die Konturen des Interventionsverbots plastischer hervorzuheben[6].

---

[2] *Dahm*, LB I, S. 201.

[3] *Rosenau*, Intervention, S. 173.

[4] Daraus zieht *Morgenthau*, S. 430, die Konsequenz, die die Intervention beherrschenden Normen nicht von nach seiner Ansicht untauglichen abstrakten Rechtsprinzipien abzuleiten, sondern im Interventionsrecht ausschließlich auf das Staatsinteresse abzustellen; allein das subjektive Kriterium des Interesses zur Richtschnur bei der Beurteilung interventionistischer Vorgänge zu nehmen, hieße aber die Einmischungsproblematik insgesamt aus dem rechtlichen Rahmen zu lösen. Auch *Ross*, LB, S. 186 und Historicus, zitiert bei *Falk*, Doctrine of Nonintervention, S. 164, betrachten die Intervention als eine rein politische Erscheinung.

[5] So *Bond*, S. 56; er meint, die Völker erwarteten von ihren Regierungen rechtmäßiges Handeln.

[6] Als extremes Beispiel sei die Diss. von *Bockhoff* von 1934, S. 43, genannt, in der das Interventionsprinzip als die Verneinung rassegesetzlichen Denkens und aus diesem Grunde als völkerrechtswidrig geschildert wird. Zur

Fatal ist allerdings, daß nicht nur ideologischer Ballast und die Versuche, „politische Akte in das Rahmenwerk juristischer Spekulation hineinzupressen“[7] einer unvoreingenommenen Analyse der Intervention im Wege stehen, sondern daß sich der Problemkreis „Intervention“, auch wenn es gelänge, ihn auf das abstrakt Juristische zu reduzieren, keineswegs einer spontanen Erfassung und exakten Einordnung in vertraute Völkerrechtskategorien erschließt. Wenn man sich jedoch nicht mit der eher gefühlsmäßigen Erkenntnis, „(that) we broadly recognize intervention when we see it“[8] bescheiden will, sondern von der Notwendigkeit eines hinreichend eingeengten und eindeutigen Interventionsbegriffs überzeugt ist[9], ist das Herausschälen des Problemkerns und die abgrenzende Untersuchung interventionsrechtlicher Begleitprobleme unerläßlich.

Die Intervention, die wir zunächst als die völkerrechtlich verbotene Einmischung eines Völkerrechtssubjekts in die autonomen Angelegenheiten eines anderen Völkerrechtssubjekts beschreiben wollen, erwuchs erst mit dem Entstehen souveräner Nationalstaaten zu einem Sachverhalt völkerrechtlichen Interesses; die Entwicklung des Begriffs der Souveränität war der Frage ihrer Beschränkung — eben auch durch Interventionen — notwendig vorgeschaltet[10].

So wird verständlich, daß es gerade Emmerich de Vattel war, der, nachdem er einen umfassenden Souveränitätsbegriff formuliert hatte[11], 1758 in seinem Droit des Gens als erster auf das logische Korrelat der Souveränität, die Nichteinmischung, aufmerksam machte: „C'est une conséquence manifeste de la Liberté et de l'indépendance des Nations, que toutes sont en droit de se gouverner comme elles le jugent à propos, et qu'aucune n'a le moindre droit de se mêler du Gouvernement d'une autre.“ und „Les Nations étrangères ne doivent pas s'ingérer dans le Gouvernement intérieur d'un Etat indépendant“[12].

---

interventionsrechtlich interessanten Überlagerung der Beziehungen zwischen den Ostblockstaaten durch das Prinzip des sozialistischen Internationalismus s. *Korowin*, Proletarischer Internationalismus, S. 70 ff. und unten I. Teil, 1. Kap. B. II. 1. b).

[7] *Schwarz*, Gewalt, S. 210.

[8] *Fawcett*, S. 347.

[9] So auch *Hettlage*, Anm. 2, S. 14.

[10] Vgl. *Mosler*, Intervention, S. 11.

[11] „Par cela même que cette multitude forme une Société qui a ses intérêts communs et qui doit agir de concert, il est nécessaire qu'elle établisse une Autorité publique, pour ordonner et diriger ce que chacun doit faire relativement au but de l'association. Cette Autorité Politique est la Souveraineté ...“, *Vattel*, Tome I, Livre I, Chapitre I, § 1, S. 17.

[12] *Vattel*, Tome I, Livre II, Chapitre IV, § 54, S. 297 bzw. Tome II, Livre III, Chapitre XVIII, § 296, S. 247; zur Geschichte der Intervention und des Interventionsbegriffs s. *Winfield* und *Hettlage*, S. 18 ff.

Die Interventionslehre muß diese Beziehung zwischen dem einzelstaatlicher Disposition unterworfenen Souveränitätsbereich, als Objekt interventionistischen Handelns, und der genau zu umreißenden interventionistischen Tathandlung zu ihrem Ausgangspunkt machen. Nur eine an diesem Kernproblem ausgerichtete Vorgehensweise, die sich dem Komplex „Intervention" doppelgleisig, nämlich einmal substantiell, das heißt durch Bestimmung des interventionstauglichen Raumes staatlicher Souveränität, zum anderen prozedural, das heißt durch Festlegung der Art und Weise der Einmischung, nähert, verspricht ein in die zuverlässige Ermittlung des Interventionsverbots mündendes Ergebnis[13].

Aus dieser Aufsplitterung des interventionsrechtlichen Fragenkreises ergibt sich der Aufbau dieses Teils. Im ersten Kapitel wird das Deliktsobjekt der Intervention, also der der unabhängigen staatlichen Entscheidungsfreiheit vorbehaltene domaine réservé, im zweiten Kapitel die Deliktshandlung, die interventionistische Einmischung, behandelt.

1. Kapitel

Das Deliktsobjekt

A. Die Souveränität als völkerrechtliche Kompetenzordnung

Der Versuch, dem Interventionsverbot einen festen Umriß zu geben, ist mit einer dreifachen Definitionslast beladen. Die Präzisierung der verbotenen Handlung, der Intervention, ist abhängig von der Bestimmung ihres Ziels, des domaine réservé, dessen Fixierung wiederum ohne eine Skizzierung des „vieldeutig schillernden"[14] Begriffs der Souveränität unmöglich bleibt[15].

Weil sich nun die ratio des Interventionsverbots als „zwingende Korrespondenzvorstellung"[16] zur Staatensouveränität darstellt, da Freiheit von interventionistischer Fremdbestimmung conditio sine qua non eines souveränen Staatenlebens ist, erscheint der Rechtsbegriff der Souveränität zwar nicht als das schwächste, wohl aber als das — aus methodologischer Sicht — zuerst zu erörternde Glied dieser Definitionskette[17].

---

13 Siehe dazu *Ustor*, S. 296.

14 *Berber*, LB I, S. 124.

15 *Monod*, französischer Delegierter im FRD-Spec. Com., U.N. Doc. A/AC. 119/SR.28, S. 7, drängt sich deshalb nicht zu Unrecht das Bild des „serpent swallowing its own tail" auf.

16 *Oppermann*, S. 325.

Pessimistischen Kritikern des Konzepts der Souveränität, die angesichts der heutigen gegenseitigen Abhängigkeit aller Nationen die Idee einer umfassenden Hoheitsgewalt der Staaten als Fiktion bezeichnen[18] und sie, da die Dynamik zwischenstaatlicher Machtspannungen der Domäne des Rechts entrückt sei, als Leerformel abqualifizieren[19] oder sie gar „in the process of being replaced altogether“[20] wähnen, muß die Tatsache entgegengehalten werden, daß dieses Jahrhundert eine geradezu explosive Zunahme selbständiger Staaten zu verzeichnen hatte, die das Banner mühsam erkämpfter Souveränität energisch zu verteidigen suchen. Sicher ist richtig, daß insbesondere die zu Eigenstaatlichkeit gelangten ehemaligen Kolonien in ein neues Netz militärischer, finanzieller und ideologischer Abhängigkeiten, die sich zuweilen drastisch souveränitätshemmend auswirken, geraten sind. Vor diesem Hintergrund, der die tatsächlichen Barrieren staatlicher Aktionsfreiheit erhellt, kann daher das Postulat der absoluten, unbeschränkten Souveränität nicht mehr überzeugen[21].

Der Charakter des Völkerrechts als eines Koordinationsrechts selbständiger und gleichberechtigter Staaten wird jedoch immer noch vom Souveränitätsprinzip geprägt[22]. Seine Funktion als Ordnungsmechanismus, der zwischen den Staaten die Grenzen der ihnen zugedachten eigenstaatlichen Existenz absteckt, kann auf der gegenwärtigen internationalen Bühne, wo die Rollen mit Armen und Reichen, Schwachen und Mächtigen höchst ungleich besetzt sind, nicht hinweggedacht werden, ohne in der Völkergemeinschaft der Herrschaft des Faustrechts den Weg zu ebnen. Diejenigen, die, ohne einen gleichwertigen Ersatz anbieten zu können, dem vermeintlichen Niedergang des Souveränitätsprinzips applaudieren, verkennen die ordnende Kraft des Rechtsgrundsatzes der Souveränität, der jedem unabhängigen Staat volle Handlungsfreiheit in gleicher Rechtsqualität zuerkennt und so in der Tat einen „generellen juristischen Titel“[23] bildet, um Einmischungen anderer abzuwehren[24].

Aus diesem Zweck des Konzepts der Souveränität als einer völkerrechtlichen Kompetenzordnung zwischen Staaten ergibt sich aber auch

---

[17] Zum Verhältnis der Intervention zur Souveränität s. a. *Scott*, S. 208 und *Vincent*, S. 333.

[18] So etwa *Henkin*, S. 156.

[19] So sind für *Löwenstein*, S. 3, Begriffe wie Staatssouveränität, Gleichheit und Unabhängigkeit weitgehend Semantik.

[20] *Onuf*, S. 225.

[21] Siehe dazu auch *Fincham*, S. 179.

[22] Vgl. *Oppermann*, S. 325.

[23] *Berber*, LB I, S. 122.

[24] Kritisch zu den Attacken gegen das Souveränitätsprinzip auch *Vincent*, S. 310 u. 351 und *O'Connell*, S. 298.

die Begrenzung seines Geltungsbereichs: Dort, wo das Völkerrecht seinen Rechtssubjekten Pflichten auferlegt, die diese teils unter freiwilligem Souveränitätsverzicht — vertraglich — anerkannt, teils möglicherweise nur duldend als Völkergewohnheitsrecht hinzunehmen haben, findet die Handlungsfreiheit des — souveränen — Staates ihre Schranken[25].

B. Die Kompetenzsphären im Völkerrecht

Die Souveränität, die den Staaten Freiheit von Einmischungen von außen garantiert, reicht also nur soweit, wie sie nicht von Völkerrechtsnormen überlagert ist. Unsere Prämisse, der Intervention zuerst vom Deliktsobjekt her zu begegnen — denn „where there is no domestic jurisdiction there is also no problem of intervention“[26] — führt uns deshalb zu der Aufgabe, diesen domaine réservé, eben jenen vor Interventionen geschützten nationalen Zuständigkeitsbereich, näher zu bestimmen, das heißt dann aber die völkerrechtlichen Kompetenzsphären insgesamt zu umreißen.

I. Der nationale Zuständigkeitsbereich: der interventionstaugliche domaine réservé

Der Ursprung des Begriffs der ausschließlichen staatlichen Zuständigkeit, der die ihn heute auszeichnende Dimension erst durch Art. 15 (8) VBS erhielt, der von „compétence exclusive“ sprach, liegt in der Zeit der obligatorischen Schiedsverträge, in denen die Signatarstaaten jene Streitfälle der Jurisdiktion der internationalen Instanz entzogen, von denen sie glaubten, sie beträfen ihre nationale Unabhängigkeit, Ehre oder andere „lebenswichtige Interessen“[27]. Sein Sinn ist aber in der Ära des Völkerbundes und nun unter Geltung des Art. 2 (7) SVN derselbe geblieben, nämlich zwischen dem Betätigungsfeld der — organisierten — Staatengemeinschaft einerseits und dem des autonomen Staats andererseits die Grenze zu ziehen.

1. Keine Bestimmbarkeit der dem Völkerrecht „ihrer Natur nach“ entzogenen Angelegenheiten

Die Bestimmung des Umfangs des domaine réservé würde wesentlich erleichtert, wenn es Angelegenheiten gäbe, die ihrer Natur nach nur

[25] Siehe dazu *Joseph Kaiser*, S. 12.

[26] *Ermacora*, S. 431.

[27] So *Preuss*, Domestic Jurisdiction, S. 557/558 und *Wiebringhaus*, S. 129; zu den obligatorischen Schiedsverträgen allgemein *Wilson*, S. 68 ff.

der Regelung durch den souveränen Einzelstaat unterworfen wären: Diese Angelegenheiten bildeten ein für allemal ein feststehendes interventionstaugliches Objekt.

Besonders sozialistische Autoren beharren auf dem Standpunkt, daß gewisse Materien in keinem Fall einem völkerrechtlichen Reglement zugänglich seien[28]. Obwohl diese Auffassung in engem Zusammenhang mit dem politisch motivierten Versuch der sozialistischen Staaten gesehen werden muß, dem Interventionsverbot — jedenfalls gegenüber den nicht zum sozialistischen Block zählenden Staaten[29] — ein möglichst breites Anwendungsspektrum zu belassen[30], sollte ihr nicht vorschnell jegliche juristische Begründbarkeit abgesprochen werden[31]. Tatsächlich hätte die Normierung aller bisher der Jurisdiktion des Einzelstaates vorbehaltenen Angelegenheiten durch das Völkerrecht die Liquidierung staatlicher Existenz zur Folge, womit die Wandlung des Völkerrechts von einer zwischenstaatlichen Rechtsordnung zum Weltstaatsrecht vollzogen wäre.

Die Frage aber, bei welchem Grad der völkerrechtlichen Vereinnahmung vormals staatlicher Aufgaben der Exitus der Staaten eintritt, das heißt, die Frage nach der Aufzählung der den Staaten begriffsnotwendig zur eigenen Erledigung zugeordneten Materien, vermag diese in ihrem theoretischen Ansatz richtige These nicht zu beantworten. Überschlägt man jedoch die Masse der Sachverhalte, die, wie die Stellung des Individuums[32] oder die Finanz- und Währungspolitik[33], noch vor vierzig Jahren zum unantastbaren Kernbestand exklusiver staatlicher Hoheitsmacht gerechnet wurden und die heute — ohne eine letzte Preisgabe souveräner Eigenstaatlichkeit bewirkt zu haben — Gegenstand internationaler Vereinbarungen sind, erkennt man, daß die Vorstellung eines mit dem Wesen des Staats für immer verknüpften spezifischen Aufgabenkatalogs nicht aufrechterhalten werden kann.

---

[28] Siehe *Ouchakov,* S. 49; s. aber auch *von der Heydte,* S. 137, der die Anwendung des Begriffs „domaine réservé" nur auf solche Angelegenheiten beschränken will, „in deren Wesen es liegt, daß ihre Regelung durch das Völkerrecht das Herrschaftsmonopol des souveränen Verbandes beseitigen" würde.

[29] Innerhalb des sowjetischen Hegemonialbereichs soll eine ganz andere Interventionskonzeption Geltung haben, s. dazu unten I. Teil, 1. Kap. B.II.1.b).

[30] *Piradow / Staruschenko,* S. 193, meinen, dem Nichteinmischungsprinzip sei die Tendenz immanent, seinen Inhalt auszudehnen.

[31] Mit der apodiktischen Aussage „there are no matters which are domestic by their nature", *Preuss,* Domestic Jurisdiction, S. 568 und ähnlich *Ross,* Proviso, S. 571, ist nichts gewonnen.

[32] „That (the treatment of the individual) might have been the very citadel of exclusive state jurisdiction", *Bentwich,* S. 62.

[33] Sie ist nach *Oppermann,* S. 336, mit der Unterwerfung der Staaten unter die Disziplin des Internationalen Währungsfonds weitgehend der domestic jurisdiction entzogen.

Es mag zwar zutreffen, daß die Verfassung, die Regierungs- und Verwaltungsform, sowie die Gestaltung der Rechtspflege noch dem vorbehaltenen Hoheitsbereich der Staatenmehrheit unterliegen[34]. Jedoch ist auch für diese Materien, vor allem im westeuropäischen Raum, etwa durch die — außerstaatliche — prozessuale Durchsetzungsmöglichkeit der Menschenrechte im Rahmen der Europäischen Menschenrechtskonvention, ein beachtlicher Verlust staatlicher Exklusivkompetenz zu beobachten.

Aus diesen Gründen erscheint eine mit Ewigkeitswert versehene Benennung der dem Völkerrecht souveräner Staaten notwendig entzogenen Sachgebiete nicht möglich. Es bleibt lediglich die Einsicht, daß der Typus staatlicher Zuständigkeit per se auch heute noch grundsätzlich und generell durch das Völkerrecht gewährleistet wird[35].

2. *Der Gehalt des domaine réservé*

a) Die generell zu beobachtende Schrumpfung seines Umfangs

Wie schon angedeutet, ist in den letzten Jahrzehnten eine bemerkenswerte Schrumpfung des domaine réservé eingetreten. Bi- und multilaterale völkerrechtliche Vertragswerke über wirtschaftliche Zusammenarbeit und Verteidigung, sowie die Delegation verschiedenster Aufgaben an supra- und internationale Organisationen haben der Zuständigkeit des einzelnen Staats umfangreiche Sachgebiete weggenommen[36]. Hand in Hand mit dieser Verringerung nationaler Zuständigkeiten geht eine progressive Abwertung des Nichteinmischungsprinzips: Dort, wo den Staaten die Verfügung über ehemals eigene Angelegenheiten durch Völkerrecht verwehrt ist, das heißt das rein staatliche Aktionsfeld völkerrechtlich eingeengt ist, ist für eine Intervention, deren Charakteristikum ja die Beeinträchtigung staatlicher Handlungsfreiheit ist, kein Raum mehr[37]. Freilich heißt das — für vertraglich geregelte Angelegenheiten —, daß hinsichtlich des Vertragsgegenstands nur die Vertragspartner nicht mehr interventionsfähig sind; anderen Staaten gegenüber bildet die Vertragsmaterie einen nach wie vor zu achtenden Freiraum staatlicher Hoheitsmacht[38].

---

[34] *Dahm*, LB I, S. 211, sieht im Recht der Entscheidung über die eigene Verfassung das vornehmste Recht des souveränen Staats.

[35] Vgl. *Joseph Kaiser*, S. 14.

[36] Siehe zur Schrumpfung des domaine réservé *Oppermann*, S. 335 ff.; *Rumpf*, S. 50 und *Wehberg*, S. 261 ff.

[37] Mit dieser wachsenden Verengung des interventionstauglichen Bereichs ist die oben in Anm. 30 genannte Ansicht von *Piradow / Staruschenko* unvereinbar. Auch *Hettlage*, S. 10 und *Young*, S. 182, schätzen die Wechselwirkung zwischen der Erstarkung des Völkerrechts und dem Schwinden der eigenen Angelegenheiten falsch ein.

Loewenstein verkennt diesen dogmatischen Zusammenhang, wenn er aus der von ihm richtig beobachteten Schrumpfung des domaine réservé den Schluß zieht, daß diese — vertraglich untermauerte — zwischenstaatliche Zusammenarbeit notgedrungen zur wechselseitigen Intervention in die inneren Angelegenheiten führen müsse[39]. Ein vertraglich geregelter Sachgegenstand internationaler Kooperation ist keine „innere" — besser: eine solche autonomer staatlicher Entscheidungsfindung — Angelegenheit mehr. Er ist der staatlichen Sphäre entrückt und präkludiert schon begrifflich eine Intervention.

Rumpf unterliegt einem verwandten Irrtum. Für ihn muß zur Rechtfertigung der Intervention neben die Internationalisierung des Sachthemas noch die völkerrechtliche Ermächtigung zur Mitbestimmung bei der Gestaltung des Themas treten[40], das heißt er unterläßt die Trennung zwischen Tatbestands- und Rechtswidrigkeitsebene. Sobald aber die „Internationalisierung eines Sachthemas", sei es auch nur zwischen Vertragspartnern, vollzogen ist, kann in dieses Sachthema nicht mehr tatbestandsmäßig interveniert werden: Das Tatbestandsmerkmal „domaine réservé" — im klassischen Interventionsrecht: die „inneren Angelegenheiten" — fehlt. Die Frage nach der Rechtmäßigkeit der vermeintlich interventionistischen Handlung stellt sich nicht mehr.

b) Der Maßstab zur Fixierung seines Geltungsbereichs

Es mag — wegen der grundsätzlichen Flexibilität des domaine réservé — im Einzelfall nicht immer leicht sein zu bestimmen, ob eine Angelegenheit noch in den nationalen Kompetenzbereich fällt oder nicht. Trotzdem kann diese Prüfung kein „test of expediency"[41] — also an schlichten Zweckmäßigkeitserwägungen orientiert — sein. Wie wir gesehen haben, ist die staatliche Zuständigkeit eine Veränderliche der internationalen Zuständigkeit[42], das heißt die dem Staate zugeordneten Angelegenheiten „are the sum total of national interest minus the interests governed by international law"[43]. Daraus folgt — „as a matter of pure logic"[44] —, daß der zur Fixierung des domaine réservé anzulegende Maßstab nur der des Völkerrechts als des objektiven Wertmessers sein kann[45].

---

[38] Zur gewohnheitsrechtlichen Ausweitung dieser vertraglich initiierten Öffnungen nach außen s. *Oppermann*, S. 336.

[39] *Loewenstein*, S. 35.

[40] *Rumpf*, S. 50.

[41] So aber *Gross*, S. 278.

[42] So *Joseph Kaiser*, S. 12.

[43] *Fenwick*, Domestic Questions, S. 144.

[44] *Fitzmaurice*, S. 36.

[45] So *Wehberg*, S. 290; wie er auch *Vallindas*, S. 375.

Als verunglückt muß deshalb die Formulierung des StIGH bezeichnet werden, der in seinem Gutachten in der Frage der marokkanisch-tunesischen Staatsangehörigkeitserlasse die Entwicklung der internationalen Beziehungen zur Entscheidungsrichtlinie erhob: „La question de savoir si une certaine matière rentre ou ne rentre pas le domaine exclusif d'un Etat est une question essentiellement relative; elle dépend du développement des rapports internationaux[46]." Damit wurde ein schemenhafter Begriff in die Diskussion eingeführt. Der Stand der internationalen Beziehungen wird sich zwar in der Regel — er muß es aber nicht —im normativen Völkerrecht niederschlagen. Nur in dem Ausmaß aber, in dem die Dynamik des internationalen Mit- und Nebeneinanderlebens eine Veränderung im Bestand der völkerrechtlich geregelten Problemkreise verursacht und so das Volumen der jeweiligen Kompetenzsphären vergrößert beziehungsweise verkleinert, ist die Entwicklung der internationalen Beziehungen hier von Interesse[47].

Zu begrüßen ist deshalb die Resolution des Institut de Droit International von 1954, in der der Erkenntnis, daß es neben dem Maßstab des Rechts kein zuverlässiges Kriterium zur Abgrenzung der Kompetenzen gibt, Rechnung getragen wurde: „Le domaine réservé est celui des activités étatiques où la compétence de l'Etat n'est pas liée par le droit international. L'étendue de ce domaine dépend du droit international et varie suivant son développement[48]."

Der Gehalt des vorbehaltenen Hoheitsbereichs ist also in doppeltem Sinne relativ: zum einen ist er von der generellen Entwicklung des Völkerrechts abhängig, zum anderen variiert er von Staat zu Staat, je nach dem Grad der Gebundenheit durch Verträge[49].

3. *Im einzelnen*

a) Innere und äußere Angelegenheiten

Mit der Bestimmung des vor interventionistischen Einmischungen zu schützenden Rechtsguts als der vom Völkerrecht nicht beschnittenen Handlungsfreiheit ergibt sich notwendig die Erstreckung des domaine réservé auf die „äußeren" Angelegenheiten eines Staates insoweit, als dieser sie frei von völkerrechtlichen Pflichten gestalten kann.

Die früher vertretene Auffassung, daß es für die „external intervention" keinen logischen Platz im Völkerrecht geben könne[50], ist

[46] C.P.J.I., Série B, Nr. 4, S. 24, Auch *Fincham*, S. 185, spricht vom „'sliding rule test' of the development of international relations".

[47] Vgl. dazu *Eeckman*, S. 482/483; kritisch zum StIGH auch *Preuss*, Domestic Jurisdiction, S. 563, der dessen Ausführungen für „somewhat oracular" hält.

[48] 45 Annuaire de l'Institut de Droit International 1954 (II), S. 292.

[49] Vgl. *Higgins*, S. 76/77.

[50] *Lawrence*, S. 119; im Ergebnis wohl immer noch so *Wengler*, S. 1045.

— auch angesichts der globalen Machtspannungen, die oft genug zur Unterordnung der Innenpolitik unter den Primat der Außenpolitik geführt haben[51] — der Einsicht gewichen, daß auch die Unabhängigkeit in äußeren Angelegenheiten ein wesentliches Attribut der Souveränität ist[52].

Zwar haben sich besonders westliche Staaten bei der Ausarbeitung der Friendly Relations Declaration — deren drittes Prinzip in Anlehnung an Art. 18 SOAS ausdrücklich die Intervention „in the internal or external affairs of any ... State" verbietet[53] — gegen die Gleichsetzung von inneren und äußeren Angelegenheiten gesträubt. Sie befürchteten zum einen, daß die Ausdehnung des Interventionsverbots auf die außenpolitischen Belange zu einer Verengung ihres Handlungsspielraums in den internationalen Beziehungen führen würde[54].

Zu Dohna macht sich diese Argumentation zu eigen und konstatiert deshalb die Nichtverbindlichkeit des Deklarationstextes in dieser Hinsicht mit der Begründung, daß gerade in den äußeren Beziehungen der Staaten „auf einen sinnvollen Druck und Gegendruck zur Förderung geschichtlich und politisch gebotener Zusammenarbeit im Gegensatz zu den Angelegenheiten des vorbehaltenen Hoheitsbereichs"[55] nicht verzichtet werden könne. Dabei übersieht er freilich zweierlei: Erstens bilden der „vorbehaltene Hoheitsbereich" und die „äußeren und inneren Angelegenheiten" keinen Gegensatz, weil der domaine réservé, wie gesagt, beide Aspekte souveräner Handlungsfreiheit — die Innen- wie die Außenpolitik — umfaßt. Zweitens ist das Problem, inwieweit „Druck und Gegendruck" notwendige Ingredienzen in der Gestaltung zwischenstaatlicher Beziehungen sind, nicht in der Erörterung des interventionistischen Deliktsobjekts, sondern in den Definitionsbemühungen um die interventionistische Handlung — Abgrenzung zwischen verbotener Intervention und noch erlaubter Einflußnahme[56] — anzusiedeln.

Die westlichen Staaten machten weiter geltend, daß Staaten in ihren äußeren Angelegenheiten dem internationalen Recht unterworfen seien und folgerten daraus — das ist einigermaßen verwirrend —, daß Inter-

---

[51] Dazu *Loewenstein*, S. 33 und 48.

[52] *Thomas / Thomas*, S. 70/71; so schon *Hall*, S. 337 und *Hershey*, S. 235. Abwegig die Ausführungen *Rechenbergs*, S. 6, der das Interventionsverbot deshalb auf die Einmischung in innere Angelegenheiten beschränken will, weil bei einer Einmischung in die äußeren Angelegenheiten regelmäßig Krieg vorliege: Er unterschlägt dabei ein breites Spektrum interventionistischer Einwirkungsmöglichkeiten unterhalb der Schwelle militärischer Auseinandersetzung; s. dazu das 2. Kapitel in diesem Teil.

[53] Res. 2625 (XXV) in: GAOR 25th Sess. 1970, Suppl. No. 28, S. 121 ff.

[54] So der britische Delegierte *Sinclair*, U.N. Doc. A/AC.119/SR.32 (1964).

[55] *zu Dohna*, S. 122; s. zur Frage der Verbindlichkeit der FRD I. Teil 2. Kap. A.II.1.

[56] Siehe unten I. Teil 2. Kap. A.II.

ventionen in die äußeren Angelegenheiten nicht denselben strengen Beschränkungen wie solche in die inneren unterlägen[57]. Dieser Vortrag leidet ebenfalls an zwei Mängeln. Zum einen fehlt die Berücksichtigung der oben beschriebenen Schrumpfung auch des innenpolitischen Aspekts des domaine réservé — auch ehemals rein innere Angelegenheiten sind nunmehr dem „internationalen Recht unterworfen" —, zum anderen wird die Existenz völkerrechtlicher Normen zur Regelung der internationalen Beziehungen, das heißt der äußeren Angelegenheiten, falsch bewertet: Mit der Ausdehnung völkerrechtlicher Pflichten, die der internationale Verkehr zu achten hat, werden auch interventionistische Verhaltensweisen in den Außenbeziehungen der Staaten strikt nach dem Maßstab des Rechts beurteilt.

Schließlich behaupteten sie — quasi hilfsweise —, daß eine Unterscheidung zwischen inneren und äußeren Angelegenheiten in der Praxis nicht leicht sei[58]. Dieses Scheinargument — wenn der gesamte domaine réservé, also nach der Anreicherung mit dem außenpolitischen Gesichtspunkt, vor Interventionen zu schützen ist, wird eine Differenzierung hinfällig — dient eher der Festigung der Überzeugung von der Richtigkeit des Gegenteils. Eben weil sich die Grenzen zwischen innerer und äußerer Politik stark verwischt haben, sind beide schutzbedürftig.

Jedenfalls haben auch die Gegner der Gleichschaltung letztlich anerkennen müssen, daß von der staatlichen Entscheidungsfreiheit, um deren Gewährleistung es dem Interventionsverbot geht, nicht viel übrig bliebe, billigte man sie den Staaten nur hinsichtlich innenpolitischer Sachgebiete zu[59].

Nach alldem sind also auch die äußeren Angelegenheiten, ohne daß es dazu, wie Dahm meint, einer „Domestizierung" durch Vertrag bedürfte[60], insoweit interventionsfest, als die Staaten nicht an ihrer freien Ausgestaltung durch das Völkerrecht gehindert sind.

b) Die Menschenrechte

Im Mittelpunkt der gegenwärtigen Auseinandersetzungen in der Interventionslehre steht — neben der andauernden Diskussion um den Interventionsbegriff selbst — die Frage nach der Stellung der Menschenrechte im Völkerrecht.

[57] So *Arangio-Ruiz,* der italienische Delegierte, U.N. Doc. A/AC.125/SR.16, S. 14.

[58] *Sinclair,* wie oben Anm. 54.

[59] So hat der niederländische Delegierte Riphagen eingesehen, daß das Nichteinmischungsprinzip die „freedom of choice" schütze, die innere wie äußere Aspekte aufweise, U.N. Doc. A/AC.119/SR.30, S. 30; zu dieser Diskussion auch *Neuhold,* S. 317.

[60] *Dahm,* LB I, S. 209.

Dieses Interesse erklärt sich nicht nur aus der anhaltenden Aktualität — illustriert beispielsweise durch das Apartheid-Dilemma, das die Organe der UN seit ihrem Bestehen beschäftigt —, die die Themen Intervention und Menschenrechte in enger Verknüpfung in der Praxis genießen, sondern entspringt auch hier der dogmatischen Notwendigkeit, eine zuverlässige Aussage darüber zu gewinnen, ob und inwieweit Regelungen zum Schutz der Menschenrechte noch in den nationalen Zuständigkeitsbereich fallen. Denn für das Sachgebiet „Menschenrechte" gilt ebenfalls das oben geschilderte Ausschlußverhältnis: Je extensiver das Völkerrecht die Kompetenz zur Ausgestaltung und Durchsetzung der Menschenrechte an sich gezogen hat, desto weniger können Maßnahmen zur Sicherstellung der Menschenrechte, die Drittstaaten gegen einen menschenrechtsverletzenden Staat im Rahmen des völkerrechtlich Erlaubten — das Gewaltverbot etwa ist immer zu beachten — verhängen, tatbestandsmäßige Intervention sein[61].

Aus dieser Perspektive erkennt man, daß sich der Standort der seit jeher mit der Intervention verbundenen Problematik der Menschenrechte verlagert hat. Während sie früher unter der Rubrik „humanitäre Intervention" unter Heranziehung naturrechtlicher Erwägungen bei der Prüfung der Rechtmäßigkeit von Interventionen erörtert wurden[62], sind sie in der heutigen Debatte, die sich zunächst mit der Ortung des interventionstauglichen domaine réservé befassen muß, in die Tatbestandsebene gerückt.

Allein diese dogmatische Akzentverschiebung hat freilich die Schwierigkeiten bei der Erfassung dessen, was das „allgemein als nothwendig anerkannte Menschenrecht"[63] ist, nicht verringert. Der Fortschritt liegt in der besonders nach dem zweiten Weltkrieg forcierten Umsetzung der schon von Grotius im Hinblick auf Menschenrechtsverletzungen nachempfundenen Conscience Publique[64] in — unterschiedlich verbindliche — Vereinbarungen. Sie bilden den Ansatzpunkt, von dem aus der

[61] In scharfem Gegensatz dazu die sozialistische Rechtsauffassung, die — auch bei staatlicher Gebundenheit an Menschenrechtsabkommen — am Dogma der strikten Souveränität in Menschenrechtsfragen festhält, s. etwa *Graefrath*, Zusammenarbeit, S. 683; *Tunkin*, Menschenrechte, S. 12 und unten II. Teil 1. Kap. A.I.3.b).

[62] Siehe z. B. *Bluntschli*, S. 270: „(wird) das allgemein als nothwendig anerkannte Menschenrecht ... verletzt, dann wird auch eine Intervention zum Schutze derselben ... gerechtfertigt." Anders *Lawrence*, S. 127, der die humanitäre Intervention grundsätzlich nicht als Rechtsproblem, sondern „as a question of policy rather than of law" betrachtet.

[63] *Bluntschli*, wie oben Anm. 62.

[64] „Wenn aber das Unrecht so klar ist, wie es von Busiris, Phalaris, dem Thrakier Diomedes gegen ihre Untertanen verübt wurde, und es kein gerechter Mann billigte, so ist das Recht der menschlichen Gesellschaft nicht gehemmt", *Grotius*, zweites Buch, 25. Kapitel VIII.2.

den Staaten verbliebene menschenrechtliche domaine réservé lokalisiert werden kann.

Es soll hier allerdings, zur Ausarbeitung der Grundzüge über die Interventionsfestigkeit menschenrechtlicher Angelegenheiten, eine Bewertung der Position der Menschenrechte in der Satzung der VN genügen[65]. Demnach gilt es festzustellen, in welchem Ausmaß die UN-Charta, in der die Menschenrechte in den Art. 1(3), 13(1)b, 55 und 56, 62(2) und 68 und 78 sowie in der Präambel Erwähnung gefunden haben, die Mitgliedstaaten der Organisation verpflichtet, Menschenrechte zu achten und zu fördern und sie, die Menschenrechte, so der einzelstaatlichen Regelungsbefugnis aberkannt hat.

Obwohl dieses Problem in der Literatur eine ausgiebige Würdigung erfahren hat, kann auch heute noch nicht von einer gefestigten herrschenden Meinung zur Frage der Verbindlichkeit der Charta im Blick auf ihre menschenrechtlichen Passagen die Rede sein. Die Skala der Stellungnahmen reicht von der Einschätzung, die SVN enthalte bloße Programmsätze zur Verwirklichung der Menschenrechte[66], über die vorsichtig formulierte Bejahung der Bindungswirkung[67], bis zu dem Pauschalurteil, die Charta habe den Schutz der Menschenrechte zu einer grundsätzlich völkerrechtlichen Angelegenheit gemacht[68].

Im einzelnen haben die Gegner der Verbindlichkeit der betreffenden Chartabestimmungen immer wieder auf deren mangelnde Präzisierung verwiesen. Ein so allgemein gehaltener Text zeige, daß es nicht die Absicht der Verfasser der Charta gewesen sein könne, den Menschenrechten in der Satzung Rechtsnormqualität zuzuerkennen[69]. Diesem Einwand kann zwar nicht mit dem Hinweis auf die Allgemeine Erklärung der Menschenrechte von 1948, die als Auslegungsrichtlinie für die Satzung durchaus beachtliches Gewicht gewonnen haben mag[70], begegnet werden: Ein unstreitig unverbindliches Dokument wie die Menschenrechtserklärung[71] kann nicht zur Feststellung der — streitigen — Verbindlichkeit eines anderen Dokuments herangezogen werden.

---

[65] Das Menschenrecht der Informationsfreiheit wird in seiner differenzierten Ausformung eingehend im zweiten Teil besprochen.

[66] Siehe *Kunz*, S. 102, der die Propagierung der bindenden Kraft der menschenrechtlichen Chartabestimmungen als „attempt to present subjective wishes as positive international law actually in force" bezeichnet.

[67] *Oppenheim / Lauterpacht*, S. 740, gehen davon aus, daß die Charta den Staaten „probably" eine Rechtspflicht zum menschenrechtlich satzungskonformen Verhalten auferlege, und *Wengler*, S. 1024, glaubt, daß insbesondere Art. 1 (3) die Achtung der Menschenrechte „wohl" als bestehende Verpflichtung der UN-Mitglieder andeute.

[68] *Verdroß*, LB, S. 563.

[69] Siehe etwa *Preuss*, Domestic Jurisdiction, S. 641.

[70] Vgl. wie viele *Brierly*, LB, S. 294.

Die Kritik muß tiefer ansetzen. Bedenkt man, daß fehlende Detaildefinitionen keine Verbindlichkeitshindernisse für verfassungsrechtliche Regelungen darstellen, darf für die Charta, „(which) is not in the habit of defining its terms"[72], nichts anderes gelten. Es grenzt deshalb an eine Überschreitung einer noch mit Treu und Glauben zu vereinbarenden Auslegung, wenn Art. 56 der Satzung, in dem sich die Mitgliedstaaten der Förderung der Ziele des Art. 55 — eben auch „universal respect for and observance of human rights" — verschreiben, gestützt auf den Wortlaut des Art. 55 — „... the United Nations shall promote ..." — dahingehend interpretiert wird, er verpflichte die Mitglieder lediglich zur Zusammenarbeit für die Zukunft[73]. Eine vom Grundsatz des good faith gedeckte Deutung des Art. 56 kann nicht zu dem widersinnigen Ergebnis kommen, daß es zwar einer der Zwecke der UN sei, für die Beachtung und die Einhaltung der Menschenrechte zu arbeiten, daß aber andererseits ihre Mitglieder — trotz feierlicher Anerkennung der Satzung — nicht zur Beachtung und Einhaltung dieser Menschenrechte verpflichtet seien[74]. Zugegeben, dem Völkerrecht fehlt, auch noch unter der Geltung der UN-Charta und nach Inkrafttreten der beiden Menschenrechtspakte, die Macht, Menschenrechte nachhaltig zu schützen, so daß die begriffliche Trennung zwischen „promotion" und „protection" von Menschenrechten gerechtfertigt sein mag. Da aber, besonders im Völkerrecht, eine Rechtspflicht in ihrer Bestandskraft nicht von ihrer Durchsetzbarkeit abhängt, nimmt die in Art. 56 normierte Pflicht der Staaten, die Menschenrechte zu respektieren, durch fehlende Schutzmechanismen keinen Schaden[75].

Gegen die Verbindlichkeit der menschenrechtlichen Satzungsbestimmungen ist auch das „Consent"-Prinzip ins Feld geführt worden. Der „legal approach", von dem die Anstrengungen zum Schutze der Menschenrechte durchdrungen sein müßten, bedinge, daß Menschenrechte so lange zu den eigenen Angelegenheiten eines Staates gehörten, wie dieser sich nicht — „in accordance with the principle of consent" — zur Annahme internationaler Konventionen, die die Achtung der Menschenrechte zum Gegenstand haben, entschließen könne. Demzufolge hätten sich bisher nur jene sechzig Staaten[76], unter ihnen die Bundesrepublik,

---

71 Am prägnantesten die Begründung von *Verdroß / Simma*, S. 599/600: Die Generalversammlung ist zur Erlassung genereller Normen für ihre Mitglieder nicht zuständig, s. a. unten I. Teil 2. Kap. A.II.1.

72 *Higgins*, S. 119.

73 So *Dons*, S. 81.

74 Vgl. *Oppenheim / Lauterpacht*, S. 740; zum obligatorischen Charakter des Art. 56 s. a. *Guradze*, Stand der MR, S. 110/111 und *Higgins*, S. 128.

75 „Even if the UN had no power at all to enforce it (the respect for human rights) the legal duty itself would still remain in full vigour", *Lauterpacht*, Human Rights, S. 18.

76 Stand Januar 1980.

die den Internationalen Pakt über bürgerliche und politische Rechte[77] ratifiziert haben, des Einwands begeben, Menschenrechtsfragen unterlägen ihrer ausschließlichen Regelungskompetenz[78]. Die Plausibilität des dem Souveränitätsgedanken immanenten Grundsatzes, daß eine Bindung an vertragliche Vereinbarungen auf der Einwilligung der Signatarstaaten beruhen muß, bedarf gewiß keiner Begründung. Warum aber das Consent-Prinzip nicht auch auf die in der Charta enthaltenen Verhaltenspflichten anwendbar sein soll, leuchtet nicht ein. Die Charta ist ebenfalls ein völkerrechtliches Vertragswerk, dessen Bestimmungen sich die Mitglieder der UN aus freien Stücken unterworfen haben. „When a state has signed a general convention" — das trifft auch für die Charta zu — „it cannot invoke national sovereignty in questions dealt with by this convention"[79]. Es besteht deshalb kein Anlaß, die Verbindlichkeit der Menschenrechtsregelungen in der Satzung und damit ihr Ausscheiden aus dem nationalen Zuständigkeitsbereich mit Rücksicht auf eine fehlende Einwilligung zu bezweifeln[80].

Schließlich hat vor allem Preuss mit dem Hinweis auf die Praxis der Organe der UN gegen die Verbindlichkeit der betreffenden Chartabestimmungen und damit für ein Verbleiben menschenrechtlicher Angelegenheiten im domaine réservé plädiert. Er konstatiert, daß in jedem Fall von im Forum der UN beratenen Menschenrechtsverletzungen, die Kompetenz der Organisation nicht auf der Annahme beruht habe, die Achtung der Menschenrechte habe durch die Satzung den Charakter einer Rechtspflicht erhalten, sondern auf die Tatsache gestützt worden sei, daß eine flagrante und kontinuierliche Mißachtung von Menschenrechten geeignet sei, die freundschaftlichen Beziehungen zwischen Staaten zu beeinträchtigen und den internationalen Frieden zu gefährden[81]. Die Richtigkeit dieser Beobachtung mag dahingestellt bleiben. Zwar besteht gemäß Art. 2 (7) SVN eine grundsätzliche Handlungssperre für die UN, solange eine Angelegenheit im wesentlichen zur domestic jurisdiction eines Staates zählt. Die Barriere für das Tätigwerden der UN ist aber nicht schon dann beseitigt, wenn ein Staat die Regelungsbefugnis für eine spezifische Materie verloren hat. Aus der föderalistisch

[77] BGBl. 1973 II, S. 1533 ff.

[78] *Goronwy Jones*, S. 158 ff.

[79] *Scheuner*, S. 33.

[80] *Ermacora*, S. 428/429, geht allerdings zu weit: Er betrachtet — obwohl auch er von der Unverbindlichkeit der Allgemeinen Menschenrechtserklärung ausgeht — die Zustimmung zu dem umfangreichen Schutzgehalt der in der Universal Declaration artikulierten Menschenrechte als Vorbedingung für einen Eintritt in die UN.

[81] *Preuss*, Domestic Jurisdiction, S. 641/642: „In no case ... has the UN taken action on the sole assumption that the subject of human rights has been removed en bloc from the sphere of domestic jurisdiction." So auch die sozialistische Völkerrechtslehre, s. statt vieler *Graefarth*, Förderung, S. 4.

strukturierten Kompetenzverteilung zwischen der Organisation und ihren Mitgliedern — die UN darf erst dann in einer bestimmten Weise vorgehen, wenn die Satzungsvoraussetzungen hierfür erfüllt sind — ergibt sich notwendig das zusätzliche Kriterium, daß das gewählte Procedere von der Charta gedeckt sein muß[82]. Eine Durchbrechung dieses Grundsatzes — siehe Art. 2 (7) letzter Halbsatz — gilt allerdings für Maßnahmen nach Kapitel VII der Satzung. Liegt eine Friedensbedrohung, ein Friedensbruch oder eine Aggressionshandlung im Sinne des Art. 39 SVN vor, ist die Zuständigkeit der UN „ipso iure" und „in toto"[83] begründet, das heißt die Prüfung, ob der Sachbereich, aus dem sich beispielsweise eine Friedensbedrohung entwickelt hat, noch zur domestic jurisdiction gehört, wird überflüssig. Wird also ein Vorgehen der UN von den Art. 39 ff. SVN getragen, läßt sich daraus — das blieb von Preuss unberücksichtigt — kein Rückschluß auf die Natur — domestic oder nicht — der der Friedensbedrohung zugrundeliegenden Angelegenheit ziehen.

Es ist demnach davon auszugehen, daß die Menschenrechtsgarantien der Charta verbindlich sind, das heißt dann, daß — weil die Satzung selbst als Richtlinie bei der Fixierung des domaine réservé dient[84] — der nationale Zuständigkeitsbereich insoweit eingeschränkt ist. Trotz der schwachen Ausgestaltung, die die Menschenrechte in der Charta erfahren haben — sie spricht generell von „human rights and fundamental freedoms" — kann deshalb doch nicht mehr geleugnet werden, daß durch sie zumindest der Schutz elementarster Freiheiten, ein menschenrechtlicher Minimumstandard, wie ihn etwa Wengler formuliert hat[85], zu einer interventionsuntauglichen internationalen Angelegenheit erhoben worden ist.

II. Tendenzen zur Ausweitung des interventionsuntauglichen internationalen Zuständigkeitsbereichs

Es sollte deutlich geworden sein, daß es neben der nationalen zwingend nur noch eine internationale Zuständigkeit, das heißt eine aus allgemeinem oder partikulärem Völkerrecht abgeleitete Handlungskompetenz zugunsten internationaler Organisationen oder zugunsten einzelner Staaten[86] geben kann. Die zuweilen schwierige Abgrenzungspro-

---

[82] Zutreffend *Schapiro*, S. 210.

[83] *Wehberg*, S. 296.

[84] Vgl. *Gross*, S. 279.

[85] *Wengler*, S. 1026; zur Souveränitätsbeschneidung durch einen unantastbaren menschenrechtlichen Minimumstandard auch *Doehring*, Two Freedoms, S. 157.

[86] *Joseph Kaiser*, S. 7.

blematik zwischen diesen beiden Bereichen darf nicht noch mit der aus dem Verfassungsrecht entlehnten Terminologie einer konkurrierenden Zuständigkeit verschärft werden, für die im Spannungsfeld zwischen dem domaine réservé und der internationalen Aktionsbefugnis wenigstens theoretisch Raum bliebe[87] und die besonders von Ermacora für Menschenrechtsfragen beansprucht wurde. Ermacora unterscheidet nämlich — in der Sprache des Art. 2 (7) SVN — zunächst menschenrechtliche Anliegen wie detaillierte Grundrechtsregelungen und gerichtlichen Schutz vor Verletzungen, die „essentially within the national jurisdiction" zu subsumieren seien von unter Kapitel VII der Satzung fallenden Menschenrechtsproblemen, die im wesentlichen zur „international jurisdiction" gehörten. Daneben — oder dazwischen? — existiere aber noch eine „concurrent jurisdiction" für grobe Menschenrechtsverletzungen und andauernde Verletzungsmuster[88]. Der Sinn dieser — nur — akademischen Differenzierung wird nicht klar; Ermacora sieht selbst, daß das Interventionsverbot nur für den erstgenannten Punkt, also Menschenrechtsangelegenheiten in ausschließlich nationaler Zuständigkeit, Anwendung finden kann[89].

Zur Feststellung der der Intervention begrifflich verschlossenen internationalen Zuständigkeit tragen auch die Erwägungen nicht bei, es seien Sachgebiete zu berücksichtigen, deren Normierung dem Völkerrecht zwar noch nicht gelungen sei — oder für die es sich noch nicht interessiert habe —, die aber „ihrer Natur nach" eine völkerrechtliche Erfassung erheischten[90]. Für uns kann nur maßgebend sein, inwieweit das Völkerrecht tatsächlich ehemals staatliche Materien beherrscht[91].

Dennoch fallen starke Strömungen ins Auge, die, ohne dabei die Elle des Völkerrechts anzulegen, die Vergrößerung internationaler Aktionsfelder und damit die Schwächung der Interventionsresistenz staatlich geregelter Bereiche zum Ziele haben.

1. Zur Berücksichtigung tatsächlicher Machtverhältnisse

a) Das Mächtegleichgewicht

Wir sind gern geneigt, verblüffende Parallelen zwischen dem Metternichschen Entwurf eines Systems von „checks and balances" zur Perpe-

---

[87] *von Thadden*, S. 13.

[88] Er bezeichnet das als „gross violations and consistent patterns of violation", *Ermacora*, S. 442.

[89] *Ermacora*, S. 443.

[90] Siehe *Verzijl*, S. 392/393 und ähnlich *Mitrović*, S. 244.

[91] Zutreffend *Brierly*, Domestic Jurisdiction, S. 11, der auf das oben erwähnte Gutachten des StIGH hinweist, das keinen „hint whatever of any third domain" enthalte, s. a. *Wiebringhaus*, S. 139.

tuierung des europäischen Mächtegleichgewichts, dem das „conservare in Europa equilibrium“[92] immerhin fünfzig Jahre lang gelang, und der gegenwärtigen blockgespaltenen Großmachtpolitik, die — wenigstens in Europa — Krieg seit über dreißig Jahren verhindert, zu ziehen[93].

Dabei wird freilich nicht nur der politisch-strategische Unterschied zwischen beiden Systemen übersehen, der von Vincent richtig im Verschwinden kurzfristig zu gewährleistender Sicherheitsinteressen, zu deren Befriedigung die Nationalstaaten im Zeitalter des „balance-of-power-system“ fast beliebig Allianzen wechselten und im Entstehen — im heutigen „loose bipolar system“[94] — von langfristig und anscheinend unwiderruflich durch die Blockführer zu garantierenden Interessen identifiziert wurde[95].

Für das Interventionsrecht wichtiger ist die Frage nach der juristischen Berücksichtigung solcher machtstrategischer Überlegungen. Während die Intervention zur Aufrechterhaltung des Mächtegleichgewichts im Europa in der Ära nach dem Wiener Kongreß nahezu einstimmig für erlaubt gehalten wurde[96], kann sie unter der Geltung der UN-Charta, die Maßnahmen zur Erhaltung des internationalen Friedens und der internationalen Sicherheit bei der Weltorganisation monopolisiert[97], keinen Platz mehr haben. Da aber das Problem der „balance of power“, nun allerdings in der beunruhigenden Dimension zweier atomar bewaffneter Blöcke, ein „inescapable fact in international relations“[98] geblieben ist — die Blockführer haben wiederholt zu interventionistischen Mitteln gegriffen, um Machtgewichtsverlagerungen im System zu unterbinden[99] —, ist der Versuch seiner Einordnung in das Interventionsrecht nicht zu umgehen.

---

[92] Zur Geschichte des Prinzips der „balance of power“ seit dem Westphälischen Frieden *Lima*, S. 158.

[93] Dazu *McWhinney*, S. 79.

[94] *Vincent*, S. 352 ff., verkennt — das zeigt schon seine Nomenklatur: „loose bipolar system“ — die Unsicherheiten einer strengen Bipolaritätsthese, veranschaulicht beispielsweise durch den sowjetisch-chinesischen Bruch, anders als etwa *Stanger*, S. VI, nicht. Man wird jedoch mit *Kissinger*, S. 56, noch für geraume Zeit von einer militärischen Bipolarität, wenn auch durch politische Multipolarität angereichert, ausgehen dürfen.

[95] *Vincent*, S. 352 ff.

[96] Dazu *Lawrence*, S. 131 und *Oppenheim / Lauterpacht*, S. 310/311.

[97] Siehe die Präambel und Art. 1 i. V. m. Art. 39 ff. der SVN.

[98] *Lima*, S. 41.

[99] Daraus zieht *Karl Kaiser*, S. 78, den voreiligen Schluß, Interventionen seien in der herrschenden internationalen Ordnung institutionalisiert worden; ähnlich *Guelke*, S. 122; *Loewenstein*, S. 41, geht sogar soweit, die Nichtgeltung des Interventionsverbots im Machtblock zu behaupten.

b) Der domaine réservé blockgebundener Staaten

Ausgangspunkt hierfür ist die Bewertung der die zeitgenössische internationale Ordnung kennzeichnenden Blockbindung, zu klären demnach, inwieweit sie in völkerrechtlich erheblichem Sinne — über die „naturgesetzliche allgemeine Interessenverbundenheit der Staaten“[100] hinaus — eine Unterwerfung unter die wie auch immer gearteten Richtlinien der Blockführer bewirkt und den domaine réservé der Blockmitglieder insoweit eingeschränkt hat.

Schon in den Ausführungen Carl Schmitts, der ein Interventionsverbot für raumfremde Mächte in einem von einem Ordnungsprinzip beherrschten Großraum postulierte[101] und so einen nicht vom Nationalstaat abhängigen Hoheitsbereich kreierte[102], war impliziert, daß jene diesen Großraum konstituierenden — staatlichen oder völkischen — Verbände ihrerseits natürlich keinen vom Einfluß der Zentralgewalt verschonten domaine réservé behalten konnten. Es ist ja auch richtig, daß ein „Minimum an Kohärenz“[103], das heißt eine tragfähige Übereinstimmung in der Zuständigkeitszuteilung an die größere Ordnungsinstanz — und damit ein Konsens über das Volumen der Kompetenzen der kleinen Einheiten — die Grundlage für die Funktion des Großraums — oder zeitgemäßer: des Blocks — bildet. Falsch ist aber die Annahme, bloße Blockzugehörigkeit — hier im Kontext der Ost-Westbeziehungen[104] — führe zu einer stillschweigenden Autonomiebeschneidung der im Block zusammengeschlossenen Staaten mit der Konsequenz eines regionalen Vetos bei nicht blockkonformem Verhalten[105]. Zum einen bestehen gravierende Zweifel am Grad der Homogenität der beiden Machtsphären, die eine schematische Beurteilung des domaine réservé der Blockstaaten nicht gerechtfertigt scheinen lassen[106]. Zum anderen dürfen auch hier nicht politisch-ideologische Überlegungen den Blick aufs Völkerrecht trüben[107].

Das Ausmaß der dem Block zur Wahrnehmung zugewiesenen Aufgaben — Verteidigung, der Einsatz wirtschaftlicher Ressourcen oder die

---

[100] *Hettlage*, S. 42.

[101] *Schmitt*, S. 36.

[102] Erst vom Aufgang der „Sonne des Reichsbegriffs“ versprach sich *Schmitt*, S. 70, die Entfaltung eines effektiven Interventionsverbots.

[103] *Joseph Kaiser*, S. 5.

[104] Interessant auch die von *Ossad* beobachtete Verlegenheit arabischer Staaten, die Gebote des Panarabismus mit auf Souveränität bedachter Selbständigkeit in Einklang zu bringen.

[105] So wohl *Falk*, Doctrine of Nonintervention, S. 169.

[106] Vgl. *Hacker*, Intervention, S. 176. Zu denken ist vor allem an die Sonderstellung Frankreichs und Griechenlands in der NATO und an Rumäniens im Vergleich zu den anderen Warschauer-Pakt-Staaten große Autonomie.

[107] Siehe dazu oben I.2.b).

Artikulierung einer gemeinsamen Außenpolitik — muß aus den die Blockarbeit und -ziele definierenden Abkommen ersehen werden. Dabei werden vage, als Normen verkleidete, zur Stützung des Blockzusammenhalts aufgestellte Doktrinen am ehesten entlarvt. So hat Schweisfurth die Analyse der die Staaten des Warschauer Pakts verbindenden Verträge zur Grundlage seiner überzeugenden Negierung des Normcharakters der sogenannten Breschnew-Doktrin gemacht[108]. Er bejaht lediglich die durch die von der Sowjetunion mit ihren Verbündeten abgeschlossenen Freundschaftsverträge angezeigte „Breschnewisierung" der Außenpolitik. Nur dadurch, daß sich in ihnen — den Freundschaftsverträgen — die Staaten des sozialistischen Lagers[109] der Sowjetunion gegenüber, nicht aber untereinander, völkerrechtlich verpflichtet haben, ihre auswärtigen Angelegenheiten „entsprechend vereinbarter Positionen" zu bestimmen, ist eine Überlagerung ihres außenpolitischen domaine réservé durch die Thesen des sozialistischen Internationalismus[110] erfolgt.

Freilich kann, ein Gedanke, den die oben beschriebene langfristige Blockbindung nahelegt, in solchen räumlichen und funktionellen Zusammenschlüssen auch eine gewohnheitsrechtliche Limitierung souveräner Entscheidungsbefugnisse eintreten[111]; dies insbesondere dann, wenn es sich um distinkte Völkerrechtskreise handelt[112]. Da aber die gegenwärtigen Machtkartelle nur sehr oberflächlich supranationale Eigenschaften, das heißt eine völkerrechtlich faßbare Anerkennung eines den Verband dirigierenden Universalinteresses, aufweisen[113] — es gilt, aus unserer Sicht, auch in der Ostallianz kein von den Prinzipien der UN-Charta losgelöstes Souveränitätsverständnis[114] — und auch keine langanhaltende objektive Unterordnungsübung der Blockbeteiligten unter alle Blockabsichten zu verzeichnen ist — es gibt immer wieder „Blockausreißer"[115] — kann von gewohnheitsrechtlich sanktionierten Souveränitätsbegrenzungen im Machtblock nicht die Rede sein[116].

[108] *Schweisfurth*, S. 531 ff.

[109] Eine bezeichnende Ausnahme bildet der rumänisch-sowjetische Freundschaftsvertrag vom 7. Juli 1970, der nur eine einfache Konsultationsklausel hinsichtlich außenpolitischer Fragen enthält, s. *Schweisfurth*, S. 533.

[110] Zu seinem Inhalt auch *Romaniecki* und VR der DDR, S. 197: „... der Schutz des Sozialismus ist die Angelegenheit aller sozialistischer Staaten" — nach unserer Terminologie also eine solche internationaler Blockzuständigkeit — „und die Entscheidung für den Sozialismus ein unwiderruflicher Akt demokratischer Selbstbestimmung".

[111] So wohl *Mitrović*, S. 245.

[112] Siehe *Mosler*, Intervention, S. 60.

[113] A. A. wohl *Vincent*, S. 352.

[114] *zu Dohna*, S. 260.

[115] „Der Kampf gegen den Polizentrismus im sozialistischen Lager, den die Sowjetunion ... verurteilt, ist ihr nie in Ruhelage kommender Sisyphusstein", *Schweisfurth*, S. 530.

Aus denselben Gründen darf, zur Behauptung eines durch Blockkohäsion a priori eingeengten domaine réservé, auch nicht auf den Rechtsgedanken der Verwirkung rekurriert werden. Die Verwirkung von Rechten, hier: von Souveränitätsrechten, — Ausdruck des Treu- und Glaubenssatzes des Verbots widersprüchlichen Verhaltens — setzt sich aus zwei Komponenten zusammen. Zum bloßen Zeitablauf in der Nichtgeltendmachung von Ansprüchen muß ein vom Rechtsinhaber gesetzter Tatbestand treten, der das Vertrauen des Anspruchsgegners in die Nichtgeltendmachung des Rechts rechtfertigt. Beide Elemente fehlen im Verhalten der Blockzugehörigen. Es gibt in den Machtblöcken keinen stets gleichbleibenden Souveränitätsverzicht — auch innere Blockpolitik ist nicht statisch —, folglich kein vom Verbot des venire contra factum proprium zu schützendes Vertrauen.

Aus alldem ist zu schließen, daß das Balancieren von Blockgleichgewicht keine völkerrechtliche Sonderstellung verdient, sondern einen in die allgemeine Problematik der Grenzziehung zwischen nationaler und internationaler (Block-)Zuständigkeit einzubettenden Themenkreis darstellt.

2. *Die These vom „international concern"*

Derselbe Zwiespalt zwischen „Völkerwirklichkeit" und Völkerrecht, der für die beschwerliche Kompetenzgliederung im Machtblock kennzeichnend ist, begegnet uns in der Lehre vom „international concern" wieder. Danach sollen solche Angelegenheiten, die wegen ihren grenzüberschreitenden Auswirkungen von internationalem Interesse sind, nicht mehr unter die alleinige Jurisdiktion des Staates fallen, in dem sie ihren Ursprung haben.

Dieses die weitere Dezimierung des domaine réservé bezweckende Dogma kam zu neuer Blüte, als die polnische UN-Delegation 1946 unter Berufung auf die Art. 34 und 35 der SVN dem Sicherheitsrat einen Resolutionsentwurf vorlegte, der den Abbruch diplomatischer Beziehungen zwischen den UN-Mitgliedstaaten und Spanien forderte, weil das faschistische Franco-Regime durch seine interne Repressionspolitik und durch die Unterhaltung einer Armee von 700 000 Mann „international friction" verursacht und so den internationalen Frieden und die internationale Sicherheit gefährdet habe[117]. In den in den UN ausgetragenen Auseinandersetzungen über die Behandlung der Inder in Südafrika[118], über die indonesische Frage[119] oder die Situation in Angola[120]

---

[116] *Lima*, S. 159/160, verweigert dem Mächtegleichgewichtsgedanken zwar jeden rechtlichen Status, billigt ihm aber doch eine „de facto recognition" zu.

[117] SCOR, 1st year, 1946, suppl. no. 2, Annex 3 b, S. 55.

[118] *Howell*, Commonwealth, S. 28.

[119] SCOR, 2nd year, 1947, no. 68, S. 1657/1658.

wurde es solange wiederholt — noch stärker verwässert durch die Annahme, schon ein „potential threat to the peace"[121] genüge —, „until the phrase had a ring of authenticity to it"[122].

Fraglich bleibt aber, wie weit die Berücksichtigung der Grundsätze des international concern, also das völkerrechtlich zu legitimierende Einbeziehen von zunächst nur politisch erheblichen Gesichtspunkten, bei der Prüfung der verfassungsmäßigen Kompetenzen der UN gehen darf[123]. Gewiß wären in einer vollständig integrierten Weltgemeinschaft alle streitigen Angelegenheiten von internationalem — dieses Attribut wäre dann nicht mehr adäquat — Interesse. Es kann auch nicht bestritten werden, daß es in einer immer kleiner werdenden Welt — das nennt Guelke zu Recht das Klischee unserer Zeit[124] —, wo niemand gegenüber den Konflikten anderswo gleichgültig bleiben kann[125] und die Großmächte die Entscheidungsfreiheit schwächerer Staaten durch ihre bloße Existenz tangieren[126], kaum noch Ereignisse gibt, die keine Rückwirkungen auf das Leben in anderen Staaten oder auf die Arbeit der UN hätten.

Ernste Bedenken gegenüber diesem in den Vereinten Nationen zutage getretenen Hang, der Auslegung des domestic jurisdiction Vorbehalts eine breite politische Basis zu geben[127], der seine Ursache in der „natürlichen Ausweitungstendenz jeder Organisation"[128] haben mag, bestehen aber deshalb, weil ein bloß politisches Konzept von domestic jurisdiction jegliche konstitutionelle Begrenzung, die Art. 2 (7) SVN den Organen der UN auferlegt, beseitigt[129]. Die Frage, was von international concern ist, wird Gegenstand der politischen Meinungsbildung in den UN, die Umgehung des Art. 2 (7) so durch die mehrheitlich gebilligte Entscheidung, einem Streitpunkt das Etikett „potential threat to the peace" zuzusprechen, möglich[130].

---

[120] GAOR, 15th sess., 1960/61, suppl. no. 16 A, S. 18/19.

[121] Siehe *Higgins*, S. 77.

[122] *Watson*, S. 81.

[123] „... it is of paramount importance that the interpretation of the Charter of the UN should be based on recognized principles of international law", UN Doc. A/459 vom 11. 11. 1947: Need for Greater Use by the UN and its Organs of the ICJ, Report of the 6th Committee.

[124] *Guelke*, S. 116.

[125] Gute Gründe hierfür gibt *Karl Kaiser*, S. 81.

[126] Siehe *Henkin*, S. 156 und *Hold-Ferneck*, S. 216: „Der Wunsch einer Großmacht ist dem kleinen Staat leicht Befehl,"

[127] Dazu auch *Goodrich*, S. 26 und *Gross*, S. 278.

[128] *von Münch*, Zuständigkeit, S. 59.

[129] So auch *Howell*, Domestic Questions, S. 98.

[130] Kritisch auch *Eeckman*, S. 481; *Oppenheim / Lauterpacht*, S. 418 und *Watson*, S. 80: „... the mere fact that a particular position wins the largest number of votes does not make that position legally valid."

Das mag zwar dem Wunsch nach einem effektiveren Handeln der UN entgegenkommen[131], vernachlässigt jedoch das aus dem „rule of law" herzuleitende Gebot, daß die Kriterien zur Bejahung der Handlungsfreiheit eines Organs nur die „terms of its constitution"[132] sein können. Die UN-Charta kennt aber die Kategorie eines „potential threat to the peace" nicht. Entweder es liegt eine „echte" Friedensbedrohung im Sinne des Art. 39 SVN vor, dann stellt Art. 2 (7) keine Sperre für das Vorgehen der UN dar[133], oder die im Streit befindliche Angelegenheit ist ein „dispute" im Sinne des Art. 34, dann gilt der domestic jurisdiction Vorbehalt des Art. 2 (7). Zwischen den nach Art. 2 (7) zulässigen und den gemäß Kapitel VI erlaubten Maßnahmen gibt es keine weitere Zone von UN-Befugnissen[134].

Auch der Versuch, den internationale Belange berührenden sozialen Unfrieden in einem Staat über den Umweg einer weitherzigen Interpretation des Begriffs des „threat to the peace" im Sinne des Art. 39 SVN in die Kompetenz der UN zu bringen[135], kann nicht mit den Erfordernissen einer den Wortlaut der Charta in Rechnung stellenden Auslegung in Einklang gebracht werden und ist, den Zielen seiner Protagonisten zuwider, eher geeignet, der Festigung einer stabilen internationalen Rechtsordnung dadurch zu schaden, daß ihr Verantwortlichkeiten aufgebürdet werden, die sie nicht tragen kann[136].

Desgleichen überschätzt Higgins, die das Prinzip des international concern mit dem Argument verteidigt, Staaten müßten für ein Verhalten mit internationalen Folgen zur Rechenschaft gezogen werden[137], den Aufgabenbereich und die Belastbarkeit der UN. Solange staatliches Tun und Unterlassen nämlich keine völkerrechtlichen Deliktstatbestände erfüllen, gibt es keinen Ansatzpunkt für eine völkerrechtliche Haftung; für die Regulierung von — bloß — politischen Verantwortlichkeiten reicht das vorhandene UN-Instrumentarium, etwa durch die Aufklärungsbefugnisse des Sicherheitsrats gemäß Art. 34 der Satzung, allemal aus[138].

---

[131] Ambivalent in dieser Hinsicht *Preuss*, Domestic Jurisdiction, der, obgleich er diese Entwicklung begrüßt, S. 650, die mangelnde Bereitschaft der UN-Organe beklagt, anstehende Probleme nach nüchterner Betrachtung „of the constitutional questions involved" zu lösen, S. 647/648.

[132] ICJ Reports 1957, 64.

[133] Siehe oben I. Teil 1. Kap. B.I.3.b).

[134] So auch *von Münch*, Zuständigkeit, S. 59; deshalb sind die Ergebnisse, zu denen das vom Sicherheitsrat zur Erörterung der Spanienfrage bestallte Subcommittee, 1 SCOR 1946 1st ser. spec. suppl., S. 10/11, gelangte, nicht satzungskonform.

[135] Siehe *Falk*, Legislative Intervention, S. 33; seine Vorschläge zu einem „legislativen" Interventionsrecht der UN zur zwangsweisen (!) Beseitigung von „repressive social policies" sind allenfalls de lege ferenda von Interesse.

[136] *Vincent*, S. 302, spricht schlagend von „making weak law weaker".

[137] *Higgins*, S. 62.

Man wird deshalb, um das Kompetenzproblem auf greifbare Proportionen zurückzuschrauben[139], der Idee vom international concern[140] keine Rechtserheblichkeit zubilligen können, sondern sie auf ihre im Grunde hohle Aussage, daß es Tatsachen gibt, die Gegenstand „internationaler Sorge" sind, reduzieren müssen.

2. Kapitel

Die Deliktshandlung

Wenn auch durch das Herausarbeiten von Maßstäben zur Bestimmung des domaine réservé als des interventionstauglichen Deliktsobjekts eine erste Bresche in das den Interventionskomplex verdeckende juristische, machtpolitische und ideologische Dickicht geschlagen ist, bleibt die nicht minder heikle Aufgabe, verläßliche Kriterien zur tatbestandsmäßigen Einfassung der als interventionistisch zu charakterisierenden Deliktshandlung zu finden, denn nicht jeder Eingriff in den staatlichen Hoheitsbereich ist eine Intervention. Im Zusammenhang damit ist auch der Frage nach dem endgültig über die interventionistische Handlung zu fällenden Unwerturteil — also Rechtswidrigkeitsproblemen — nachzugehen.

A. Der Tatbestand

I. Das Veralten des klassischen engen Interventionsbegriffs

Das herkömmliche Interventionsverbot untersagte in der berühmt gewordenen Definition Oppenheims „dictatorial interference by a State in the affairs of another State for the purpose of maintaining or altering the actual condition of things"[141]. Dabei wurde unter „dictatorial" durchweg die Anwendung militärischer Gewalt verstanden[142].

---

[138] Daß Schäden, die in rechtstreuer Ausübung von souveränen Rechten entstanden sind, keine völkerrechtlichen Konsequenzen haben, verdeutlicht *Fenwicks*, Domestic Questions, S. 146, Vergleich zum common law-Institut des „damnum sine iniuria"; im Kern dasselbe meint wohl *Strisower*, S. 582, wenn er zwischen Interventionen im Rechtssinne und solchen, die nur politische Schädigungen auslösen, unterscheidet.

[139] *Fitzmaurice*, S. 37.

[140] „... a concept of unparalleled ... ambiguity ...", *Watson*, S. 78.

[141] *Oppenheim / Lauterpacht*, S. 305.

[142] Nach *Winfield*, S. 142, war gar Blutvergießen eine unvermeidliche Begleiterscheinung der Intervention; zur Literatur zum klassischen Interventionsbegriff s. die erschöpfende Aufzählung bei *Gerlach*, S. 84 ff.

Das sich daraus ergebende Paradox, daß zwar der Angriffskrieg als erlaubte Fortsetzung der Politik mit anderen Mitteln galt, das Weniger der gewaltsamen Einmischung aber für völkerrechtswidrig gehalten wurde, löste sich erst auf, als sich aus den Bemühungen der Argentinier Calvo und Drago zur — zunächst interventionsspezifischen — Illegalisierung der gegen amerikanische Staaten gerichteten gewaltsamen Schuldeintreibung[143] über die Art. 11 ff. VBS und den Kellog-Briand Pakt die völkerrechtliche Ächtung des Angriffskriegs entwickelte, bis endlich in Art. 2 (4) SVN ein umfassendes Gewaltverbot normiert wurde.

Obwohl damit die doppelbödige Moral der Gewaltanwendung in den internationalen Beziehungen beseitigt war, sahen sich Interventionstheoretiker mit einem neuen Dilemma konfrontiert. In dem Maße nämlich, in dem die UN-Charta die Ausübung militärischer Gewalt tabuisiert hatte, war ein besonderes, auf das Merkmal „dictatorial" abstellendes Interventionsverbot überflüssig geworden[144].

Stärker als das gegen Gewalt sensibilisierte internationale Rechtsbewußtsein der Nachkriegszeit verlangte allerdings die veränderte Rechtswirklichkeit eine interventionsrechtliche Umorientierung. Es zeigte sich, daß die Einsatzmöglichkeit von Nuklearwaffen keineswegs den Segen einer zurückhaltenderen Einmischungspolitik gebracht hatte[145], sondern daß sich — da sich die eher abstrakt wahrgenommene Macht zur totalen Zerstörung nicht ohne weiteres in eine greifbare Drohung umsetzen läßt[146] — auch im Atomzeitalter, „which has signaled the passing of the age of territoriality"[147], die Politik der hartnäckigen Privilegiensicherung des „souveränen" Staates mit allen Mitteln „short of war" fortsetzt.

Die gestiegene wirtschaftliche Druckempfindlichkeit vieler Staaten, offenkundig nicht nur in der existentiellen Abhängigkeit der Länder der dritten Welt von Entwicklungshilfe, sondern ebenso manifest in der Tatsache, daß in einer arbeitsteiligen Welt die Industrienationen auf reibungslose Lieferung von lebensnotwendigen Rohstoffen schicksalhaft angewiesen sind, hat neue subtileren Pressionsversuchen ausgesetzte Flächen der Verwundbarkeit staatlicher Souveränität offenbart.

Einmischungsfördernd wirkt auch, daß das gegenwärtige internationale System von gegensätzlichen Weltanschauungen, die in der missionarischen Verfolgung ihrer Ziele nicht an den Grenzen haltmachen[148],

---

143 Dazu vor allem *Hershey*, S. 26 ff.; s. a. *Rumpf*, S. 45.

144 Vgl. etwa *Arangio-Ruiz*, S. 547 ff. und *Gerlach*, S. 92 ff.

145 Eine solche Fehleinschätzung findet sich bei *Young*, S. 181.

146 Vgl. *Kissinger*, S. 60/61.

147 *Vincent*, S. 350.

148 *Morgenthau*, S. 429, vergleicht den Konflikt zwischen diesen „Säkularreligionen" nicht zu Unrecht mit den Religionskriegen des 17. Jahrhunderts.

durchzogen ist. Der kommunikationstechnische Fortschritt und die mit ihm verbundene weitgehende Demokratisierung staatlicher Entscheidungsfindung — ihre Träger haben auf eine immer besser informierte Öffentlichkeit Rücksicht zu nehmen — hat den fremdstaatlichen Beeinflussungsabsichten zugänglichen Adressatenkreis insoweit drastisch vergrößert, als nicht mehr ausschließlich auf die Inhaber der Macht, sondern auch massiv auf die „popular infrastructure"[149] eingewirkt werden kann. Gleichzeitig wurde dadurch, da ein Rundfunkgerät nicht nur wirkungsvoller als ein Geschwader von B-52 Bombern sein kann[150], sondern sein Gebrauch auch frei von Angst vor gefährlichen Repressalien propagiert werden kann, die der Einmischung in die Angelegenheiten eines anderen Staates entgegenstehende Hemmschwelle merklich gesenkt[151].

Bedenkt man schließlich die Vielfalt von Einflußmöglichkeiten, die eine nach außen offene und nach innen tolerante pluralistische Staats- und Rechtsordnung dem interessierten Ausland bietet, wird klar, daß der enge, auf die besondere Einmischungsart — militärische Gewalt — festgelegte Interventionsbegriff obsolet werden mußte.

Das Völkerrecht mußte diesem „break of the traditional link between military and political power"[152] insofern Rechnung tragen, als es die Definitionsversuche zur Intervention auf eine breitere Basis, weg vom bewaffneten Eingriff, zu stellen hatte, welche die wachsende Anfälligkeit der Souveränität gegenüber einer Vielzahl von fremden Einwirkungschancen berücksichtigte.

II. Die Bemühungen um eine neue Definition der Intervention

1. *Der moderne, breite Interventionsbegriff*

Der krasse Mißbrauch der Monroe-Doktrin, die durch das sogenannte Roosevelt-Corollary zu einem rücksichtslosen Werkzeug imperialistischer Politik der Vereinigten Staaten degeneriert war[153], war Ursache der lateinamerikanischen anti-interventionistischen Bewegung, die

[149] *Chakrabarti*, S. 10.

[150] Eine Metapher *Kissingers*, S. 60.

[151] Ob die moderne Technik der Telekommunikation tatsächlich, wie *Loewenstein*, S. 41, düster feststellt, der nackten Interventionspolitik Tür und Tor geöffnet hat, wird im 2. Teil erörtert.

[152] *Karl Kaiser*, S. 79.

[153] Das Rooseveltsche „speak softly and carry a big stick": „... in the Western Hemisphere the adherence of the US to the Monroe Doctrine may force the US ... to the exercise of an international police ...", *Theodore Roosevelt*, zitiert in *Gantenbein*, S. 362; ausführlich zur Monroe-Doktrin *Lima*, S. 72 ff. und *O'Connell*, S. 306 ff.

schließlich 1948 in der Durchsetzung eines absoluten Interventionsverbots, das jede Form der Einmischung in innere oder äußere Angelegenheiten eines Staates und sogar nur versuchte Drohungen gegen die Persönlichkeit eines Staates oder seine politischen, wirtschaftlichen oder kulturellen Elemente illegalisierte, in Art. 15 SOAS gipfelte[154]. Wenn auch zunächst regional beschränkt und keineswegs Ausdruck einer universellen Rechtsüberzeugung[155], fiel dieser extensive Interventionsbegriff der SOAS, die so tatsächlich die Aura einer „magna charta der Nichtintervention"[156] erhielt, auf den fruchtbaren Boden der Angst neuer, zur Unabhängigkeit gelangter Staaten vor einem wie auch immer kaschierten Neokolonialismus. Ventiliert wurde diese Furcht, angereichert mit einer ausgeprägten Stabilitätssehnsucht im Hinblick auf die ethnische Belange nur unzureichend beachtenden Grenzziehungen der ehemaligen Kolonialmächte, in der Aufstellung weitreichender Interventionsverbote in den Satzungen der OAU und der Arabischen Liga, in den Konferenzen der Blockfreien in Bandung, Belgrad, Kairo, Lusaka und Algier, wie auch in vielen bilateralen Freundschafts- und Beistandsverträgen[157].

Die Tendenz zur Ausweitung der als interventionistisch verbotenen staatlichen Verhaltensweisen setzte sich auf globaler Ebene in den Vereinten Nationen fort. Während allerdings der von der UdSSR initiierten Resolution 2131 (XX) der Vollversammlung von 1965[158], die nicht nur fast wortgleich die Bestimmung des Art. 15 — jetzt Art. 18 — SOAS übernahm und das Interventionsrecht in Beziehung zur nationalen Identität der Völker und zum Selbstbestimmungsrecht setzte, sondern auch die Ausübung jeglichen zwischenstaatlichen Zwanges „to secure ... advantages of any kind" untersagte, schon deshalb die Rechtsverbindlichkeit abgesprochen werden kann, weil zumindest die westlichen Staaten davon ausgingen, daß die Erörterung des Nichtinterventionsprinzips in der politischen Arena der die Resolution vorbereitenden Ersten Kommission[159] zu keiner rechtserheblichen Feststellung von Rechten und Pflichten führen konnte[160], scheint die Prüfung der rechtlichen Tragweite der FRD schwerwiegende Probleme aufzuwerfen.

---

[154] Text der SOAS in *Berber*, Dokumente, S. 678 ff.

[155] A. A. *Ouchakov*, S. 62/63; noch bei der Ausarbeitung der FRD traten heftige Meinungsverschiedenheiten über die Tragweite des Interventionsverbots auf, s. *Neuhold*, S. 306 ff.

[156] *Schwarz*, Gewalt, S. 218.

[157] Eine gute Übersicht mit Fundstellen geben *Neuhold*, S. 284 ff., *Mitrović*, S. 254 ff., *Oppermann*, S. 327 ff. und *Rumpf*, S. 46 ff.

[158] Declaration on the Inadmissibility of Intervention in the Domestic Affairs of States and the Protection of Their Independence and Sovereignty.

[159] Die Hintergründe, warum sie und nicht die Sechste Kommission damit befaßt wurde, schildert *Neuhold*, S. 304.

Diese von der Vollversammlung 1970 einstimmig verabschiedete Declaration on Principles of International Law concerning Friendly Relations and Cooperation among States in accordance with the Charter of the United Nations[161], deren dritter Abschnitt über das Interventionsverbot[162] die wichtigste UN-Stellungnahme zum Interventionsrecht darstellt, wurde nämlich von der Generalversammlung selbst als Markstein in der Weiterentwicklung und Kodifikation des Völkerrechts, als wichtiger Schritt zur wirksameren Anwendung der betreffenden Prinzipien angesehen[163]. So nimmt es nicht wunder, daß der FRD der Charakter einer authentischen Interpretation der Chartabestimmungen zugesprochen wurde[164] und sie, im Lichte des Interventionsrechts, gelobt wurde, endlich das Interventionsverbot fest umrissen zu haben[165].

Zwar hat insbesondere Arangio-Ruiz nach einer eindrucksvollen Analyse des Schrifttums zum Normcharakter von Resolutionen der Generalversammlung[166] die verbreitete „Verbindlichkeitseuphorie" insofern erheblich gedämpft, als er die Deklaration letztlich nur als ein Instrument von bloßem „hortatory value" bezeichnete[167]. Am überzeugendsten, weil auch im Völkerrecht dem Rechtsstaatlichkeitsgrundsatz Rechnung tragend, haben aber Verdross / Simma gegen die Rechtsnormqualität von Vollversammlungsresolutionen argumentiert. Ausgehend von der unanfechtbaren Regel, mit der auch der These vom international concern die Glaubwürdigkeit zu entziehen ist[168], daß jedes „Organ nur innerhalb seiner Zuständigkeit rechtsgültig handeln kann"[169], verneinen sie zu Recht mit Hinweis auf die Art. 11 - 14 der SVN, die die Vollversammlung nur zum Erlaß von Empfehlungen ermächtigen, jegliche Kompetenz der General Assembly, bindende Völkerrechtsnormen zu setzen[170].

---

160 Vgl. *Onuf*, S. 218; *Houben*, S. 717 und die Stellungnahme des amerikanischen Botschafters *Yost*, *GAOR* 20th sess. 1st com. 1423rd mtg., S. 436, der darauf hinwies, daß die Deklaration „only a statement of political intention and not a formulation of law" sei.

161 Res. 2625 (XXV); nach sozialistischen Vorstellungen sollte die Deklaration eine Anerkennung der Prinzipien der friedlichen Koexistenz bringen, vgl. *zu Dohna*, S. 243.

162 Nahezu identisch mit der Res. 2131 (XX); zur Geschichte seiner Inkorporierung in die vom Sonderausschuß zu erarbeitende FRD s. *zu Dohna*, S. 115 ff.

163 Das sollte auch durch ihre Verabschiedung anläßlich des 25. Jubiläums der UN zum Ausdruck kommen, vgl. *Arangio-Ruiz*, S. 433.

164 Siehe etwa *Rosenstock*, S. 715 und *Hoffmann*, S. 67.

165 VR der DDR, S. 175.

166 *Arangio-Ruiz*, S. 434 ff.; differenziert auch *zu Dohna*, S. 241 ff. und *Neuhold*, S. 45 ff.

167 *Arangio-Ruiz*, S. 523.

168 Siehe oben I. Teil 1. Kap. B.II.2.

169 *Verdross / Simma*, S. 330.

Auch wenn damit feststeht, daß Deklarationen keine formellen Rechtsquellen sein können — auch eine einstimmig beschlossene Resolution vermag die Sperre der fehlenden Kompetenz nicht zu überwinden[171] —, so kann andererseits ihre Wirkung auf den Prozeß völkerrechtlicher Rechtsbildung, etwa durch Aufnahme in Verträge, durch Entwicklung zu allgemeinen Rechtsgrundsätzen oder durch Verfestigung zu Gewohnheitsrecht, nicht geleugnet werden[172]. Jedenfalls hat die FRD — darin liegt ihr nicht zu unterschätzender Wert —, indem sie den Argumentationsrahmen[173] zur endgültigen Fixierung der in Frage stehenden Prinzipien geliefert hat, auch für das Interventionsrecht ein maßgebliches Signal gesetzt.

Das Problem, inwieweit dieser dem dritten Prinzip der FRD zu entnehmende interventionsbegriffliche Rahmen, der ja das ganze Spektrum von möglicherweise interventionistischen Handlungen — von der bewaffneten Intervention über alle anderen denkbaren Einmischungsarten, inklusive dem „attempted threat", bis hin zu von Zwang nur wenig bestimmten Maßnahmen zur Vorteilserlangung — umfaßt, zur Erarbeitung eines abschließenden Interventionstatbestandes ausgeschöpft werden soll, wird in den beiden nachfolgenden Gliederungspunkten erörtert werden.

2. *Kritik oder: Impossibilium nulla est obligatio*

Der notwendige Funktionswechsel des Interventionsverbots von einer speziell vor gewaltsamen Eingriffen schützenden Norm zu einer das Rechtsgut „staatliche Willensfreiheit" in extenso gewährleistenden Vorschrift hatte die unerfreuliche Nebenwirkung, die schon im „klassischen" Interventionsrecht trotz des einigermaßen genauen Tatbestandsmerkmals „dictatorial" nicht leicht zu ziehende Grenze zwischen erlaubtem und verbotenem Einwirken auf andere Staaten vollends zu verwischen. An die Stelle eines die tatbestandsmäßige Handlung korrekt beschreibenden Kriteriums trat eine unübersehbare Palette von angeblich zu mißbilligenden Verhaltensweisen, deren begriffliche Ausuferung auch bei bestem Auslegungswillen nicht einzudämmen ist[174]. Statt sich um

---

[170] *Dieselben*, ebenda, S. 330/331; daß eine solche Zuständigkeit ein Satzungsänderungsverfahren gemäß Art. 108 ff., voraussetzt, sieht auch *Houben*, Anm. 161, S. 733.

[171] Das verkennt *zu Dohna*, S. 254.

[172] Siehe *Verdross / Simma*, S. 332 / 333; zum „factual impact of Assembly resolutions on law-making" auch *Arangio-Ruiz*, S. 470/471 und zur Kristallisation von Völkergewohnheitsrecht aus Resolutionen das Memorandum des UN Office of Legal Affairs E/CN.4/L.610, S. 2.

[173] Ein treffendes Wort von *Verdross / Simma*, S. 331.

[174] Was ist z. B. ein „attempted threat"? Zu Recht fragt sich *zu Dohna*, Anm. 76, S. 124, wie sich denn eine versuchte Drohung manifestieren könne

eine Formel zu bemühen, die einerseits den Rechtsunterworfenen die Grenzen des Erlaubten mit Bestimmtheit aufzeigt, andererseits aber der dynamischen Rechtswirklichkeit durch Flexibilität Rechnung trägt, haben sich die Väter des „modernen“ Interventionsbegriffs mit der unnötigen Spezifizierung des interventionistischen Deliktsobjekts erschöpft: Da jedoch — abstrakt — feststeht, daß das der Intervention zugängliche Zielobjekt nur die Summe jener Angelegenheiten sein kann, die — noch — nicht durch völkerrechtliche Regeln internationalisiert worden sind, ist die besondere Aufzählung — wie in der FRD — von vor Einmischungen zu schützenden Rechten — „personality of the state“[175], „the political, cultural and economic elements“ eines Staates und das Recht eines jeden Staates „to choose its political, economic ‚social and cultural system“ — für eine Subsumtion überflüssig.

Beklagenswerter als der Verfall tatbestandlicher Exaktheit und die Häufung von Pleonasmen ist freilich die behauptete Erstreckung des Interventionsverbots auf jedwede zwischenstaatliche Zwangsausübung. Es „widerspricht den Realitäten des politischen Tagesgeschehens“[176] anzunehmen, der völkerrechtliche Verkehr bewege sich im zwangsfreien Raum. Die Wahrnehmung berechtigter eigener Interessen wäre schlechterdings vereitelt, stünde hinter dem verhandelnden, überredenden Staat nicht auch jene relative Macht — die Macht, Rohstoffe zu liefern oder nicht zu liefern, die Macht, Handelsvergünstigungen einzuräumen oder nicht zu gewähren, die Macht, konjunkturfördernde Maßnahmen zu ergreifen oder zu unterlassen —, die sich in einen positionsstärkenden Zwang umsetzen läßt. Es ist eben ein „fact of international life“[177], daß die Verfolgung nationaler Interessen in einer Staatengemeinschaft, „whose major participants are highly unequal in both aggregate and particular value positions“[178], nicht einem altruistischen Muster folgt, sondern auf der Basis eines mehr oder weniger fairen quid pro quo geschieht, wobei die vorhandenen Ungleichheiten naturgemäß zu unterschiedlich starken Ausgangslagen führen.

---

und wie sie sich von der vollendeten abheben sollte; s. a. die Interpretationsresignation von *Arangio-Ruiz*, S. 558: „With regard to ‚attempted threats‘, we surrender.“

[175] Was immer die „Persönlichkeit“ eines Staates sein mag; übersetzt man diese Schimäre mit „Völkerrechtssubjektivität“ offenbart sich eine bare Selbstverständlichkeit, da eben nur ein Völkerrechtssubjekt Opfer einer Intervention sein kann, dazu *zu Dohna*, S. 124.

[176] *zu Dohna*, S. 134.

[177] *O'Connell*, S. 298.

[178] Burke, S. 104; diese „Wertpositionen“ sind nicht ein für allemal fixiert — so wird die Ölabhängigkeit mit der Entwicklung neuer Techniken zur Energiegewinnung sinken — und können sehr kurzlebig sein — etwa die Genehmigung zum Einsatz fremder Truppen zur Befreiung eines gekaperten Flugzeugs.

Die Bestrebung, jede politische Druckausübung in das die Gestaltung internationaler Beziehungen abschnürende Korsett eines zu strengen Interventionsbegriffs zu zwängen, erklärt sich aus dem Irrtum, der Rechtsgrundsatz der souveränen Unabhängigkeit aller Staaten habe die Aufgabe, auch die tatsächlich bestehenden politischen, wirtschaftlichen und militärischen Abstufungen in der Unabhängigkeit der Staaten einfach dadurch zu nivellieren, daß sie nicht mehr zum Einsatz gebracht werden dürfen. Dabei wird nicht nur die Tragweite des Rechtsprinzips der Unabhängigkeit verkannt — „independence cannot imply that every state is immune from the political and economic influence of other states“[179] —, sondern auch übersehen, daß gerade der von außen auf einen Staat ausgeübte Druck den sozialen Fortschritt — und darunter ist wohl auch eine Angleichung der Machtverhältnisse zu verstehen — vorantreiben kann. Das Völkerrecht und besonders die UN-Charta sind keine Werkzeuge zur Perpetuierung des status quo, „clearly the Charter contemplated and encouraged peaceful social and political change“[180]. Wir haben davon auszugehen, daß zur Veränderung des sozialen Gefüges — wenn man den Komplex ungleicher Machtverteilung so umschreiben will — die den einzelnen Staaten zur Verfügung stehenden Druckmittel deshalb unersetzlich sind, weil die Kompetenz und die Stärke der Vereinten Nationen hierzu nicht ausreichen[181].

Der Prozeß der Verrechtlichung dieses politischen Spielraums, der in die völlige Illegalisierung seines Gebrauchs mündet[182], läuft denn auch den Anforderungen der Zeit konträr: Wenn beispielsweise von den wohlhabenden Staaten immer größere Beiträge zur Entwicklungshilfe erwartet werden, dürfen sie dadurch, daß sie an die Hilfeleistung sachbezogene Bedingungen knüpfen — dies wohl schon eine unzulässige Druckausübung im Sinne der FRD — nicht dem Vorwurf des Interventionismus ausgesetzt werden[183]. Umgekehrt darf auch der Zusammenschluß von Rohstofflieferanten zu mächtigen Umverteilungskartellen[184] — das sollten die lateinamerikanischen und afro-asiatischen Ver-

---

[179] *O'Connell*, S. 298.

[180] *Henkin*, S. 154; *Falk*, Doctrine of Nonintervention, S. 171, meint, es sei ein strukturelles Charakteristikum der internationalen Gemeinschaft, sich nicht mit dem status quo abzufinden.

[181] Siehe oben I. Teil 1. Kap. B.II.2.; zu kritiklos deshalb *Remmeles*, S. 87 f., Übernahme des weiten Interventionsbegriffs.

[182] Kritisch auch *Oppermann*, S. 324.

[183] Zu diesem Problemkreis auch *Scott*, S. 209 ff.

[184] Zur Einpassung „redistributiver Prinzipien“ in das zeitgenössische internationale System s. *Onuf*, S. 225; bemerkenswert auch der Wandel der sowjetischen Völkerrechtslehre: Während in der „Gründerzeit“ der Sowjetunion die Intervention als Methode des Klassenkampfs von *Korowin*, Übergangszeit, S. 52, als — unter gewissen Bedingungen — bedeutendstes Mittel des Fortschritts gepriesen wurde, gilt heute, etwa nach *Tunkin*, LB, S. 24,

fechter des „weiten“ Interventionsbegriffs bedenken —, die auf die wirtschaftliche Aktionsfreiheit der rohstoffabhängigen Staaten — wieder im Sinne der FRD — unzulässige Pressionen ausüben, nicht das Odium interventionistischen Handelns belasten[185].

Der Interventionsbegriff darf nach alldem also nicht den ganzen Rahmen der FRD umspannen. Er würde nicht nur das Wünschenswerte — die Vermeidung des Festschreibens des status quo — vernachlässigen, sondern auch, weil ein absolutes Zwangsverbot in einer dezentralisierten Staatengemeinschaft ohne wirksame Streiterledigungsmechanismen nicht durchzusetzen ist, das Unmögliche fordern[186]. Das Unmögliche aber kann kein Staat schulden.

3. *Die interventionsrechtliche Abgrenzungsproblematik*

a) Die Bestimmung der Interventionsschwelle „nach unten“ zur noch erlaubten Einflußnahme

Die Freiheit der Staaten, sich gegenseitig durch Druck und Gegendruck zu beeinflussen, kann keine grenzenlose sein. Fortschrittsdenken, das seit Ächtung des Krieges und der Anwendung militärischer Gewalt — „these for better or worse, were the traditional solvents for political and social revolution in the World Community of earlier eras“[187] — auf Zwangsausübung mit anderen Mitteln nicht verzichten kann, und das Beharren des souveränen Staates auf autonomer Willensbildung ohne Gefährdung von Sicherheitsinteressen müssen in Einklang gebracht werden. Der Schlüssel zur Harmonisierung dieser scheinbar inkompatiblen Anforderungen an das Interventionsrecht[188] liegt in der richtigen Dosierung des Zwangsverbots[189].

Ausgehend von der Funktion des Nichtinterventionsprinzips „as a doctrinal mechanism to express the outer limits of permissible in-

---

das Interventionsverbot als unabdingbare Voraussetzung der friedlichen Koexistenz; dazu auch *Hacker*, Intervention, S. 158.

[185] Das heißt nicht, daß die Interventionsschwelle nie überschritten wird, s. unten I. Teil 2. Kap. A.II.3.a).

[186] Das Aperçu des Grafen Rechberg von 1859, zitiert bei *Bruns*, Nr. 819, hätte erst unter der Geltung eines solchen extensiven Interventionsverbots Gültigkeit: „La non-intervention, à notre avis, n'est pas un principe, mais une terme exprimant la négation d'un simple fait.“

[187] *McWhinney*, S. 86.

[188] Widergespiegelt in der UN-Charta, die laut *L'Huillier*, S. 254, von der „antithèse entre un programme d'action nettement interventionniste et l'affirmation formelle du principe de non-intervention“ durchzogen ist.

[189] Daß „die Frage nach der Zulässigkeit völkerrechtlichen Zwanges im internationalen Leben“, *Blesinger*, S. 51, das Herzstück der Interventionslehre ist, sah schon *Bluntschli*, S. 269, der von „autoritativer Einmischung“ spricht; vgl. a. *Dahm*, LB I, S. 201; Lima, S. 15 und *Thomas / Thomas*, S. 72.

fluence"[190] müssen demnach Maßstäbe gefunden werden, die eine Festlegung der Interventionsschwelle, das heißt die Grenzziehung zwischen der noch erlaubten, nur politisch interessanten Einflußnahme, die allerdings einen acte peu amicale konstituieren kann, und der wegen unzulässiger Zwangsintensität als Intervention zu betrachtenden Einmischung ermöglichen.

Als wenig nützlich haben sich dabei die aufs Deskriptive beschränkten politologischen Unterscheidungsversuche erwiesen. So kann die Differenzierung zwischen Intervention und Beeinflussung nicht zweifelsfrei anhand des von Rosenau behaupteten Definitionsansatzes des „sharpness of the break with existing patterns" getroffen werden[191]: Allein die Tatsache der abrupten Änderung in bestehenden Verhaltensmustern klassifiziert die gegen die „authority structure of the target society"[192] gerichtete Handlung noch nicht als verboten — auch der jähste Klimawechsel braucht nicht rechtserheblich zu sein.

Um im Spannungsfeld zwischen der unvermeidbaren zwischenstaatlichen Zwangsausübung und den Anforderungen an den internationalen ordre public[193] einen „code of interventions"[194] zu formulieren, ist ein ganzes Bündel von wertenden und nicht nur beschreibenden Kriterien notwendig.

Als erstes muß bei der Prüfung, ob eine Intervention vorliegt, das Willensmoment des potentiellen Intervenienten berücksichtigt werden. Klar ist, daß nur dort, wo ein Staat einen anderen zu einer bestimmten Handlungsweise zu veranlassen sucht, diese also nicht als bloßer Reflex erfolgt — denkbar etwa: Staat X betreibt aus innenpolitischen Gründen eine inflatorische Geldpolitik, worauf Staat Y den auf seine stabile Währung einsetzenden Run durch restriktive Devisenbestimmungen abschwächt —, der Interventionsvorsatz gegeben ist[195].

Problematischer ist die interventionsrechtliche Erfassung solcher Sachverhalte, bei denen erst die Verbindung von Mittel und Zweck

---

[190] *Falk*, Doctrine of Nonintervention, S. 165.

[191] *Rosenau*, Intervention, S. 169; als Beispiel nennt er die durch de Gaulles Äußerungen in Quebec indizierte scharfe Wende in Frankreichs Beziehungen zu Kanada; ähnlich *Schwarz*, Intervention, S. 33: „Interventions are actions in which ... a nation ... transcends the framework of existing relations ..." und wohl auch *Wengler*, S. 1042, der die Grenze des Völkerrechtswidrigen nur dann für überschritten hält, wenn sich die „Beeinflussungsabsicht in besonders auffälligen Formen" vollzieht.

[192] *Rosenau*, ebenda.

[193] Zur Vereinbarkeit von „major and minor coercion" mit „international public order" insbesondere *Burke*, S. 87 ff.

[194] *Scott*, S. 212.

[195] Unbegründet die Befürchtung von *Rosenau*, Scientific Concept, S. 154, daß die Definitionsschärfe unter dem Einbeziehen von Motiven leide, auch sie sind — wie das Strafrecht zeigt — nachvollziehbar.

bedenklich ist. Wenn auch der von Gerlach zur Bestimmung der Verwerflichkeit der Zweck-Mittel-Relation angebotene Maßstab der willkürlichen Verknüpfung zweier an sich nicht zusammengehörender Tatbestände zunächst zu überzeugen scheint[196], so muß doch bestritten werden, daß jedes Junktim, das nicht unmittelbar sachbezogen ist, unzulässig sei. Gewiß sind solche Bedingungen, „wich are calculated to further the common aims of a mutually agreed program“[197] — etwa der Vorbehalt, daß ein Darlehen nur in die Wirtschaft des Kreditgebers investiert werden darf —, nicht zu beanstanden. Der Gegenschluß aber, daß die Koppelung von Konditionen, die sich nicht auf einen gemeinsamen Zweck beziehen, immer illegal sei, trägt den Bedenken gegen die stetig fortschreitende Einengung des außenpolitischen Ermessens der Staaten keine Rechnung[198]. Die Praktizierung der Hallstein-Doktrin, der Versuch arabischer Staaten, 1973 durch eine Verknappung des Öls eine Änderung in der westlichen Israelpolitik zu bewirken, die Intransigenz der Amerikaner, den Sowjets ohne Zusicherung einer liberaleren Auswanderungspraxis für russische Juden nicht die für Handelserleichterungen wichtige „most-favorite-nation-clause“ zu erteilen — alles Beispiele für eine Verknüpfung zweier an sich nicht „zusammengehörender Tatbestände“, aber auch für den nicht zu verbietenden Usus, einen Positionsvorteil auszuspielen — wären danach verwerflich und deshalb Interventionen gewesen[199].

Zur Bejahung der verwerflichen Zwangsintensität darf also im Hinblick auf den politischen Gestaltungsspielraum der Staaten nicht allein darauf abgestellt werden, daß der Zweck und die Mittel nicht in einem direkten Zusammenhang stehen. Die staatliche Willensfreiheit, das Rechtsgut des Interventionsverbots, nimmt nicht automatisch schon dadurch Schaden, daß ihre Träger zur Erreichung eines von ihnen angestrebten Zieles einen für sie unangenehmen, nicht konnexen Preis zu zahlen haben.

Man wird zur Feststellung der unerlaubten Zweck-Mittel-Relation zusätzlich fragen müssen, ob dem „Opferstaat“ noch eine andere Wahlmöglichkeit zumutbar bleibt[200]. Das heißt, daß wirtschaftliche Pressio-

---

[196] Siehe *Gerlach,* S. 206 und das zu simple Beispiel bei *Fisher,* S. 26: Verwerflich sei es, wenn die Vereinigten Staaten unter Embargodrohung einen anderen Staat dazu bewegen wollten, alle seine öffentlichen Gebäude grün streichen zu lassen, nicht aber, wenn sie grüne Farbe unter der Bedingung gratis lieferten, daß damit alle öffentlichen Gebäude gestrichen würden.

[197] *Cardozo,* S. 81.

[198] Siehe auch oben I. Teil 2. Kap. A.II.2.

[199] Für die Hallstein-Doktrin durchweg von den sozialistischen Staaten behauptet, s. VR der DDR, S. 175: „... Kombination eines aggressiven und eines interventionistischen Akts“; dazu auch die Diskussion im FRD-Special Committee bei Neuhold, S. 320 ff.

[200] Für das Merkmal der Zumutbarkeit *Oppermann,* S. 340.

nen zur Erreichung eines politischen Zieles dann unzulässig sind, wenn der betroffene Staat in seiner Existenzgrundlage getroffen — sich etwa statt mit einem „go-slow" in der Rohstoffversorgung mit einem Totalembargo konfrontiert sieht — oder wenn eine besondere Notlage[201] zur Auferlegung harter Bedingungen ausgenutzt wird.

Im Bereich des Politischen wäre das Maß des Zumutbaren sicher dann überschritten, wenn von einem Staat die Aufgabe seiner politischen Grundhaltung oder seiner ideologischen Basis, und nicht nur eine Neuakzentuierung seiner Politik gefordert würde.

Schließlich muß die Art der Beziehungen zwischen dem Intervenienten und seinem Opfer betrachtet werden. Verbindet beide ein enges Vertrauensverhältnis, wird — bei enttäuschtem Vertrauen — die Verwerflichkeitsschwelle entsprechend niedriger anzusetzen sein.

Dahm hat diesem Satz wertender Kategorien als erster den Namen Sozialadäquanz gegeben[202]. Sozialadäquat, also erlaubt, ist staatliches Handeln nach Dahm dann, wenn es „sich noch mit den Rechtsanschauungen der gesitteten Welt, mit Anstand und mit Treu und Glauben vereinbaren läßt"[203]. Die Kritik, die Sozialadäquanz sei eine bloße petitio principii, da auch sie nicht die Grenze zwischen Intervention und Einflußnahme aufzeige[204] und vernachlässige das „Konkrete" in den Beziehungen der Staaten, das von einer Vielzahl von Faktoren abhänge[205], geht ins Leere. Es ist gerade ihr Vorzug, daß sie nicht spezielle ein für allemal feststehende, rigide Maßstäbe zur Differenzierung zwischen Verbotenem und Erlaubtem festschreibt, sondern daß sie die Art des Vorgehens, die Motive dafür und den erstrebten Zweck in ihrer Verquickung, jeweils auf den Einzelfall bezogen, an zeitoffenen Bedingungen — Treu und Glauben, Zumutbarkeit — mißt. Eine authentische Fixierung der Interventionsschwelle ist nur unter Berücksichtigung aller dieser die Sozialadäquanz konstituierenden Elemente möglich[206].

---

[201] *Friedmann*, Intervention, S. 55, nennt Hunger- oder Seuchenkatastrophen, s. aber auch das Flugzeugbeispiel oben Anm. 178.

[202] *Dahm*, LB I, S. 206 ff.

[203] *Dahm*, LB I, S. 207; detailliert ausgeformt wurde das Merkmal der Sozialadäquanz von *Gerlach*, S. 177 ff.

[204] *Soder*, Interventionsverbot, Anm. 30, S. 54.

[205] *Mitrović*, S. 265.

[206] Nur in der Terminologie verschieden jene Autoren — wie *Karl Kaiser*, S. 85 oder *Scott*, S. 211 —, die für die Erlaubtheit einer „conditional intervention" statt der „unconditional nonintervention" plädieren: Ihre Kriterien für die „bedingte Intervention" sind im wesentlichen dieselben, die wir in der Sozialadäquanz beim Versuch, die Intervention begrifflich zu erfassen, wiederfinden; ob auch *Soder*, Interventionsverbot, der nur ein interventionsrechtliches Rahmenverbot gelten läßt, S. 54, damit sozialadäquate Beeinflussungen innerhalb der Legalität belassen will, kann seinen zu allgemein gehaltenen Ausführungen nicht entnommen werden.

b) Intervention und Aggression

Während die Notwendigkeit einer eindeutigen Abgrenzung der Intervention „nach unten hin“ ohne weiteres einleuchtet — unterhalb der Interventionsschwelle gibt es keine rechtlichen Schranken für staatliches Handeln mit Außenwirkung —, ist die besonders von Gerlach problematisierte Grenzziehung „nach oben“, zur Aggression[207], ein „rein theoretisch-akademisches Problem“[208]: Ob Aggression oder Intervention, das Verbotensein steht auf jeden Fall fest.

Die Behauptung, die FRD, die das Einmischungsverbot neben dem Gewaltverbot gesondert aufzählt, zwinge zu einer Detailabsteckung der Normbereiche beider Verbote[209], verkennt, daß auch ein aggressives Verhalten interventionistischen Charakter haben kann[210]. Treffend führt Rumpf aus, daß die Annahme, jede ungerechtfertigte Form militärischer Gewalteinwirkung[211] könne nur eine Aggression und nie eine Intervention sein, keine überzeugende juristische Definition sei; dabei wurde zudem übersehen, daß auch im Völkerrecht eine Handlung zwei Tatbestände erfüllen könne[212].

Ist das der Fall — liegt also eine „interventionistische Aggression“ vor —, erhebt sich wie in anderen Rechtsgebieten die Frage nach dem Verhältnis der beiden verletzten Verbotsnormen zueinander: Da eine Aggression die besonderen Sanktionsmöglichkeiten der Art. 39 ff. SVN eröffnet, stellt sich das Aggressionsverbot gegenüber dem „einfachen“ Einmischungsverbot, dessen Verletzung nur die herkömmlichen völkerrechtlichen Deliktsfolgen nach sich ziehen kann, als lex specialis dar[213].

B. Zur Rechtswidrigkeit

Die konsequente Anwendung des Sozialadäquanzprinzips zur Feststellung, ob eine staatliche Handlung mit Außenwirkung einen interventionistischen Eingriff konstituiert, also das Einbeziehen von Wer-

---

207 *Gerlach*, S. 107 ff.

208 *Rumpf*, S. 49.

209 Vgl. *Neuhold*, S. 272.

210 So zu Recht die sozialistische Völkerrechtslehre, s. *Loth*, S. 46; *Piradow / Staruschenko*, S. 194; VR der DDR, S. 175; aber auch die Präambel zur Res. 2131 (XX).

211 Auf diese Aggressionsdefinition scheinen sich auch die Sowjets — weg von ideologischer und wirtschaftlicher Aggression, die heute offenbar unter das Interventionsverbot subsumiert werden — eingependelt zu haben, vgl. Frenzke, S. 115, und die Aggressionsdefinition der Generalversammlung in Res. 3314 (XXIX): „Agression is the use of armed force by a state ...“

212 *Rumpf*, S. 49.

213 Es besteht demnach nicht, wie *Rumpf*, ebenda, meint, Idealkonkurrenz.

tungen in die Tatbestandsebene, führt für das Interventionsrecht zur Auflösung des durch Trennung von objektivem Tatbestand und Rechtswidrigkeit gekennzeichneten klassischen Deliktsaufbaues. Es wäre dogmatisch falsch — nicht nur verwirrend[214] —, einen terminologischen Gegensatz zwischen erlaubter, sozialadäquater Intervention einerseits und verbotener, sozialinadäquater Einmischung andererseits zu dulden. Durch die Berücksichtigung jener Gesichtspunkte, die bei der Prüfung staatlichen Verhaltens in den Wertungssatz „Sozialadäquanz" einzustellen sind, wird gleichzeitig mit der Determinierung, ob überhaupt eine Intervention vorliegt, auch das Unwerturteil über die Tat gesprochen. Die Grenze zwischen Tatbestand und Rechtswidrigkeit existiert nicht mehr.

Moslers Einwand, begriffliche Unklarheiten seien nur dadurch zu vermeiden, daß der Begriff der Intervention zunächst aus der juristischen Sphäre herausgehalten wird, das heißt, daß nicht schon der Begriff mit Wertungen beladen werden dürfe[215], mag früher im klassischen Interventionsrecht, das noch auf das Merkmal „dictatorial" abstellte, Gültigkeit gehabt haben. Heute, da uns ein griffiges, objektives Merkmal zur Bestimmung des Interventionstatbestandes fehlt, kann nicht darauf verzichtet werden, in der Analyse bestehender Beziehungen die konkret vorhandenen Ungleichheiten, deren „verwerfliche" oder „unzumutbare" Ausbeutung interventionserheblich werden kann, zu werten. Die tatsächliche Ungleichheit völkerrechtlicher Rechtssubjekte verhindert, daß vorab — wie etwa im Strafrecht — ein allgemeingültiger, wertfreier Begriff der tatbestandsmäßigen interventionistischen Deliktshandlung formuliert werden kann, dessen Unwertgehalt dann im Einzelfall erst in der Rechtswidrigkeitsebene eruiert wird. Während nämlich beispielsweise der Schlag ins Gesicht — strafrechtlich — objektiv immer der gleiche ist, wird die Rechtserheblichkeit der zwischenstaatlichen Druckausübung nie generell zu fixieren sein, sondern immer der Wertung der zwischen den Beteiligten existierenden Beziehungen, ihrer Besonderheiten und des Machtgefälles zwischen ihnen bedürfen.

Das Axiom der Sozialadäquanz führt des weiteren dazu, daß auch die Frage nach dem Vorliegen völkerrechtlicher Erlaubnissätze — Notwehr, Repressalie — schon in die Wertung, ob ein staatliches Tun als Intervention zu bezeichnen ist, einbezogen werden muß: Das zu begutachtende Vorgehen kann nur sozialadäquat oder sozialinadäquat, nicht aber zuerst — auf der Tatbestandsebene — für sozialinadäquat befunden werden, um sodann auf der zweiten, der Rechtswidrigkeitsebene, doch noch wegen erst hier zu prüfender und gegebenenfalls eingreifender

---

[214] So *Gerlach*, S. 195.

[215] *Mosler*, Intervention, S. 9.

Rechtfertigungsgründe für erlaubt, das heißt sozialadäquat gehalten zu werden.

Das Vorbringen der Advokaten des extensiven Interventionsbegriffs, die — offenbar noch vom hergebrachten Deliktsaufbau ausgehend — ein absolutes Interventionsverbot für Einzelstaaten postuliert haben, das auch keine vom Gesichtspunkt der Notwehr oder der Repressalie getragene Intervention zuläßt[216] und nur eine Kollektivintervention für rechtmäßig erachtet[217], scheint allerdings das Einschließen von Rechtfertigungserwägungen in die Würdigung der Sozialadäquanz zu verbieten: Wenn die internationale Moralität tatsächlich das Geltendmachen von Notwehr und Repressalie in der Form einer Intervention verpönt, dürfen die diesen Instituten immanenten Rechtsgedanken auch nicht in die Waagschale der Sozialadäquanz geworfen werden.

Ist man hingegen davon überzeugt, daß, besonders weil „durch den ersatzlosen Fortfall der individuellen Gewaltanwendung ... in das herkömmliche Sanktionssystem eine breite Lücke gerissen“[218] wurde, die Notwehr und die Repressalie „bei der Mangelhaftigkeit der internationalen Gerichtsbarkeit“[219] weiterhin ihre wichtige Rechtsschutzfunktion behalten haben, ist die Vernünftigkeit eines absoluten, von keinem Rechtfertigungsgrund zu durchbrechenden Interventionsverbots nicht einzusehen.

Das bedeutet dann aber auch, daß einer Eingliederung der die völkerrechtlichen Erlaubnissätze charakterisierenden Rechtsgedanken in das Spektrum der an der Sozialadäquanz ausgerichteten Wertung nichts entgegensteht[220].

Praktisch heißt das, daß ein von den Grundsätzen der Notwehr oder der Repressalie getragener Eingriff immer sozialadäquat ist und deshalb nie eine Intervention sein kann[221].

---

[216] „No state ... has the right to intervene ... for any reason whatever ...“, so die FRD, die Res. 2131 (XX) und Art. 18 SOAS.

[217] Siehe die von *zu Dohna*, S. 114, wiedergegebene Diskussion im FRD-Spec. Com. wie auch Rosenau, Scientific Concept, S. 152: „... to allow for exceptions to it (the doctrine of nonintervention) only on the part of international actors whose interventionary behavior stems from a collective morality.“

[218] *Dahm*, Gewaltanwendung, S. 54.

[219] *Strupp*, Delikt, S. 184.

[220] Wobei dann die Voraussetzungen und Grenzen der Notwehr und der Repressalie im einzelnen zu prüfen wären, dazu statt vieler *Dahm*, Gewaltanwendung, und *Bowett*.

[221] Damit dürfte auch der alte Streit, ob sich Repressalie und Intervention begrifflich ausschließen, exemplarisch *Hettlage*, S. 70 ff., *Voigt*, S. 48 ff. und *Gerlach*, S. 89, ausgestanden sein.

II. TEIL

Die Intervention durch Rundfunksendungen

Einleitung

Mit der Überwindung der hergebrachten Vorstellung von der Intervention als eines auf militärischer Gewalt beruhenden Mittels, auf die politische Entwicklung in anderen Staaten Einfluß zu nehmen, kamen auch grenzüberschreitende Rundfunksendungen[222], die seit den zwanziger Jahren Bestandteil der internationalen Beziehungen sind[223], in das Spektrum interventionsrechtlich interessanter Vorgänge.

Vor der Erörterung der an eine inhaltlich interventionistische Rundfunksendung im Rahmen der im Interventionsrecht geltenden Wertungsskala der Sozialadäquanz anzulegenden Maßstäbe ist allerdings zunächst zu klären, ob nicht schon die bloße Ausstrahlung von Funkwellen über das Hoheitsgebiet des sendenden Staates ohne Rücksicht auf den Inhalt ein völkerrechtswidriger Akt ist. Erstreckte sich nämlich die staatliche Souveränität ähnlich wie in den Luftraum auch in den Äther, wäre jedes grenzüberschreitende Funksignal per se eine Souveränitätsverletzung, ohne daß auf den problematischen Auffangstatbestand des Interventionsverbots rekurriert werden müßte.

Aus der völkerrechtlichen Anerkennung der Souveränität über den Luftraum[224] folgerten denn auch einige Autoren die Ausdehnung hoheitlicher Befugnisse in den Ätherraum mit der Konsequenz eines Sendeverbots für grenzüberschreitende Funkwellen[225]. Dabei verkannten sie

---

[222] Darunter sind auch Fernsehsendungen, ob terrestrisch oder via direct-broadcasting-satellite — also ohne innerstaatlich kontrollierbare Relaisstation —, zu verstehen.

[223] Bis 1930 waren es allein die Sowjets, die den außenpolitisch-propagandistischen Wert eines auswärtigen Rundfunkdienstes erkannten: In diesem Jahr sendete Radio Moskau schon in 30 Sprachen, dazu *Codding*, S. 22 ff. Die ständig wachsende Anzahl der Radiogeräte — von 1965 bis 1976 verdoppelte sich deren Zahl weltweit auf 953 Millionen, s. UNESCO, Statistical Yearbook, S. 994 — veranlaßt die meisten Staaten zu immer größeren Anstrengungen in ihren Auslandsdiensten; eine Übersicht über deren Programmexpansion im BBC-Handbook, S. 56.

[224] Zur Evolution dieses Grundsatzes *Joeden*, Teil I, S. 91 ff.

[225] Siehe *Oppenheim / Lauterpacht*, S. 529 und die bei *Martin*, S. 78/79, gegebene Literaturübersicht.

jedoch die physikalischen Unterschiede zwischen Luft- und Ätherraum — jener ist „materieerfüllter Raum, in ihm gelten ... die Gesetze der Mechanik", dieser ist ein Bereich, in dem sich „keine mechanische, sondern elektromagnetische Vorgänge"[226] abspielen — und kamen so zu dem rechtlich nicht haltbaren Konzept der Äthersouveränität. Während nämlich die Souveränität im Luftraum tatsächlich effektiv ausgeübt werden kann, entziehen sich Funkwellen jeder Beherrschung durch den betroffenen Staat — auch durch das Senden von Störsignalen lassen sie sich nur verwirren, nicht aber aufhalten[227]. Da aber die Effektivität, das reale Herrschaftsvermögen, begriffsnotwendiges Attribut der staatlichen Gebietshoheit ist, unter welche die aus der Souveränität über den Luftraum hergeleitete Äthersouveränität zu subsumieren wäre, kann die These von der Souveränitätsunterworfenheit des Äthers — „... born probably out of ignorance"[228] — nicht überzeugen[229].

Im Grundsatz muß demnach von der grenzüberschreitenden Funksendefreiheit aller Staaten ausgegangen werden[230]. Daß sich die am internationalen Funkverkehr teilnehmenden Staaten dabei, weil unkontrolliertes Senden auf „wilden" Wellen zu chaotischen Zuständen führen würde, an internationale Abkommen über die Verteilung von Wellen halten, ist kein Indiz gegen das Prinzip der Funksendefreiheit[231], sondern nur ein Beweis für die Einsicht in die Notwendigkeit der vernünftigen Regelung einer „den Einzelstaat ... überspringenden Interdependenz der Sachmaterie"[232].

---

[226] *Joeden*, Teil I, S. 94.

[227] Vgl. *Reich*, Anm. 175, S. 55; *Joeden*, Teil I, S. 101 und unten das 3. Kapitel in diesem Teil.

[228] *Hondius*, S. 74.

[229] Siehe zum Grundsatz der Effektivität in diesem Zusammenhang auch *Remmele*, S. 75; *Verdross / Simma*, S. 521; *Whitton / Larson*, S. 213/214 und den ehemaligen US-Außenminister *Dulles* in Dept. of State Bull., Vol. 34, No. 869, Feb. 20, 1956, S. 285: „... difficult to make any rule that you couldn't send radio messages into another country because they automatically go there." Zur Funksendefreiheit auch *Simma*, S. 48 f.

[230] Siehe die Resolution VII des Institut de Droit International von 1927, Annuaire 1927 (III), S. 342/343: „(L'Etat) n'a aucun droit de s'opposer au simple passage des ondes herziennes au-dessus de son territoire"; die Funksendefreiheit ist also entgegen der Auffassung *Engelhards*, S. 138 — das wäre auch historisch falsch — kein Reflex der erst später in die Diskussion eingeführten Informationsfreiheit: dazu unten II. Teil 1. Kap. A.

[231] So aber *Mardersteig*, S. 266 ff., der die internationale Funkrechtsordnung falsch als Funkwellen-Koimperium, was ja auch die — gemeinschaftliche — Beherrschbarkeit voraussetzte, s. *Joeden*, Teil I, S. 104/105, wertet.

[232] *Oppermann*, S. 337; zu aus dem sozialistischen Lager, vgl. *Korobeinikov*, S. 107, kommenden „Wiederbelebungsversuchen" der Äthersouveränitätstheorie zur Begründung eines prior-consent-Erfordernisses für Satellitendirektfernsehsendungen ausführlich *Dauses* und *Nichols*.

Als völkerrechtswidrig, interventionistisch, kann eine internationale Rundfunksendung also nur wegen ihres Inhalts verurteilt werden. Entsprechend den im I. Teil ausgearbeiteten allgemeinen Kriterien zur Beurteilung interventionistischer Handlungen werden im II. Teil zunächst im 1. Kapitel der durch völkerrechtliche Regelungen internationalisierte, Rundfunkinterventionen entzogene Bereich der Informationsfreiheit zu umreißen, im 2. Kapitel dann die Merkmale der über diese, Einmischungen pläkludierende, Sphäre hinausschießenden Sendungen aufzuzeigen und im 3. Kapitel schließlich die besondere Problematik von Störsendungen zu behandeln sein.

1. Kapitel

Die Verengung des informationsrechtlichen domaine réservé

A. Das Menschenrecht der Informationsfreiheit im Völkerrecht

In dem Maße, in dem die programmatische Aussage des Art. 19 der Allgemeinen Erklärung der Menschenrechte von 1948 — „Everyone has the right ... to seek, receive and impart information and ideas through any media and regardless of frontiers." — ihren Niederschlag in völkerrechtlich verbindlichen Abkommen über die Informationsfreiheit, das heißt über das Individualrecht jedes Menschen, sich ohne Rücksicht auf Landesgrenzen umfassend zu informieren[233], gefunden hat, können internationale Rundfunksendungen, die dieses Informationsrecht tatsächlich ausfüllen, schon deshalb nicht als Intervention verboten sein, weil sie keine im domaine réservé des Empfangsstaates — soweit er Partei eines die Informationsfreiheit garantierenden Vertrags ist — verbliebene Angelegenheit tangieren.

Auf die Darstellung einzelner vertraglicher Abmachungen über die Informationsfreiheit könnte dann verzichtet werden, wenn sich dieses Recht als völkerrechtliches Gewohnheitsrecht etabliert oder zu einem allgemeinen Rechtsgrundsatz im Sinne des Art. 38 IGH-Statut verdichtet hätte, oder wenn es zu dem universell anerkannten menschenrechtlichen Minimumstandard[234] gehören würde.

Für den in diesem Zusammenhang beachtlichen Aspekt der Informationsfreiheit, des Rechts, Informationen durch ausländische Rund-

[233] Zum Gehalt des Informationsbegriffs im einzelnen unten II. Teil 1. Kap. A.I.3.

[234] Siehe auch oben I. Teil 1. Kap. B.I.3.b).

funksendungen zu erhalten, fehlen für eine gewohnheitsrechtliche Geltung allerdings alle Voraussetzungen. Es kann weder von einer allgemeinen Rechtsüberzeugung hinsichtlich des erlaubten Inhalts solcher Sendungen die Rede sein — über die erwünschte Beschaffenheit grenzüberschreitender Informationen gehen die Meinungen in Ost und West und Nord und Süd weit auseinander[235] — noch von einer längere Zeit anhaltenden, ausländische Sendungen duldenden Staatenpraxis die Rede sein: Der Einsatz von empfangshindernden Störsendungen ist offenbar junktimatisch mit den konjunkturellen Schwankungen der Politik verknüpft[236].

Die von Staat zu Staat divergierende Interpretation der Informationsfreiheit verhinderte auch — trotz emphatischer Bestätigungen des für „friendly relations" unerläßlichen Informationsaustausches[237] — die Kristallisation dieses Rechts in einen allgemeinen Rechtsgrundsatz im Sinne des Art. 39 IGH-Statut[238].

Schließlich kann das Recht, sich unabhängig von Staatsgrenzen zu informieren, auch nicht als Bestandteil des internationalen menschenrechtlichen Minimumstandards aufgefaßt werden: So umstritten dessen Umfang auch sein mag, gehört das Recht, ausländischen Rundfunksendungen zuzuhören, kaum in dieselbe Kategorie wie der „Schutz vor ‚unmenschlicher' staatlicher Gewaltanwendung gegen die körperliche Unversehrtheit des Einzelnen" oder wie „das Recht auf ein Minimum an körperlicher Bewegungsfreiheit"[239].

Das Menschenrecht der Informationsfreiheit ist demnach für seine völkerrechtliche Geltung in erster Linie auf Verträge angewiesen.

---

[235] Siehe dazu unten II. Teil 1. Kap. A.I.3.b); die Allgemeine Erklärung der Menschenrechte vermag schon wegen ihres bloßen Empfehlungscharakters hier nicht vereinheitlichend zu wirken, vgl. *Wengler*, S. 1025.

[236] Tabellarisch dargestellt bei *Wettig*, Informationsfluß, S. 1041; s. a. *Lisann*, S. 8 und *Abshire*, S. 48/49; zur Problematik des Störens unten II. Teil 3. Kap.

[237] Siehe etwa *Korobeinikov*, S. 102; *Sapozhnikov*, Delegierter der UdSSR, in GAOR 16th sess. 3rd com. 1071st mtg. und *Davison*, S. 27: „... ignorance is likely to lead to ... conflict."

[238] *Rowson*, S. 25 ff., macht es sich zu einfach: Aus der von ihm bejahten Notwendigkeit der internationalen „politischen Kommunikation" schließt er auf das „‚general principle accepted by civilized nations' ... that there is a right to receive information and ideas across national frontiers".

[239] *Wengler*, S. 1026; zum gleichen Ergebnis kommen auch *Ermacora*, S. 436/437 und *Reich*, S. 46. Zur Diskussion um die Informationsfreiheit als allgemein anerkannten Grundsatz des Völkerrechts auch *Frowein*, S. 26 ff.

I. Art. 19 des Internationalen Pakts vom 19. Dezember 1966 über bürgerliche und politische Rechte

1. Entstehungsgeschichte

Das Informationsfreiheitsrecht, das nach seiner Neuakzentuierung im Hinblick auf grenzunabhängigen Informationszugang mit der Charakterisierung als „being little more than the aggregate of the more familiar antecedent principles of freedom of thought, freedom of expression and freedom of the press“[240] nur unzureichend beschrieben ist[241], beschäftigt die Vereinten Nationen seit ihrem Bestehen. Die Bemühungen der Weltorganisation veranschaulichen dabei vortrefflich den Widerspruch, der die UN in so vielen Arbeitsbereichen kennzeichnet, zwischen dem moralischen Anspruch und den im bürokratisierten Organisationsalltag in den zahlreichen Sondergremien, in denen sich die arbiträre staatliche Interessenverfolgung — gewohnt in der General Assembly und im Sicherheitsrat — fortsetzt, nur mühsam durchzusetzenden Zielen.

Die Generalversammlung erklärte die Informationsfreiheit schon 1946 zu einem „fundamental human right and ... a touchstone of all the freedoms to which the UN is consecrated“[242]. In derselben Resolution — das ging auf einen philippinischen Vorschlag zurück — wurde der Wirtschafts- und Sozialrat gebeten, eine UN-Konferenz über die Informationsfreiheit einzuberufen. Der Wirtschafts- und Sozialrat beauftragte daraufhin die Menschenrechtskommission, eine Unterkommission für die Informationsfreiheit mit der Aufgabe zu konstituieren, eine Tagesordnung für die geplante Konferenz auszuarbeiten[243].

Die Arbeit dieser UN Conference on Freedom of Information, die im März und April 1948 in Genf tagte, führte zu drei Konventionsentwürfen über die Übermittlung von Nachrichten, ein internationales Berichtigungsrecht und — am wichtigsten — die Informationsfreiheit im allgemeinen, wobei besonderes Gewicht auf die „duties and responsibili-

[240] *López*, S. 2.

[241] Das Recht auf Meinungsfreiheit hat eine qualitative Erweiterung erfahren: Bislang als das Recht, Meinungen zu verbreiten verstanden, ist ihm — da Meinungsverbreitung ohne Meinungssammlung praktisch wertlos ist — nun das Recht, internationale Meinungen zu empfangen, hinzugefügt worden, vgl. *Rudolf*, Informationsfreiheit, S. 259/260; interessant *López*', S. 2/3, historischer Abriß über die Entwicklung des unter „Informationsfreiheit“ zusammengefaßten Konglomerats von Rechten.

[242] Resolution 59 (I) vom 14. Dezember 1946.

[243] Daneben entwarf die Unterkommission eine ganze Reihe von die Informationsfreiheit betreffenden Regeln für die Allgemeine Menschenrechtserklärung und den projizierten Menschenrechtspakt; zum Schicksal der Informationsfreiheit in den Vereinten Nationen bis zu diesem Zeitpunkt *López*, S. 4 ff. und seine Ausführungen als Delegierter der Philippinen im Third Committe, GAOR 7th sess. 3rd com. 422nd mtg.

ties", die die Informationsfreiheit mit sich bringe, gelegt wurde: Art. 2 lit. a - j dieses Vertragsentwurfs enthält detaillierte Schrankenbestimmungen[244].

Nachdem die Draft Convention on the Gathering and Transmission of News eine Revision durch den ECOSOC erfahren hatte, wurden die drei Entwürfe von ihm an die Generalversammlung überwiesen[245]. Dort wurden die ersten beiden Entwürfe neu gefaßt und zu einer Draft Convention on the International Transmission of News and the Right of Correction zusammengeschlossen, die 1952 unter dem Titel Convention on the International Right of Correction durch GA Resolution 630 (VII) zur Unterzeichnung freigegeben wurde und schließlich am 24. August 1962 für jetzt zehn Staaten in Kraft trat[246].

Die Wechselbeziehung zwischen dem informationsrechtlichen Passus der geplanten internationalen Bill of Rights und dem auf den Genfer Entwurf zu stützenden Draft Covenant on Freedom of Information wird in der GA Resolution 313 (IV) deutlich, in der die Generalversammlung dem ECOSOC empfahl, die Menschenrechtskommission anzuweisen, in den Menschenrechtspakt — im folgenden MRP — eine Bestimmung über die Informationsfreiheit aufzunehmen und in der die weitere Arbeit an dem draft covenant über die Informationsfreiheit vom Fortschritt in der Kodifizierung des MRP abhängig gemacht wurde.

Die Menschenrechtskommission schlug darauf dem Wirtschafts- und Sozialrat vor, die Vollversammlung zu einer Ausarbeitung eines besonderen Vertragsentwurfs über die Informationsfreiheit zu ersuchen[247]. Zu diesem Zweck wurde von der General Assembly mit Resolution 426 (V) ein Ad Hoc Komitee ins Leben gerufen, das von der bisher geleisteten Arbeit auszugehen hatte[248]. Der von diesem Gremium erstellte

---

[244] Die Schlußakte der Genfer Konferenz in UN Doc. E/CONF.6/79; kritische Würdigungen bei *Kunz*, S. 103; *Janković*, S. 265 und *Whitton / Larson*, S. 199 ff.

[245] Durch ECOSOC-Resolution 152 B.

[246] Es handelt sich entgegen *Reich*, S. 128 und ihm folgend *Frank*, S. 108, bei der jetzt geltenden Konvention um keine inhaltliche Neufassung der Draft Convention on the International Transmission of News and the Right of Correction; zum Stande der Ratifikation s. UN Doc. ST/LEG/SER.D/11, S. 457; Text des Vertrages als Annex zur GA Res. 630 (VII); zum internationalen Berichtigungsrecht auch *Whitton / Larson*, S. 187 ff. und *Frank*, S. 107 ff.

[247] ECOSOC OR 11th sess. no. 5 annex IV draft res. II; es hatte sich in der Commission on Human Rights der Konsens gebildet, daß der MRP die Informationsfreiheit als elementares Recht nicht ignorieren konnte; im übrigen sollte der MRP „as a general instrument on human rights" als „legislative" Grundlage dienen, „on the basis of which a series of conventions on particular rights could be formulated", s. UN Doc. A/2929, S. 144, Draft International Covenants on Human Rights Annotation prepared by the Secretary General.

[248] Siehe die diesem Komitee vorliegenden informationsrechtlichen Dokumente in UN Doc. A/AC.42/7, S. 6.

Entwurf — dem Genfer Konferenzergebnis sehr ähnlich[249] — war wiederum Grundlage der sich anschließenden Anstrengungen des Dritten Ausschusses, den Draft Covenant on Freedom of Information in eine endgültige Fassung zu bringen. Die vom Third Committee hierzu 1959 beziehungsweise 1960 verabschiedeten Art. 1 — nebst Präambel — und 2 des draft covenant[250], wobei Art. 2 — wenn auch nicht in demselben Maße wie die entsprechende Regelung des Entwurfs des Ad Hoc Komitees — immer noch der Idee der erschöpfenden Enumerierung freiheitsbeschränkender Bestimmungen verhaftet blieb, sollten ihrerseits wieder Eingang in den MRP finden[251].

Als sich der Dritte Ausschuß dann allerdings mit der definitiven Formulierung des Art. 19 des MRP befaßte, lag ihm — neben den erwähnten Art. 1 und 2 des Draft Covenant on Freedom of Information — auch ein Regelungsentwurf der Commission on Human Rights vor[252], der nur eine generalklauselartige Einschränkungsmöglichkeit des Informationsfreiheitsrechts vorsah — „for respect of the rights or reputations of others“ und „for the protection of national security or of public order, or of public health or morals“.

Die Debatte im Third Committee drehte sich dann folgerichtig in erster Linie um die Frage des Verhältnisses des Draft Covenant on Freedom of Information zum MRP, das heißt insbesondere um die Frage der Beschränkbarkeit des zu kodifizierenden Rechts. Einerseits wurde dabei betont, eine Diskrepanz zwischen beiden Vertragswerken würde ihre Effektivität ernsthaft gefährden[253], andererseits wurde der Entwurf der Menschenrechtskommission als „clear and balanced text which adequately stated the principle of freedom of information“[254] gelobt, wobei

---

[249] Text in UN Doc. A/AC.42/7 Annex; ein gravierender Unterschied besteht jedoch: Während die Schlußakte von Genf nur von den Ostblockstaaten abgelehnt wurde, s. *Whitton / Larson*, S. 201, sahen sich nun auch die Vereinigten Staaten — eine abrupte Änderung ihrer Politik — nicht in der Lage, einem Konventionsentwurf zuzustimmen, dessen „art. 2, which appears to aim at an exhaustive listing of limitations ... (is so) formulated as to lead to the probability of ... abuse by Governments so inclined“, s. UN Doc. A/3868, S. 10, Views and Suggestions of Governments concerning the Draft Convention on Freedom of Information, Report by the Secretary General.

[250] Siehe UN Doc. A/4341 Annex beziehungsweise A/4636 Annex.

[251] Siehe GAOR 16th sess. 3rd com. 1070th mtg.; bis heute ist das Third Committee über die Behandlung von Art. 3 und 4 des draft covenant, die es 1961 annahm — s. UN Doc. A/5041 — nicht hinausgekommen; daneben existiert seit 1960 eine Draft Declaration on Freedom of Information des Wirtschafts- und Sozialrats — Text in UN Doc. A/5928 Annex II — die die Vollversammlung noch nicht behandelt hat.

[252] Text s. UN Doc. E/2573 Annex I B; zur Diskussion bei dessen Zustandekommen UN Doc. A/2929, S. 144 ff.

[253] So der niederländische Delegierte *Beaufort*, GAOR 16th sess. 3rd com. 1071st mtg. und *Balurev*, Bulgarien, ebenda 1074th mtg.

[254] *Tillett*, USA, ebenda, 1071st mtg.

im übrigen die strukturelle Verschiedenheit der beiden Rechtsinstrumente — hier die Behandlung eines speziellen Fragenkreises, da die Niederlegung eines allgemeinen Prinzips[255] — hervorgehoben wurde. Im Ergebnis jedenfalls wurde zugunsten der angeblich liberaleren Einsicht, „that as soon as restrictions are enumerated in great detail the Convention begins to take the appearance of a convention guaranteeing restrictions rather than freedom of information“[256], der einschränkenden Generalklausel des Entwurfs der Menschenrechtskommission der Vorzug gegeben.

Mit den Erwägungen zur grundsätzlichen Einschränkbarkeit des Rechts eng verknüpft waren auch die Bestrebungen der Ostblockstaaten, die Ausübung der Informationsfreiheit auf die Verbesserung der internationalen Beziehungen zu verpflichten und in Art. 19 — zusätzlich zum projizierten Art. 26 — ein Propagandaverbot aufzunehmen[257]. Da sich der Westen jedoch gegen weitere Verkürzungen der Informationsfreiheit sträubte[258], wurde als Kompromiß — um den Zusammenhang zwischen Information und Propaganda auch systematisch klarzustellen — das ursprünglich für Art. 26 vorgesehene Propagandaverbot in Art. 20 normiert.

Auch gegen die den Informationszugang erschwerende Formulierung in Art. 1 des Draft Covenant on Freedom of Information — „... freedom to gather[259], receive and impart ... information“ statt „... freedom to seek[260], receive and impart ... information“ im Entwurf der Menschenrechtskommission — setzte sich der Westen erfolgreich zur Wehr[261].

Nachdem zur Angleichung an die Schrankenbestimmungen der Art. 12 und 14 des MRP in die englische Fassung die Wörter „ordre public“ in Klammern hinter „public order“ eingeführt worden waren[262], nahm das Dritte Komitee den Entwurf der Menschenrechtskommission mit nur einer Gegenstimme und sieben Enthaltungen an[263].

---

[255] Vgl. *Hendraningrat*, Indonesien, ebenda 1070th mtg.; ein zweifelhaftes Argument: Es gibt nur ein Recht der Informationsfreiheit, das ist nicht teilbar.

[256] *López*, S. 16; s. a. unten II. Teil 1. Kap. A.I.3.b)cc).

[257] Siehe *Sapozhnikov*, UdSSR, GAOR 16th sess. 3rd com. 1071st and 1076th mtg. und *Balurev*, Bulgarien, ebenda 1073rd mtg., aber auch *Karapandza*, Jugoslawien, ebenda 1073rd mtg.

[258] Siehe *Refslund-Thomsen*, Dänemark, ebenda 1074th mtg.

[259] In der französischen Fassung: „rassembler“.

[260] In der französischen Fassung: „rechercher“.

[261] „‚Seek‘ implied the probing search for information in the true spirit of free journalism, while ‚gather‘ merely suggested the receipt of Press handouts“, *Tillett*, USA, GAOR 16th sess. 3rd com. 1074th mtg.; s. a. *Bourquin*, Frankreich, ebenda 1077th mtg.

[262] Zum problematischen ordre-public-Vorbehalt unten II. Teil 1. Kap. A.3.b)cc).

Diese Fassung wurde schließlich — nach einer nur geringfügigen redaktionellen Änderung — als Art. 19 in den Internationalen Pakt über bürgerliche und politische Rechte, der am 16. Dezember 1966 von der Vollversammlung einstimmig angenommen wurde[264] und am 23. März 1976 in Kraft trat, inkorporiert.

Inwieweit der MRP, im Lichte der Informationsfreiheit, tatsächlich von einem „common understanding of human rights"[265] ausgeht und sie universell mit Leben zu erfüllen vermag, wird im folgenden zu erörtern sein.

2. *Die Informationsfreiheit des Art. 19 MRP als internationale Angelegenheit*

Offenbar unversöhnlich stehen sich die Rechtsauffassungen der Staaten des Westens und des sozialistischen Lagers zur Frage der Ausgliederung menschenrechtlicher Angelegenheiten aus dem domaine réservé seit dem Inkrafttreten des MRP gegenüber. Für die einen ist es offensichtlich, daß unter der Geltung des MRP „das Problem, ob der Schutz der Menschenrechte zu den häuslichen Angelegenheiten gehört", endgültig gelöst ist[266], die anderen beharren — von dem bekannten Kunstgriff, „die massenhafte und systematische Verletzung der Menschenrechte, wie wir sie vom Faschismus oder vom Apartheidsregime kennen"[267] via Art. 39 ff. SVN zu einer internationalen Angelegenheit zu machen, abgesehen — auf dem Standpunkt, die Normierung von völkerrechtlichen Verpflichtungen zur Gewährleistung der Menschenrechte diene allein der internationalen Zusammenarbeit, nicht aber der Beschneidung souveräner Befugnisse[268]. Der nie ganz ausgeräumte Einwand, Menschenrechtsfragen seien auch nach der Ratifizierung des MRP unter die innerstaatliche Exklusivkompetenz zu subsumieren, mag durch die den UN — im Gegensatz zum Europarat — fehlende Homogenitätsklausel, die eine Mitgliedschaft unter die Bedingung der Anerkennung der Vorherrschaft des Rechts und der Achtung der Menschenrechte stellt, zu erklären sein[269]. Trotzdem ist er rechtlich nicht haltbar: Es gibt — denknotwendig — nur zwei Sphären der Zuständigkeit, die nationale und die internationale. Sobald eine Materie eine völkerrecht-

---

263 Text in UN Doc. A/5000 Annex.

264 Durch GA Res. 2200 A (XXI); zum endgültigen Text s. a. BGBl. 1973 II, S. 1533 ff.; inzwischen für 60 Staaten in Kraft.

265 Gros Espiell, Uruguay, GAOR 21st sess. 1495th plenary mtg.

266 *Khol*, S. 35; s. a. *Goronwy Jones*, S. 158 ff. und *Tomuschat*, S. 170.

267 *Graefrath*, Zusammenarbeit, S. 687.

268 *Graefrath*, Aspekte, S. 331; s. dazu auch oben die Auseinandersetzung um den Charakter der menschenrechtlichen Bestimmungen der SVN, I. Teil 1. Kap. B.I.3.b).

269 Darauf weist *Partsch*, Aspekte, S. 21/22, hin.

liche Regelung erfahren hat, ist sie staatlicher Souveränität entzogen[270]. Dabei ist sozialistischen Autoren durchaus zuzugestehen, daß die bloße Deklaration von Menschenrechten in völkerrechtlichen Abkommen nicht ausreicht, diese Rechte lebensfähig zu machen, sondern daß hierzu — mehr denn je[271] — innerstaatliche Anstrengungen erforderlich sind[272]. Das ist jedoch nur die tatsächliche Konsequenz der dezentralisierten, einen exekutiven Durchsetzungsapparat entbehrenden Ordnung der Völkergemeinschaft und vermag an der rechtlichen Wertung des durch den MRP internationalisierten Menschenrechtskatalogs nichts zu ändern.

Aber auch wenn man die durch den Abschluß eines völkerrechtlichen Vertrages indizierte Überführung menschenrechtlicher Angelegenheiten in den internationalen Zuständigkeitsbereich von der Charakterisierung dieses Abkommens als eines self-executing treaty abhängig machen wollte[273], käme man für die rundfunkspezifische Informationsfreiheit — das Recht, ausländischen Sendungen zuzuhören — zu keinem anderen Ergebnis als deren Klassifizierung als eine durch den MRP dem domaine réservé entzogene Angelegenheit. Die Mehrzahl der im MRP garantierten Rechte mag zwar — dafür spricht, neben der Sachnatur einiger Rechte[274], insbesondere Art. 2 Abs. 2 — keine unmittelbare Geltung haben[275]. Art. 19 bedarf jedoch — jedenfalls unter dem Gesichtspunkt, ausländische Radioinformationen zu empfangen —, anders als die non self-executing Passagen des MRP, für seine „Lebensfähigkeit" keiner staatlichen Gesetzgebungsmaßnahme[276]: Sobald die Bürger eines Staates über geeignete Rundfunkgeräte verfügen und von keinen Sanktionen im Falle des Empfangs ausländischer Sendungen bedroht sind[277], ist dieser Teilbereich der Informationsfreiheit[278] auf keine legislative innerstaatliche Umsetzung[279] angewiesen.

---

[270] Siehe oben I. Teil 1. Kap.

[271] Gründe nennt *Kimminich*, S. 153.

[272] Vgl. *Graefrath*, Zusammenarbeit, S. 683; s. a. *Schneider*, S. 32.

[273] Siehe *Zacharova*, zitiert bei *Uibopuu*, Menschenrechtspakte, S. 15; widersprüchlich *Eek*, S. 137, der zwar die Frage, „whether a convention on freedom of information would be a ‚law-making' treaty or not", nicht entscheidet, den von einem solchen Vertrag geregelten Sachgegenstand aber dennoch der domestic jurisdiction zurechnet.

[274] Die Freiheitsrechte der Art. 8 ff. etwa sind auf innerstaatliche Ausgestaltung angewiesen.

[275] Im Ergebnis ebenso *Bartsch*, S. 474 und *Goose*, S. 1306; a. A. *Hacker*, Menschenrechte, S. 77.

[276] Nur das ist für die Frage der unmittelbaren Geltung entscheidend: „The self-executing ... character of a provision is relevant only in regard to the question whether or not municipal legislation is required", *Schwelb*, S. 314.

[277] Beide Voraussetzungen treffen beispielsweise für die Sowjetunion zu: Es gibt weder Verkaufsbeschränkungen für Kurzwellenempfänger noch ist das Hören internationaler Programme strafbewehrt.

[278] Für den grenzüberschreitenden Informationsfluß durch Zeitungen und Zeitschriften gilt das noch nicht weltweit, hier müssen erst staatliche Barrieren beseitigt werden.

3. *Der Gehalt der Informationsfreiheit im Sinne des Art. 19 MRP*

Mit der Feststellung, daß die Signatarstaaten des MRP die Regelungskompetenz über die Freiheit ihrer Bürger, sich Informationen durch den Empfang internationaler Rundfunksendungen zu beschaffen, verloren haben, ist die vertraglich gewollte Qualität dieser Informationen noch nicht skizziert. Neben die Interpretation des Art. 19 und die Prüfung, welche Inhalte ihm in der Staatenpraxis gegeben werden, muß hierzu auch die Untersuchung, welche Menschenrechtskonzeption den MRP im allgemeinen beherrscht, treten.

a) Die konfligierenden Menschenrechtsauffassungen in Ost und West im Lichte des MRP

Die besondere konstitutive Ordnung der Vereinten Nationen, deren Tätigkeit in dem breit gefächerten Pluralismus unserer Zeit von einer Synthese von rechtlichen und politischen Kompetenzen bestimmt ist, bringt es mit sich, daß sich auch ihre Arbeit zum Schutze der Menschenrechte nicht gegen den bestehenden „allgemein-politischen Kontext" abschirmen läßt[280]. Weil es deshalb eine Illusion wäre zu glauben, es genügte, die in den Vereinten Nationen entstandenen Menschenrechtspakte — neben dem Pakt über bürgerliche und politische Rechte auch den Sozialpakt — „in Anwendung der üblichen hermeneutischen Kunstregeln ... auf ihren Gehalt hin abzuklopfen"[281], dürfen die Versuche zur Ermittlung ihrer — der Menschenrechtspakte — Substanz, nicht die „Rechts- und Lebensordnungen", die die Verträge umgeben[282], unberücksichtigt lassen. Das heißt, daß insbesondere der Einfluß der beiden — immer noch — dominierenden antagonistischen Staats- und Rechtsauffassungen des Marxismus-Leninismus und des rechtsstaatlich-demokratischen Liberalismus — nach der Beschreibung der ihr Menschenrechtsverständnis kennzeichnenden Wesensunterschiede — auf die Kodifizierung der Menschenrechtspakte eruiert werden muß.

Der einer klassischen westlichen Menschenrechtskonzeption zugrunde liegenden Idee, welche die Menschenrechte nur als gegen den Staat gerichtete Freiheits- und Abwehrrechte des Einzelnen, als ein „System

---

[279] Die Ansicht, daß es „ohne ein solches Umsetzungsverfahren ... keine universellen Abkommen", *Graefrath*, Aspekte, S. 330, gäbe, geht fälschlich davon aus, daß jedes Recht auch tatsächlich ein staatliches Invollzugsetzen braucht.

[280] Vgl. *Tomuschat*, S. 166 ff., S. 170.

[281] *Tomuschat*, S. 170.

[282] *Bernhardt*, S. 135: „Jeder Vertrag ... steht innerhalb einer bestimmten Rechts- und Lebensordnung, ... (deren) Einwirkung ... auf und in den Vertrag ... so lange anzunehmen (ist), wie kein gegenteiliger Parteiwille erkennbar ist."

von Normen, die die Grenzen der Staatsgewalt abstecken"[283], versteht und so von einer grundsätzlich staatsfrei zu bleibenden Sphäre auszugehen hat, ist der Zwang zur naturrechtlichen Begründung der Menschenrechte immanent: Nur wenn es eine Kategorie von Rechten nichtpositiver Natur gibt, die der Disposition der Staatsmacht für immer entzogen ist, kann nach dieser Auffassung ein Bestand an Freiheitsrechten — ohne Gefährdung durch freiheitsbeschneidende Staatsakte — garantiert sein.

Für die sozialistische Doktrin, die den Konflikt Staat — Gesellschaft seit der Revolution für gelöst hält[284] und deshalb die Existenz eines vor staatlichen Übergriffen zu schützenden Freiheitsraums individueller Freiheiten negieren muß — „weil der Staat das Machtinstrument der Werktätigen ist und diese nicht von der Macht abgeschirmt und geschützt werden müssen, die sie selbst revolutionär geschaffen haben und ausüben"[285] —, entfällt freilich der naturrechtliche Bezugspunkt: Sozialistische Grundrechte — das Recht insgesamt — als Teil des Überbaus, der „von der Basis ja gerade dazu geschaffen (wurde), um ihr zu dienen, um ihr aktiv zu helfen, ... sich zu festigen"[286], können nur den ihr von den Basis zugesprochenen positivistischen, die „objektiven gesellschaftliche Gesetzmäßigkeiten" verkörpernden[287] — das heißt dem Aufbau des Kommunismus dienenden — Gehalt haben.

Macht man die naturrechtliche Begründbarkeit zum schlechthin konstitutiven Element der Menschenrechte, ist klar, daß es „sozialistische Menschenrechte" nicht geben kann[288]. Bedenkt man hingegen, daß sich

---

[283] *Brunner*, Grundrechte, S. 106.

[284] Die proletarische Revolution habe die objektive Übereinstimmung der Interessen des Einzelnen und der Gesellschaft gebracht, vgl. *Böckenförde*, S. 44.

[285] *Schneider*, S. 30; daß es den idealtypischen Zustand der Harmonie staatlicher und gesellschaftlicher Interessen nicht gibt, wird — versteckt — konzediert: Auch im Sozialismus seien die Grundrechte als subjektive Rechte ausgestaltet, um eine Lösung „partieller Widersprüche, einzelner Konflikte" zwischen den an der „Grundrechtsverwirklichung" beteiligten Partnern zu ermöglichen, *Poppe*, S. 326.

[286] *Stalin*, S. 7/8; dieser Wechsel in der sozialistischen Lehrmeinung vom Recht als Teil des bloß basisreflektierenden Überbaus zum Mittel, den revolutionären Prozeß voranzutreiben, gut dargestellt bei *Böckenförde*, S. 20 ff. und *Brunner*, Grundrechte, S. 69 ff.; zur Funktion sozialistischer Grundrechte als staatliche Leitungsinstrumente in der sozialistischen Demokratie *Zschiedrich*, S. 578 ff.

[287] *Poppe*, S. 326.

[288] Diese dogmatische Klippe ist auch nicht mit der Hilfskonstruktion von wesensmäßig deshalb sozialistischen Menschenrechten, weil der Mensch im Sozialismus im Mittelpunkt aller Bemühungen stehe, *Poppe*, S. 328, zu umfahren; vgl. hierzu auch *Westen*, S. 14 und *Brunner*, Grundrechte, S. 115; er schreibt es deshalb nur „propagandistischen Gründen" zu, daß sich sozialistische Staaten überhaupt zur Unterzeichnung von „Menschenrechts"-abkommen bereit finden, s. *Brunner*, Menschenrechtskonzeption, S. 98.

auch im Westen infolge der Umstrukturierung der Menschenrechte, genannt sei der Gedanke der Drittwirkung von Grundrechten und die Entstehung von sozialen Teilhaberechten, der Dualismus zwischen Staat und Gesellschaft lockert[289] und trägt man der Skepsis gegenüber „ewigen" und trotzdem beliebig uminterpretierbaren Rechten — die Veränderungen im Wesen der Freiheitsrechte im Laufe ihrer Entwicklung sind augenfällig[290] — Rechnung, sollte die Bruchstelle zwischen der östlichen und westlichen Menschenrechtskonzeption nicht allein in der Einstellung zum Naturrecht angesiedelt werden.

Entscheidend dürfte eher sein, daß im Sozialismus die Grundrechte lediglich als unentbehrliche technische Voraussetzungen für die Entwicklung der sozialistischen Gesellschaftsordnung betrachtet werden[291]. Das ergibt sich aus der Aufgabe sozialistischen Rechts, das der Politik gegenüber keine eigenständige, vielmehr nur eine dienende Funktion hat. Es wird dadurch, da der „Inhalt kommunistischer Politik nicht beliebig ist, sondern gemäß seiner Bestimmung durch die Ideologie des Marxismus-Leninismus in der Vorbereitung und Durchführung der proletarischen Revolution besteht"[292], zur bloßen „als Recht formulierten Ideologie"[293] denaturiert. Die Garantie von bürgerlichen Rechten und Freiheiten stellt also keinen Wert an sich dar[294], sondern ist in die ideologische Pflicht genommen. Damit stehen die Grundrechte in den sozialistischen Staaten unter dem dilatorischen Generalvorbehalt einer ideologiekonformen Ausübung[295], ja es wird — von der Prämisse her konsequent — gar zur Bürgerpflicht, seine Rechte in diesem Sinne geltend zu machen: „Wer seine Grundrechte nicht in Anspruch nimmt, schadet nicht nur sich selbst, sondern beeinträchtigt auch die Entwicklung seiner Mitmenschen, mit denen er in sozialistischer Gemeinschaft verbunden ist[296]."

Diese Gesellschafts- und Gemeinschaftsbezogenheit der Grundrechtsgewährleistung erklärt auch den Stellenwert, den das Selbstbestim-

---

[289] Darauf macht *Westen*, S. 15, aufmerksam.

[290] Vgl. *Tchechko*, S. 220 und *Khol*, S. 19, der den Glauben an einen vom Naturrecht bestimmten Grundrechtsbestand eine Illusion nennt.

[291] *Hessen*, S. 166.

[292] *Böckenförde*, S. 37.

[293] *Derselbe*, S. 38.

[294] Vgl. auch *Codevilla*, S. 222.

[295] Der Vorbehalt der „gesellschaftlichen Interessen" ist expressis verbis in den von Brunner, Menschenrechtskonzeption, S. 106, zitierten Artikeln 9 Abs. 2 der bulgarischen, Art. 54 Abs. 2 der ungarischen und Art. 61 der kubanischen Verfassung niedergelegt.

[296] *Poppe*, S. 327; zum Pflichtcharakter „sozialistischer Menschenrechte" auch *Luge / Mand / Rost*, S. 795. Zur Funktion der Grundrechte im Sozialismus anschaulich auch *Simma*, Anm. 43, S. 53/54.

mungsrecht, das nach westlicher Ansicht wegen der ihm eignen Konfliktmöglichkeiten mit individualmenschenrechtlichen Garantien von diesen systematisch zu trennen ist[297], in der kommunistischen Rechtsauffassung genießt. Aus sozialistischer Sicht ist es das — ebenfalls auf die Erreichung des kommunistischen Ideals programmierte — Universalgrundrecht, zu dessen Verwirklichung der Bürger an der Staats- und Gesellschaftsgestaltung mitarbeiten soll[298].

Angesichts dieser für liberale Staaten inakzeptablen Umdeutung der Grundrechtsfunktion in „a device to effectuate socialistic collectivism"[299], fällt es schwer, die östliche Behauptung der Diskontinuität zwischen der bürgerlichen und sozialistischen Vorstellung von Menschenrechten[300] mit dem Hinweis zu entkräften, sie diene nur der — propagandistischen — Leugnung von für Ost und West gleichermaßen verbindlichen Menschenrechtsabkommen[301]. Gewiß gibt es für den Ostblock handfeste praktische Gründe, eine ununterbrochene Entwicklung der Menschenrechte abzustreiten — die Einschätzung, daß „die Bejahung einer Kontinuität mit den bürgerlichen Rechten der Ausbeuterstaaten ... politisch in die Konvergenz einmünden" würde[302], liegt sicher nicht ganz falsch. Dennoch sind die systemspezifischen Unterschiede — auch bei wortgleicher Fassung der Grundrechte — nicht zu übersehen: Ein im Kern individualistisches Menschenbild läßt sich mit der von der anderen Seite festgestellten extremen Sozialpflichtigkeit menschlichen Handelns nicht vereinbaren[303].

Trotz der anerkannten Inkompatibilität beider Grundrechtsvorstellungen gilt der Pakt über bürgerliche und politische Rechte aber für Staaten mit den unterschiedlichsten Rechts- und Gesellschaftsformen[304].

---

[297] *Doehring*, Selbstbestimmungsrecht, S. 25/26, mit Hinweisen auf die hierin kontroverse Literatur; *Khol*, S. 35, rechnet — kaum noch haltbar — das Selbstbestimmungsrecht nach wie vor zu den Grundrechten des Staates.

[298] Vgl. *Poppe*, S. 326 und *Schneider*, S. 31; im sozialistischen Amalgam von Staat und Gesellschaft erscheint das Selbstbestimmungsrecht „als Bindeglied zwischen den Menschenrechten des Einzelnen und der staatlichen Souveränität", *Graefrath*, Förderung, S. 2.

[299] *Doehring*, Two Freedoms, S. 161.

[300] Siehe etwa Staatsrecht der DDR, S. 186 und *Poppe*, S. 326.

[301] So aber *Schneider*, S. 34.

[302] Staatsrecht der DDR, S. 187.

[303] Von der Inkommensurabilität der beiden Menschenrechtskonzeptionen gehen auch *Brunner*, Menschenrechtskonzeption, S. 111 und *Doehring*, Two Freedoms, S. 160, aus.

[304] Neben vielen Ländern der Dritten Welt auch für den gesamten Ostblock und die NATO-Staaten Bundesrepublik, Großbritannien, Holland, Norwegen, Kanada, Dänemark, Italien und Portugal; die Vereinigten Staaten haben ihn zwar 1977 endlich unterzeichnet, aber immer noch nicht ratifiziert; zur verfassungsrechtlichen Problematik für die USA bei der Ratifizierung Skelton, S. 114 ff.

Obwohl es deshalb klar sein sollte, daß bei der Abfassung eines solchen universell intendierten Vertrags zum Schutze der Menschenrechte, „absolutistische Auffassungen des Individuums, des Staats und der Welt außer Betracht (zu) lassen“ sind[305], und daß zugunsten der universellen Verbindlichkeit im Wege des Kompromisses die pluralistischen Wertvorstellungen zu vereinigen sind, reklamieren die widerstreitenden Lager den MRP für ihre Doktrin.

Westliche Autoren berufen sich vor allem auf die Präambel des MRP, die — „... in recognition of the inherent dignity ... and inalienable rights ... of the human family ...“ — allen naturrechtlichen Gedanken Auftrieb verleihe und so die „klassische geschichtliche Auffassung von natürlichen Rechten des Menschen“[306] zum Ausdruck bringe[307]. Zudem zeige auch die Abtrennung des mehr der östlichen Konzeption entsprechenden Sozialpakts, der ohnehin nur „wünschenswerte Verhaltensmaßstäbe“ enthalte, deren Formulierung als Menschenrechte „im Grunde eine optische Täuschung“ bewirke[308], in ein selbständiges Vertragswerk, daß der Pakt über bürgerliche und politische Rechte von der liberalen Tendenz getragen werde[309].

Sozialistische Schriftsteller ihrerseits folgern aus der Marxschen Erkenntnis, daß der Mensch in seiner Wirklichkeit „das Ensemble der gesellschaftlichen Verhältnisse“[310] sei, die Einheit und Gleichwertigkeit aller — politischer wie sozialer — Grundrechte und sehen die Richtigkeit ihrer Ansicht — und die „klassenmäßige Begrenztheit der bürgerlichen Staatslehre“[311] — in der Verabschiedung des Sozialpakts bestätigt. Mit der Übernahme des Passus über das Selbstbestimmungsrecht in Art. 1 beider Pakte sei überdies der gesamte Bezugspunkt der Menschenrechtsverwirklichung verändert worden. Die UN-Menschenrechtskonventionen seien dadurch nicht nur antikolonialistisch akzentuiert worden, vielmehr habe sich der Menschenrechtsvollzug insgesamt weg vom einzelnen und hin zur Volkssouveränität — was auch durch das beredte Schweigen der Verträge hinsichtlich einer Garantie des Privateigentums belegt werde — umorientiert[312].

---

305 *Wright*, Kategorien des Rechts, S. 197.

306 *Soder*, Menschenrechtskonventionen, S. 170.

307 Widersprüchlich *Khol*, S. 34, der zwar die Notwendigkeit des Kompromisses sieht, aber dennoch, S. 35, den MRP — für den Osten unannehmbar — als Kodifizierung von naturrechtlich gebotenen Normen versteht.

308 *Guradze*, Menschenrechtskonventionen, S. 245.

309 So wohl *Khol*, S. 34; *Hacker*, Menschenrechte, S. 91, führt — was allerdings bei der Auslegung unberücksichtigt bleiben muß — für das „herkömmliche Menschenrechtsverständnis“ des MRP die von derselben Grundlage ausgehenden Bürgerrechtsbewegungen des Ostens ins Feld.

310 *Marx / Engels*, S. 534.

311 *Poppe*, S. 328.

b) Die Auslegung des Art. 19

Aufgrund dieser Beschlagnahmung des MRP für parteiliche Interessen wird es schwerfallen, Art. 19 einen allgemein anerkannten Gehalt zu geben. Da aber die „formale Anerkennung eines Menschenrechts auf internationaler Ebene gegenstandslos (ist), solange diesem Menschenrecht nicht von allen Staaten der gleiche Inhalt zugeschrieben wird“[313], muß wenigstens der Versuch unternommen werden, die für alle beteiligten Staaten annehmbare Dimension der Informationsfreiheit zu ermitteln. Allerdings darf man sich dabei weder von einem die Informationsfreiheit vergrößernden „allgemeinen Zweck- und Effektivitätsdenken“[314], noch von einer den Art. 19 von vornherein zur Sinnlosigkeit verdammenden Prämisse — „il serait ... contraire aux règles d'interprétation ... de considérer qu'une disposition ... soit sans portée et sans effet“[315] — leiten lassen.

aa) Auslegungskompetenz und Minimumstandard

Die erste Hürde für eine konsensuelle Auslegung stellt die sozialistische Behauptung dar, die Kompetenz zur Interpretation des MRP sei bei den Signatarstaaten verblieben[316]. Diese irrtümlich auf den überwiegend non self-executing Charakter des MRP gestützte Ansicht geht davon aus, daß — hier berührt sie die Frage nach dem menschenrechtlichen Vorverständnis der durch den MRP gebundenen Staaten — „der Inhalt und die konkrete Ausgestaltung derartiger Rechte“ durch nationale und kulturelle Besonderheiten bedingt seien und daß deshalb sozialistische Grundrechte „auch nicht an universellen internationalen Konventionen, sondern an den Gesetzmäßigkeiten des Aufbaus des Sozialismus“ gemessen werden könnten[317].

Die Bejahung einer einseitigen Auslegungsbefugnis hieße aber den MRP insgesamt zum Leerlauf zu verurteilen. Sinn und Zweck internationaler Vereinbarungen zum Schutze der Menschenrechte kann doch nur in der Errichtung eines für alle gleichermaßen verbindlichen Kata-

---

[312] Siehe *Graefrath*, Förderung, S. 5 und *derselbe*, Aspekte, S. 330; er hält den „interventionistischen Aspekt“ der westlichen Menschenrechtskonzeption so für endgültig überwunden.

[313] *Rudolf*, Informationsfreiheit, S. 271.

[314] Siehe *Bernhardt*, S. 96/97: Es kann grundsätzlich nicht davon ausgegangen werden, daß die zweckmäßigste Regelung auch die tatsächlich vereinbarte ist. Deshalb ist der Optimismus *López'*, S. 3, „(that) under the banner of a common convention the trend will be for the less free States to rise to the level of the free ...“ hermeneutisch nicht gedeckt.

[315] So der IGH im Corfu Channel Case, ICJ Reports 1949, S. 24.

[316] *Doehring*, Two Freedoms, S. 165, führt sie auf das unzureichende Überwachungssystem des MRP zurück.

[317] *Graefrath*, Aspekte, S. 330/331.

logs von Rechten liegen, wobei man sich — wegen der für alle Beteiligten von Anfang an evidenten Systemunterschiede — mit der Festlegung eines Minimumstandards begnügen muß[318]. Ein „principle of domestic definition" — das zwar für die Schrankenvorbehalte der im MRP garantierten Rechte nicht auszuschließen ist[319] —, das die Umreißung des elementaren Gehalts der vertraglich gewährleisteten Rechte den einzelnen Staaten anheimstellte, negierte jedoch diese mit der Kodifizierung einer International Bill of Rights verbundenen Intentionen und wäre deshalb „inconsistent with the idea of establishing international criteria for human rights"[320].

Was der durch Art. 19 normierte informationsrechtliche Minimumstandard im einzelnen umfaßt, muß zuvörderst — die Heterogenität der im MRP zusammengeschlossenen Staaten setzt einer teleologischen Auslegung enge Grenzen[321] — anhand des Wortlauts eruiert werden.

bb) Die Grenzen der Wortlautauslegung

Art. 19 Abs. 2, 1. Halbsatz, garantiert das Recht auf freie Meinungsäußerung; Halbsatz 2 stellt fest, daß darin auch die Freiheit eingeschlossen sei, „ohne Rücksicht auf Staatsgrenzen Informationen und Gedankengut jeder Art in Wort, Schrift oder Druck, durch Kunstwerke oder andere Mittel eigener Wahl sich zu beschaffen, zu empfangen und weiterzugeben"[322]. Das Recht der Informationsfreiheit wird demnach als Bestandteil der Meinungsäußerungsfreiheit verstanden. Aus diesem Kontext ergibt sich, daß der Begriff der Information sowohl die Meldung von Tatsachen, das heißt von Nachrichten, als auch von Ideen, das heißt von Gedanken, die an die Nachricht geknüpft werden[323], umfassen muß: Die Meinungsäußerung setzt die Meinungsbildung mit Hilfe von Meinungen anderer voraus[324].

[318] Siehe *Uibopuu*, Legal Obligations, S. 288: „The ratio of international protection of human rights is the establishment of minimum standards." Das Problem der innerstaatlichen Vollzugsbedürftigkeit hat damit nichts zu tun: Die Frage des Umfangs des zu vollziehenden Rechts ist der Frage der — staatlichen — Umsetzung notwendig vorgeschaltet.

[319] Siehe unten II. Teil 1. Kap. A.I.3.b)cc).

[320] *Garibaldi*, Anm. 8, S. 507, der die Fixierung von der nationalen Gesetzgebung nicht zugänglichen Menschenrechten zu Recht die „raison d'être" des MRP nennt; ambivalent *Tunkin*, Menschenrechte, S. 9, der zwar die Vernünftigkeit systemüberspannender Menschenrechtsabkommen mit dem Hinweis auf einen — nicht näher dargelegten — für alle annehmbaren „allgemein-demokratischen Begriff der Menschenrechte" verteidigt, andererseits aber die Hintertür zur domestic definition via der „Rücksicht auf die Besonderheiten der sozialökonomischen Ordnung" offenhält.

[321] Vgl. *Uibopuu*, Menschenrechtspakte, S. 3.

[322] Die deutsche Übersetzung der Originaltexte in BGBl. 1973 II, S. 1543.

[323] Zu dieser Einteilung *Guradze*, Kommentar, S. 142/143.

[324] „News is the raw material of public opinion", *Codding*, S. 34.

Damit ist aber auch schon die Grenze einer schlüssigen Wortlautauslegung erreicht. Zur Bestimmung der vertraglich gewollten Informationsinhalte bietet die grammatische Interpretation keine Hilfe; die Begriffe „Information", „Gedankengut" und „Meinung" sind — je nach Prämisse — mit den unterschiedlichsten Wertungen befrachtbar.

Nach sozialistischem Verständnis etwa müssen Informationen „real und wahr"[325] sein, darf sich der Informationsaustausch nur im Rahmen der wahrheitsgetreuen Schilderung der Vorzüge und der objektiven Kritik der Nachteile der jeweiligen Systeme bewegen, „but if there's resort to cold war tactics it only undermines peaceful co-existence"[326]. So wird einerseits der Fluß „objektiver" wissenschaftlich-technischer Daten — „(which) is connected with ideology only indirectly"[327] — problemlos möglich, politische Informationen müssen dagegen auf ihre Koexistenzgeeignetheit überprüft werden, das heißt sie werden in wahre, dem Frieden dienende und propagandistische, „ideologische Diversion" bezweckende Meldungen aufgesplittert.

Man unterstellt also die Teilbarkeit von wertneutraler, objektiver Information und Propaganda. Auch wenn einige westliche Autoren an eine solche Differenzierungsmöglichkeit glauben — so schreibt Joeden, die Propaganda sei im Gegensatz zur bloßen Nachrichtenübermittlung stets auf ein bestimmtes Ziel gerichtet und daher von Zweckmäßigkeitserwägungen bestimmt[328] und Reich meint, die Propaganda mache sich die stets bestehende Diskrepanz zwischen den Tatsachen und den Ansichten zunutze[329] — muß die „Annahme einer mechanischen Objektivität"[330], die ja ein allgemeingültiges Kriterium der Wahrheit voraussetzt, bestritten werden. Die Propaganda[331] mag zwar grundsätzlich als „the art of influencing, manipulating, controlling, promoting, changing, inducing, or securing the acceptance of opinions, attitudes, action or behavior" — womit der Definitionsansatz auf die der Propagandatätigkeit zugrunde liegende Motivation gelegt wird — zu klassifizieren sein[332]. Damit ist aber noch kein tauglicher Abgrenzungsmaßstab zur

---

[325] *Sujka,* S. 187.

[326] *Bobrakov,* S. 39.

[327] *Korobeinikov,* S. 106; in Wahrheit ist also der Nutzen für das System Auswahlkriterium, vgl. *Lewytzkyj,* S. 437.

[328] *Joeden,* Teil II, S. 82.

[329] *Reich,* S. 14.

[330] *Maheu,* S. 288; auch der 2. Absatz der Präambel der UNESCO-Mediendeklaration — Einzelheiten unten II. Teil 1. Kap. A.I.3.b)dd)β) — spricht von „objective truth".

[331] Der Ursprung des Worts ist auf die 1622 von Papst Gregor XV. zur Verbreitung des Glaubens gegründete Congregatio de propoganda fide, „the world's first propaganda agency", *Farago,* S. 259, zurückzuführen.

[332] So wird sie von *Martin,* S. 10, unter Berücksichtigung von 26 anderen Propagandadefinitionen beschrieben; s. a. *Thomas / Thomas,* S. 273, die solche

„bloßen" Information gefunden. Weil auch sie „gut" oder „schlecht", „fortschrittlich" oder „konservativ" ist, in jedem Fall aber — „in an era of ideological controversy"[333] — den weltanschaulichen Standpunkt des Informationsgebers widerspiegelt, kann auch sie schwer gegen propagandistische Beweggründe immunisiert werden[334]. Die Ideologie bestimmt die Perspektive, die Perspektive steuert den Grad der Objektivität, die so ihren Charakter als meßbare Größe verliert und sich zur „question of judgement and viewpoint"[335] reduziert. Es gibt im politischen Bereich keine wertfreien Tatsachen, jede — objektiv zutreffende — Meldung, beispielsweise über nicht erreichte Planziele oder die Steigerung der Arbeitslosenquote, ist als Beitrag für den ideologischen Kampf geeignet[336].

Wenn somit eine Trennung von „ideologiefreier" Information und Propaganda nicht durchzuführen ist, das sozialistische Lager jedoch — für alle erkennbar — die Informationsfreiheit nicht als Mittel zur Gefährdung des Aufbaus der sozialistischen Gesellschaft verstanden wissen wollte[337], das heißt nur einen „keimfreien" Informationsaustausch gewähren wollte, bleibt für einen Mindestgehalt der Informationsfreiheit im Sinne des Art. 19 MRP nichts: Der ideologische Dissens schlägt durch.

cc) Der Schrankenvorbehalt des Art. 19 Abs. 3 MRP

Aber auch wenn man — das Wünschenswerte an die Stelle des Tatsächlichen setzend — in Art. 19 Abs. 2 einen breiteren Konsens hineininterpretieren wollte, der in Anlehnung an ein liberaleres Informations- und Meinungsverständnis auch Kontroverses zuließ, stieße man in Abs. 3 an eine nicht zu überwindende Systemschranke. Weil bei der Normierung des Art. 19 davon ausgegangen wurde, daß die Ausübung

---

Vorgänge, „by which the accepted as distinguished from the controversial is transmitted", nicht unter Propaganda subsumieren wollen.

333 *Falk*, Propaganda, S. 187.

334 Vgl. *Martelanc*, S. 8, der folgerichtig mit dem Terminus „information propaganda" beide Begriffe verschmilzt.

335 UNESCO Doc. 20 C/94, Interim Report of the International Commission for the Study of Communication Problems, S. 64; ähnlich *O'Brien*, S. 157; tautologisch *Diallo-Tayiré*, S. 90: „Il n'y a pas d'information objective, mais une information honnête."

336 *Martin*, S. 17: „... the propagandist has a choice of truths"; viel zu optimistisch deshalb *Remmele*, S. 95 ff., der — mit Hilfe der Kriterien „informierend, kommentierend, wahrheitsgetreu" — glaubt, einen sicheren, abgrenzbaren, durch Art. 19 MRP internationalisierten Bereich der Informationsfreiheit gefunden zu haben.

337 Das ergibt sich zum einen aus der Doktrin der grundsätzlichen Zweckgebundenheit der Menschenrechte, s. oben II. Teil 1. Kap. A.I.3.a), zum anderen auch aus Äußerungen sozialistischer UN-Delegierter bezüglich der Informationsfreiheit, s. etwa *Sobolev*, GAOR 7th sess. 3rd com. 424th mtg.

der Rechte des Abs. 2 — „... in view of the powerful influence the modern media of expression exerted ...“[338] — „mit besonderen Pflichten und einer besonderen Verantwortung verbunden“ sei, kann sie den „gesetzlich vorgesehenen Einschränkungen unterworfen werden, die erforderlich sind

a) für die Achtung der Rechte oder des Rufs anderer;

b) für den Schutz der nationalen Sicherheit, der öffentlichen Ordnung (ordre public), der Volksgesundheit oder der öffentlichen Sittlichkeit“[339].

Dieser „kautschukartige Vorbehalt“[340] trat an den Platz der ebenfalls diskutierten dezidierten Einschränkungsmöglichkeiten, auf die — in Verkennung der sich anschließenden Staatenpraxis — aus achtenswerten Gründen dann allerdings verzichtet wurde[341].

Mag auch die Tragweite der Klauseln über den Ruf und die Rechte Dritter, die nationale Sicherheit, die Volksgesundheit und die Sittlichkeit noch überschaubar sein[342], eröffnet der ordre public Vorbehalt doch die unbegrenzte Möglichkeit, die Gewährleistung der Informationsfreiheit einzuengen. Da die Definition des ordre public im Ermessen des jeweiligen Staates steht[343], wird sich der Umfang der Informationsfreiheit nach jenen — in der Regel der Verfassung zu entnehmenden — „tragenden materiellen Werten und für die Gemeinschaft unentbehrlichen Grundsätzen“[344] zu richten haben, die nach geltender Staatsdoktrin der öffentlichen Ordnung zugrunde liegen. So erweist sich beispielsweise für sozialistische Länder, weil die Grundsätze des Marxismus-Leninismus das Verständnis des Sittengesetzes bestimmen, das infolge der prinzipiellen Pluralismusfeindlichkeit des sozialistischen Staates kongruent mit den „herrschenden Anschauungen“ ist, die Ermittlung des ordre public als unproblematisch[345]: „In a socialist system the public order is socialism[346].“

[338] UN Doc. A/2929, S. 148.

[339] BGBl. 1973 II, S. 1543.

[340] *Brunner*, Menschenrechtskonzeption, S. 111.

[341] Siehe oben II. Teil 1. Kap. A.I.1., vgl. auch erneut die exakten Schrankenbestimmungen in Art. 2 des Genfer Entwurfs zur Informationsfreiheit in UN Doc. E/CONF.6/79, S. 15.

[342] So sicher wie *Tscherning*, S. 30, glaubt, ist das jedoch nicht: Der „gute Ruf“ eines Diktators ist gewiß leichter verletzbar als der des Präsidenten eines Kritik gewohnten pluralistischen Staatswesens, wie auch die Anforderungen an die Sittlichkeit in einem islamisch geprägten Land bestimmt anders als etwa in Westeuropa beurteilt werden.

[343] Vgl. *Tscherning*, S. 30.

[344] *Rudolf*, Informationsfreiheit, S. 272.

[345] So *Achterberg*, S. 20, zur Ausfüllung des Begriffs der öffentlichen Ordnung im Nationalsozialismus.

Über den Gesetzesvorbehalt des Abs. 3 kann demnach, „ohne daß der Vorwurf völkerrechtswidriger Anwendung leicht fiele“[347], der freiheitsfeindliche Generalvorbehalt der ideologiekonformen Rechtsausübung in die Garantie der Informationsfreiheit hineingetragen werden.

Daran hätte die Einführung des Begriffs der „demokratischen Gesellschaft“ in Art. 19 Abs. 3 nichts geändert[348]. Die die Einschränkbarkeit der Rechte der Europäischen Menschenrechtskonvention im Sinne einer Wesensgehaltsgarantie kontrollierende Barriere der „demokratischen Gesellschaft“[349] kann auf universeller Ebene nicht den gleichen rechtsvereinheitlichenden Beitrag leisten. Gerade weil der UN-MRP auf weltweite Geltung angewiesen ist, hat die Schrankenbegrenzung durch das Postulat der Vereinbarkeit mit einer „demokratischen Gesellschaft“ wenig Sinn. Die „demokratische Gesellschaft“, wie sie sich in den Art. 14, 21 und 22 des MRP findet, kann nämlich nicht einseitig als dem westlichen Demokratieverständnis verbunden angesehen werden, sondern muß die Strukturprinzipien der Volksdemokratie mit umfassen[350]. Die eigentlich auf Freiheitssicherung angelegte Klausel der „demokratischen Gesellschaft“ kann so sinnverkehrt angewandt werden: Umschließt sie die Inhalte der den „gesellschaftlichen Interessen“ verpflichteten Volksdemokratie, taugt auch sie — da die „gesellschaftlichen Interessen“ immanente Schranken „sozialistischer Menschenrechte“ sind — zur Legitimation freiheitsbeschneidender Maßnahmen.

Der Einwand des nationalen ordre public kann auch nicht mit dem Hinweis auf den völkerrechtlichen ordre public im Sinne Jaenickes und Moslers ausgeräumt werden. Dieser „ordre public commun“, der in die innerstaatliche Anwendung völkerrechtlicher Verträge hineinwirken und neben den nationalen ordre public treten soll, besteht nur aus jenen völkerrechtlichen Grundsätzen und Normen, die den Charakter von ius cogens haben[351]. Dazu gehören sicher der Eckpfeiler der gegenwärtigen Völkerrechtsordnung, das Gewaltverbot, und die „Grundnormen“ wie pacta sunt servanda und die clausula rebus sic stantibus[352], jedenfalls jene „Regeln, die konstituierend für den Konsens der Rechtsgenossen sind“[353]. Im Bereich der Informationsfreiheit vermag der inter-

[346] *Graefrath*, ohne Fundstelle zitiert bei *Partsch*, Aspekte, S. 22; danach, das erkannte der jugoslawische Delegierte *Karapandza*, GAOR 16th sess. 3rd com. 1073rd mtg., könnte auch die südafrikanische Republik die Apartheid unter ihren ordre public subsumieren.

[347] *Uibopuu*, Menschenrechtspakte, S. 5.

[348] Zur Diskussion dazu UN Doc. A/2929, S. 149.

[349] Dazu *Hoffmann-Remy*, S. 79 ff. und unten II. Teil 1. Kap. A.II.

[350] Vgl. *Hoffmann-Remy*, S. 58.

[351] Vgl. *Jaenicke*, S. 127/128.

[352] *Derselbe*, S. 90 ff.

[353] *Mosler*, ordre public, S. 381.

nationale ordre public also nicht weiterzuhelfen: Sie hat sich noch nicht zu einem zwingenden Völkerrechtssatz entwickelt[354].

Die ordre public Klausel des Art. 19 Abs. 3 wirkt folglich dadurch, daß mit ihr einzelstaatliche Wertungen, die der globalen Kodifizierung verschlossen bleiben müssen, in die Inhaltsbestimmung der Informationsfreiheit einfließen, als „umfassender Souveränitätsvorbehalt"[355].

dd) Außervertragliche Auslegungshilfen

Anhaltspunkte dafür, ob und inwieweit durch die Dynamik der internationalen Beziehungen der Informationsfreiheit des MRP neue Inhalte gegeben wurden, könnten sich aus der KSZE-Schlußakte, in deren Abschnitt über die Zusammenarbeit in humanitären und anderen Bereichen Zielvorstellungen über transnationale Informationsmöglichkeiten festgehalten wurden, und aus der Arbeit der Generalkonferenz der UNESCO, die sich seit 1972 bemühte, eine Mediendeklaration zu verabschieden[356], ergeben.

α) Die Informationsfreiheit im Zeichen der KSZE

Obwohl die KSZE-Schlußakte allgemein nicht als völkerrechtlich verbindliches Vertragswerk verstanden wird[357], wird ihr doch eine „erhebliche Bedeutung" bei der Konkretisierung der aus dem MRP entstandenen Pflichten zugeschrieben[358].

Ob aber mit den „wortreichen Wendungen im Abschnitt ‚Information'"[359] der Schlußakte — wir finden dort neben der platten Feststellung der „Ausdehnung bei der Verbreitung von Information durch Rundfunksendungen" auch viel- und nichtssagende Absichtserklärungen, „die umfassendere Vorführung und Sendung einer größeren Vielfalt aufgezeichneter und gefilmter Information aus den anderen Teilnehmerstaaten (zu) fördern" und „die Einfuhr von bespieltem audiovisuellem Material" zu erleichtern[360] — tatsächlich einem vielseitigen

---

354 Siehe oben II. Teil 1. Kap. A.

355 *Frowein*, S. 34; auf Umwegen gilt dann doch die „domestic definition".

356 Auf ihrer 17. Sitzung hat die Generalkonferenz mit Res. 4.113 eine Draft Declaration concerning the Fundamental Principles Governing the Use of the Mass Information Media angeregt.

357 *Meissners*, S. 61, Einschätzung, es handele sich bei ihr weder um — wie der Westen meint — bloße Verhaltensgrundsätze von politisch-moralischem Wert, noch um — wie es der Osten gern sähe — die Anerkennung der Grundsätze der friedlichen Koexistenz, sondern nur um die Wiederholung von schon in der SVN bindend geregelten Grundsätzen des Völkerrechts, trifft für die Frage der grenzüberschreitenden Information, über die die Satzung nichts sagt, nicht zu: Für jene nicht durch den MRP und die EMRK gebundene Staaten wurde hier Neuland betreten.

358 *Frowein*, S. 22.

359 *Hacker*, Menschenrechte, S. 93.

360 KSZE-Schlußakte in 30 EA 1975, S. D 471 f.

Informations- und Meinungsbild Rechnung getragen werden sollte, bleibt fraglich. Die östliche Seite hat doch nie einen Zweifel daran gelassen, daß sie die Entspannung, als deren Reflex die KSZE gilt, nicht als Beendigung des ideologischen Kampfes betrachtet. Die friedliche Koexistenz als Synonym für die Entspannung in zwischenstaatlichen Beziehungen, so wird argumentiert, bezwecke zwar die Ausschaltung von Gewalt und Aggression in diesem Bereich, könne jedoch nicht die geistige Auseinandersetzung, die sich aus dem Klassenantagonismus und den fundamentalen Unterschieden zwischen Kapitalismus und Sozialismus ergebe, verhindern[361].

Das Ost-West-Verhältnis nach der KSZE wird also differenziert begriffen: Entspannung in der Beziehung von Staat zu Staat[362], aber Fortsetzung des ideologischen Kampfes im Felde gesellschaftlicher Beziehungen, zu denen der Medienbereich gehört[363]. Das heißt die Politik der friedlichen Koexistenz ist — aus östlicher Perspektive — eine Form des Klassenkampfes[364], wobei der sich in der scheinbar nichtstaatlichen Sphäre bewegende „grenzüberschreitende Informationsfluß zum wichtigsten Schauplatz des Ost-West-Konflikts"[365] wird.

Aus dem klassenkämpferischen Element in den Informationsbeziehungen folgt dann weiter, daß sich der Osten gegen ungefilterte Informationen aus dem Westen, die nicht „to the strengthening of peace and understanding among peoples and to the spiritual enrichment of the human family"[366] beitragen, abschirmen darf, sich aber andererseits in seiner Informationspolitik gegenüber dem nichtkommunistischen Ausland keine Beschränkungen auferlegen muß: „Schließlich spreche man doch nur die Wahrheit und diene den Interessen aller Völker[367]."

Zur Erhellung der Informationsfreiheit im Sinne des MRP kann demnach die Diskussion um den Informationsaustausch, wie er seinen Niederschlag in der KSZ-Schlußakte gefunden hat, nicht weiterhelfen: Sie ist von den gleichen unüberbrückbaren Differenzen gekennzeichnet[368].

---

[361] Vgl. statt vieler *Titarenko*, S. 174.

[362] Diesen Tribut an die détente haben die Sowjets gezahlt: National gefärbte Feindbilder, wie der „westdeutsche Revanchismus" oder der „amerikanische Imperialismus", sind allmählich verschwunden, vgl. *Wettig*, Freiheit, S. 21.

[363] Das paßt allerdings nicht zu den Bemühungen der Ostblockstaaten, alle Medien einer staatlichen Kontrolle zu unterstellen.

[364] Vgl. *Kusnezow*, S. 161.

[365] *Simma*, S. 83; s. a. *Suslow*, zitiert bei *Abshire*, S. 14: „... in the fied of ideology, the field where there is not and cannot be any peaceful coexistence, the struggle has sharpened considerably."

[366] UN Doc. E/CN.4/1214 Add. 3, Report on Freedom of Information, received from the German Democratic Republic, 8 April 1976, S. 5.

[367] *Wettig*, Kampf, S. 76; nur ein Beispiel für die Verstaatlichung der Wahrheit im Sinne von *Falk*, Propaganda, S. 186.

β) Informationsfreiheit und neue internationale Kommunikationsordnung

Schon der Genfer Entwurf für eine Konvention zur Informationsfreiheit und die vom Ad Hoc Komitee ausgearbeitete Draft Convention on Freedom of Information[369] sahen vor, daß die aus diesen geplanten Abkommen entstehenden Pflichten zur Gewährleistung der Informationsfreiheit das Recht der Vertragsstaaten unberührt ließen, Maßnahmen zur Sicherstellung einer ausgeglichenen Zahlungsbilanz, zur Entwicklung nationaler Nachrichtenagenturen und zur Verhinderung staatlicher Informationskartelle zu ergreifen[370]. Diese — innerstaatliche — Problematik wurde von der UNESCO unter dem Stichwort „neue internationale Informationsordnung" als ein Aspekt des Kampfes um eine gerechtere Weltwirtschaftsordnung aufgegriffen und global zur Debatte gestellt.

Ausgehend von der Tatsache, daß die Freiheit der Reichen oft das Korrelat der Abhängigkeit der Armen ist, daß Freiheit der einen Beherrschung der anderen heißt, soll das Konzept zur neuen internationalen Informationsordnung nach Ansicht seiner Protagonisten im Bereich der Kommunikation die Lage zweifach bessern.

Zum einen soll die als Herrschaftsinstrument dienende Freiheitsvorstellung jener, die die Kommunikationsmedien kontrollieren, nicht mehr ausschlaggebend sein: Die Information müsse endlich als soziale Funktion und nicht mehr nur als Ware verstanden werden[371]. Damit ist eine qualitative Neuakzentuierung des Nachrichtenverständnisses angesprochen. Neue Vorstellungen vom „news value" sollen Platz greifen, die — der Erkenntnis der Länder der Dritten Welt Rechnung tragend — zu einem neuen journalistischen Stil führen sollen, der Vereinfachungen und „sensationalism" abstreift. „In developing countries, it seems necessary to broaden the concept of news to include not only ‚events' but entire ‚processes' — hunger being a process, while a hunger strike is an event[372]."

Die „imbalance in information" soll, zweitens, aber auch quantitativ abgebaut werden. Die „kulturelle Invasion", wie sie sich im einseitigen

---

[368] Dazu auch *Boelcke*, S. 606/607 und *Wettig*, Informationsfluß, S. 1045 f. Deshalb kann auch nicht *Frowein*, S. 22, gefolgt werden, der sich der Schlußakte zur Auslegung dessen bedient, „was gemeinsam von ihren Unterzeichnerstaaten als mit ihrem ordre public vereinbar angesehen wird."

[369] Dazu oben II. Teil 1. Kap. A.I.1.

[370] Vgl. Art. 4 des Genfer Entwurfs in UN Doc. E/CONF.6/79 und Art. 6 und 7 des Entwurfs des Ad Hoc Komitees in UN Doc. A/AC.42/7 Annex.

[371] Vgl. *Masmoudi*, S. 6 ff.

[372] UNESCO Doc. 20 C/94, Interim Report of the International Commission for the Study of Communication Problems, S. 65; kritisch zur Tätigkeit der MacBride-Kommission auch *Righter*, S. 216 ff.

Nord-Süd-Informationsfluß manifestiere[373], stehe im Gegensatz zum vor allem vom Westen propagierten Prinzip des „free flow of information". Dieser Grundsatz müsse deshalb dahingehend uminterpretiert werden, daß er die Beseitigung aller Hindernisse, eben auch technischer Art umfasse[374]. In erster Linie heißt das, daß der — durch den technologischen Standard bedingte — Kapazitätsüberhang der Industrieländer, dem die Staaten der Dritten Welt ausgeliefert sind, gekürzt werden muß[375], so daß auch eine quantitative Ausgewogenheit im Informationsaustausch den Weg vom Monolog zum Dialog ebnet[376].

Der erste Gesichtspunkt, die qualitative Komponente, beherrschte den Entwurf einer Mediendeklaration, der der UNESCO-Generalkonferenz bei ihrer 19. Sitzung 1976 in Nairobi vorlag[377]. Wie schon der Titel erkennen ließ — „Draft Declaration on Fundamental Principles Governing the *Use* of Mass Media in Strengthening Peace and International Understanding and in Combating War Propaganda, Racism and Apartheid" — sollte hierin ein zweckgebundenes, primär den politischen Zielsetzungen der Mehrheit afro-asiatischer Staaten — unterstützt vom sozialistischen Block[378] — entsprechendes Informations- und Nachrichtenkonzept festgeschrieben werden. Die hier im Vordergrund stehende Umstrukturierung der Information zum Vehikel in der Durchsetzung antizionistischer[379] und antiimperialistischer[380] Intentionen, ergänzt durch die Verpflichtung der Massenmedien, die Fundamente der neuen

---

[373] „... the dictatorship of the Telex machine and the airwaves", *Power*, er weist darauf hin, daß allein die großen vier Nachrichtenagenturen Associated Press, United Press International, Reuters und Agence France Presse täglich 300 000 Wörter in ihrem weltweiten Dienst ausstoßen, die — global — 72 % des täglichen Informationsangebots ausmachen; vgl. a. Der Spiegel, Nr. 45 vom 6. 11. 1978, S. 164 ff.

[374] Vgl. UN Doc. A/33/144 Annex: Questions relating to Information, Cooperation and assistance in the application and improvement of national information and mass communications systems for social progress and development, S. 11 ff.

[375] Ein Ansatz dazu in den Anstrengungen einiger Entwicklungsländer unter organisatorischer Führung der jugoslawischen Agentur Tanjug einen Nachrichtenpool zu bilden, aus dem die eingegangenen Meldungen der angegliederten nationalen Nachrichtenagenturen ohne „Verarbeitung" zur Verbreitung weitergegeben werden, vgl. dazu *Koschwitz*, S. 35.

[376] Vgl. UN Doc. A/33/144 Annex, S. 12.

[377] Text in UNESCO Doc. 19 C/91 Annex I.

[378] *Knipping*, S. 14, sieht den Kampf um die so verstandene neue internationale Informationsordnung „eingebettet in die epochebestimmende historische Auseinandersetzung zwischen Sozialismus und Imperialismus".

[379] In § 5 der Präambel ist auf die UN-Vollversammlungsres. 3379 (XXX) — „zionism is a form of racism" — Bezug genommen.

[380] Art. VIII des Entwurfs sah ein Mitspracherecht der Kämpfer gegen Rassismus und Kolonialismus in den Massenmedien anderer Staaten, Art. X einen Gegendarstellungsanspruch der gegen Kriegspropaganda, Rassismus und Apartheid kämpfenden Staaten, Gruppen oder Institutionen vor.

Weltwirtschaftsordnung zu festigen[381], fand ein nur schwaches Pendant in der halbherzigen Erwähnung der Allgemeinen Erklärung der Menschenrechte und des MRP[382], wobei das — in § 12 der Präambel genannte — Recht der Informationsfreiheit durch die in Art. XII postulierte totale völkerrechtliche Verantwortlichkeit eines jeden Staates für alle seiner Jurisdiktion unterworfenen Massenmedien vollends aus den Angeln gehoben worden wäre.

Die Annahme dieses Entwurfs scheiterte denn auch am einmütigen Widerstand westlicher Staaten, die auf der 20. Generalkonferenz der UNESCO 1978 in Paris eine in den wesentlichen Punkten abgeschwächte Version durchsetzten und zur Verabschiedung brachten[383], die die Thematik der „neuen internationalen Informationsordnung" eher wieder in das herkömmliche Schema zur Lösung des Nord-Süd-Konflikts einordnet. Es blieben zwar die Hinweise auf den von den Massenmedien im Ringen gegen Rassismus und Apartheid zu leistenden Beitrag, der insbesondere durch „giving expression to oppressed peoples who struggle against colonialism ... and all forms of oppression"[384] erbracht werden soll. Sie sind aber auch berufen, diese Verpflichtung fehlte im Nairobi-Entwurf, der Förderung der Menschenrechte zu dienen[385].

Der Schwerpunkt der Pariser Mediendeklaration dürfte jedoch im Bestreben liegen, eine Ausgewogenheit des Informationsflusses im Rahmen überkommener Entwicklungshilfe durch einen Technologie- und Finanztransfer zu erreichen, der es den Massenmedien der Länder der Dritten Welt ermöglicht, „(to) have conditions and resources enabling them to expand, and to co-operate both among themselves and with the mass media in developed countries"[386].

Fügt sich also der in dieser Mediendeklaration normierte Fragenkreis um eine neue internationale Informationsordnung letztlich nur in das gewohnte Raster entwicklungspolitischer Auseinandersetzungen ein,

---

[381] Siehe Art. VII.

[382] In § 3 der Präambel.

[383] Res. 4/9.3/2 adopted by the General Conference at its 20th session; die Neuakzentuierung wird schon im Titel, der statt von „use" jetzt von der „contribution" der Massenmedien in der Stärkung des Friedens ... spricht, deutlich; falsch deshalb die Prognose *Remmeles*, S. 114, die Deklaration sei nach Nairobi „in der Versenkung verschwunden".

[384] Art. II.3., unter diesen breiten Tatbestand können aber auch die unterdrückten Minderheiten und Dissidenten des Ostblocks subsumiert werden, vgl. als Gegensatz die viel engere Formulierung in Art. VIII Nairobi-Entwurf.

[385] Siehe Art. I, II.1. und § 4 der Präambel, der besonders Art. 19 der Allgemeinen Menschenrechtserklärung und Art. 19 des MRP in Erinnerung ruft; die Klausel über die Staatsverantwortlichkeit ist ganz in Wegfall gekommen.

[386] Art. VI S. 2, ähnlich Art. X.3; die so gesehene Problematik einer neuen Informationsordnung ist demnach nicht nur wie *Simma*, S. 85, meint, eine Abwandlung der Topoi des informationspolitischen Ost-West-Konflikts.

vermag auch sie nichts zum besseren Verständnis der Informationsfreiheit im Sinne des MRP beizusteuern.

c) Ergebnis: Keine benigna interpretatio

Mag man auch die Zeit für gekommen halten, „when peoples must be plunged into the cold sea of world opinion, and can no longer swim in the warm baths that their governments would prefer them to enjoy“[387], mit Hilfe des MRP wird sich ein solcher internationaler Meinungspluralismus nicht herstellen lassen. Zu kontrovers ist der aufs engste mit politischen Ordnungsvorstellungen verbundene Normbereich des Menschenrechts der Informationsfreiheit, als daß es gelingen könnte, ihn aus der völkerrechtlichen Bedeutungslosigkeit heraus universell verbindlich zu gestalten, zu stark denn auch die „‚Rache des Politischen‘ an seinem Völkerrechtsregime“[388], das einem rigorosen Souveränitätsdenken über scheinbar harmlose ordre public-Vorbehalte erlaubt, Menschenrechtsgarantien auszuhöhlen. Man wird sich damit abfinden müssen, daß — weltweit — nur solche Menschenrechte einer vorbehaltlosen völkerrechtlichen Garantie fähig sind, deren elementarer Charakter sie aus dem „Bannkreis jenes Wertdissenses“[389] heraushebt[390].

II. Art. 10 der Europäischen Menschenrechtskonvention vom 4. November 1950

Ungleich positiver ist die in Art. 10 Abs. 1 EMKR geregelte Informationsfreiheit, die wie ihr Pendant im MRP als Unterfall der Meinungsäußerungsfreiheit verstanden wird[391], zu beurteilen. Zwar fehlt in Art. 10 Abs. 1 EMRK das für eine autonome Willensbildung in totalitären Staaten wichtige Recht, sich Informationen zu beschaffen — statt von „freedom to seek, receive and impart information“ wie Art. 19 MRP, spricht Art. 10 nur von „freedom to receive and impart“[392]. Dieses Manko in der Formulierung, das die Informationssammlung auf die

---

[387] *Lord Kilbrandon,* in: Council of Europe Consultative Assembly, Symposium on Human Rights and Mass Communications, Salzburg 1968, S. 104.

[388] *Simma,* S. 83.

[389] *Tomuschat,* S. 170.

[390] *Brunner,* Menschenrechtskonzeption, S. 112, nennt das Verbot der Folter, das Gebot menschlicher Behandlung von Häftlingen und gewisse Mindestgarantien des Angeklagten im Straßprozeß.

[391] Zu eng *Partsch,* Menschenrechtskonvention, S. 201: „... Freiheit der Meinungsäußerung ist das Recht desjenigen, der eine Meinung hat, Nachrichten und Ideen zu empfangen und weiterzugeben“; nicht nur derjenige, der schon eine Meinung hat, kann von den Rechten des Art. 10 Gebrauch machen, sie sollen ja auch erst eine Meinungsbildung ermöglichen.

[392] Vgl. a. *Partsch,* Menschenrechtskonvention, S. 202 und Anm. 674 ebenda.

eher passive Entgegennahme von Informationen beschränkt[393], wird jedoch durch die — vorausgesetzte[394] — pluralistische Struktur der Vertragsstaaten, die — laut Art. 10 „without interference by public authority" und „regardless of frontiers" — ein vielseitiges Informationsangebot sicherstellt, ausgeglichen.

Dieses von der Satzung des Europarats geforderte, in den Staaten Westeuropas — nur in Nuancen verschieden — geltende Rechts- und Demokratieverständnis erlaubt denn auch eine breite Interpretation des Begriffs der Information. Hier sind keine a priori festgelegten Informationsziele zu berücksichtigen. Das Spektrum zulässiger Informationsinhalte kennt nur die nach Art. 10 Abs. 2 möglichen Schranken. Diese mögen — auf den ersten Blick — insofern gefährlicher als die in Art. 19 Abs. 3 MRP scheinen, als sie auch Maßnahmen zum Schutze der territorialen Unversehrtheit, der Vertraulichkeit des Worts und der Unabhängigkeit der Gerichte zulassen[395]. Dadurch aber, daß der Schrankenvorbehalt des Art. 10 Abs. 2 wiederum unter die Voraussetzung der Vereinbarkeit mit den Gegebenheiten in einer „demokratischen Gesellschaft" — sie ist, als Leitmotiv und Wesensgehaltsgarantie, „das Gebot zur Wahrnehmung materieller Rechtsstaatlichkeit im Sinne des Demokratieverständnisses der Staaten des Europarats"[396] — gestellt ist, dadurch, daß keine pauschale ordre public Klausel der Erosion der garantierten Freiheitsrechte Tür und Tor öffnet — differenzierter als Art. 19 Abs. 3 MRP läßt Art. 10 Abs. 2 EMRK Beschränkungen nur im Interesse der „public safety" und der „prevention of disorder" zu[397] —, dadurch schließlich, daß von staatlichen Pressionen freie Organe über die Rechtsanwendung wachen und einen für alle Rechtsunterworfenen gleichen gemeinsamen Freiheitsgehalt der Rechte der EMRK garantieren[398], ist der Gesetzesvorbehalt gut gegen staatlichen Mißbrauch gesichert.

---

393 Ohne Begründung a. A. *Guradze*, Kommentar, S. 143.

394 Siehe die Präambel — „in unerschütterlicher Verbundenheit mit den geistigen und sittlichen Werten, die das gemeinsame Erbe ihrer Völker sind und der persönlichen Freiheit, der politischen Freiheit und der Herrschaft des Rechts zugrundeliegen, auf denen jede wahre Demokratie beruht" — und Art. 3 — „Jedes Mitglied des Europarats erkennt den Grundsatz der Vorherrschaft des Rechts und den Grundsatz an, daß jeder ... der Menschenrechte und Grundfreiheiten teilhaftig werden soll" — der Satzung des Europarats.

395 Ein Schrankenvergleich zwischen Art. 19 Abs. 3 MRP und 10 Abs. 2 EMRK auch bei *Guradze*, Menschenrechtskonventionen, S. 259.

396 *Hoffmann-Remy*, S. 63.

397 Wobei die legislative Anwendung dieser „polizeilichen Generalklausel" ebenfalls in Einklang mit den Erfordernissen einer „demokratischen Gesellschaft" stehen muß.

398 Vgl. *Doehring*, Two Freedoms, S. 165; diese Organe, besonders der Europäische Gerichtshof für Menschenrechte, tragen — denn „ein Ordre public kann nur in einer organisierten Rechtsgemeinschaft bestehen", *Mosler*, ordre public, S. 372 — dann über die Formulierung eines unifizierenden gemein-

Die transnationale Informationsfreiheit im Sinne des Art. 10 EMRK hat also, obwohl sie „kein eigenes spezifisch regionales Gedankengut" enthält[399], durch den regionalen Konsens, der ihre Inhaltsgebung beherrscht, einen rechtlich faßbaren Gehalt, der — aus den genannten Gründen der konkreten Schrankenbestimmungen und der überstaatlichen Kontrollmechanismen — keiner politischen Zweckbestimmung zugänglich ist.

III. Art. 13 der Amerikanischen Menschenrechtskonvention vom 22. November 1969

Schließlich bleibt als letzte völkerrechtsvertragliche Vereinbarung über die transnationale Informationsfreiheit Art. 13 Abs. 1 Satz 2 der am 18. Juli 1978, nach der Ratifikation des elften Staates, Grenada, in Kraft getretenen Amerikanischen Menschenrechtskonvention vom 22. November 1969[400].

Diese im Wortlaut Art. 19 Abs. 2, zweiter Halbsatz, des MRP entsprechende Vorschrift mag zwar insofern formal weitergehen als ihre Gegenstücke im MRP und in der EMRK, als sie — im Vorbehalt des Art. 13 Abs. 2 — „eine Vorzensur ausschließt und nur ein nachträgliches Zur-Verantwortung-Ziehen zuläßt" und — in Art. 13 Abs. 3 — „auch die Anwendung indirekter Maßnahmen zur Beschränkung der Meinungsfreiheit verbietet"[401]. Ob die Staaten der OAS bei der Normierung des Art. 13 AMRK aber materiell tatsächlich von einem mit dem Gehalt des Art. 10 EMRK vergleichbaren pluralistischen, Kritik einbeziehenden, liberalen Informations- und Meinungsbegriff ausgingen, muß angesichts ihrer divergierenden demokratischen Entwicklung und ihren unterschiedlichen Rechtstraditionen bezweifelt werden[402]. Auch wenn der Schrankenvorbehalt des Art. 13 Abs. 2 nur eine „*subsequent* impo-

---

schaftlichen ordre public weiter zur Rechtsvereinheitlichung bei. Zur „Konkretisierungsfähigkeit" des Vorbehalts in Art. 10 durch einen „liberalen Mindestkonsens" und durch die „Existenz unabhängiger Rechtsschutzorgane" auch *Frowein*, S. 24.

[399] *Partsch*, Aspekte, S. 22, der auf die Übernahme der Vorarbeiten der UN zum internationalen Menschenrechtsschutz in die EMRK hinweist.

[400] Die AMRK ist jetzt geltendes Recht für 14 Staaten der OAS; die USA haben zwar am 1. 6. 1977 unterzeichnet, aber noch nicht ratifiziert. Text der Konvention in IX ILM 1970, S. 99 ff.; zu ihrer Vorgeschichte *Kutzner*, S. 274 ff. und *Kitch*, S. 364 ff.

[401] *Kutzner*, S. 282.

[402] Zu den Schwierigkeiten, US-amerikanische Menschenrechtsvorstellungen mit denen Lateinamerikas zu vereinbaren, anschaulich *Wiarda*, S. 141 ff. Wie *Vitta*, S. 193, in Anbetracht des breiten politisch-sozialen Spektrums des amerikanischen Kontinents feststellen kann, die Vertragsstaaten der AMRK zeichneten sich durch „conceptions philosophiques et politiques similaires" und ein „développement économique et social ... pas très différencié" aus, bleibt rätselhaft.

sition of liability" zum Schutze der nationalen Sicherheit und öffentlichen Ordnung zuläßt, eröffnet die extensive Handhabung des Notstandsrechts — zum Beispiel ist seit 1947 über Paraguay fast ununterbrochen der Ausnahmezustand verhängt[403] — doch die Möglichkeit der faktischen Aushöhlung des geschützten Rechts: Mittels einer beliebig von Staats wegen dekretierten „public danger" läßt sich gemäß Art. 27 AMRK auch die Garantie der Informationsfreiheit außer Kraft setzen. Bis die von der AMRK vorgesehenen Organe — Kommission und Gerichtshof[404] — einen einheitlichen Menschenrechtsstandard geschaffen haben, darf deshalb der Informationsfreiheit, wie sie im Pakt von San José ihren Niederschlag gefunden hat, die gleiche völkerrechtliche Belanglosigkeit attestiert werden, wie jener universell nicht lebensfähigen des Art. 19 MRP.

B. Keine Vergrößerung internationaler Zuständigkeiten im Bereich transnationaler Information nach den Grundsätzen des völkerrechtlichen Nachbarrechts

Fenwick hat versucht, der Idee der Freizügigkeit grenzüberschreitender Information — unabhängig von menschenrechtlicher Normierung — über den allgemeinen Gedanken der bona fides Verbindlichkeit zu verleihen. Es sei heutzutage, schreibt Fenwick, eine „jurisdictional obligation" jedes Staates als Korrektiv zur offiziellen Propaganda, jene Kommunikations- und Informationskanäle offenzuhalten, die die Gewähr für lebenswichtige Kontaktmöglichkeiten zwischen den Völkern böten[405]. Er setzt — sicher zu Recht — den grenzüberschreitenden Informationsfluß in Relation zur Frage einer effektiven Rüstungsbeschränkung[406], zur Frage des Kriege ausschließenden gefestigten gegenseitigen Vertrauens. Dieses zu vertiefen sei — in Erfüllung des „fundamental principle of good faith" — Verpflichtung jedes Mitglieds der internationalen Gemeinschaft[407].

Es wäre gewiß vernünftig, auch in diesem Bereich der existentiellen Interdependenz aller Staaten Rechnung zu tragen und darauf ein Gerüst völkerrechtlicher Regeln zu bauen, das nicht nur, wie die International Telecommunication Union, die technische Zusammenarbeit er-

---

[403] *Wiarda*, S. 152.

[404] Eine Gegenüberstellung mit den Kompetenzen ihrer europäischen Pendants bei *Kutzner*, S. 287 ff.

[405] *Fenwick*, LB, S. 367.

[406] *Fenwick*, Communication, S. 563: „No plan for the limitation of armaments under the conditions of the present day could be successful unless accompanied by the opening of the channels of information."

[407] *Derselbe*, ebenda, S. 564.

leichtern soll[408], sondern auch die Einsicht in tiefergehende Kooperationszwänge ins Praktische umzusetzen hilft[409]. Ins geltende Völkerrecht lassen sich philanthropische Absichten allerdings nicht kurzerhand mittels des in seinen Umrissen nebulösen Treu- und Glaubenssatzes erheben.

Erwägenswert scheint allenfalls der Gedanke, ob aus den Grundsätzen des völkerrechtlichen Nachbarrechts — das als besondere Ausprägung der bona fides jeder Rechtsausübung immanente Schranken setzt[410] — eine zur Internationalisierung der Sachmaterie führende Duldungspflicht grenzüberschreitender Informationen hergeleitet werden kann. Anerkannt ist nämlich, daß das nachbarrechtliche „sic utere tuo ut alienum non laedas" nicht nur Unterlassungsbefehle — Immissionsverbote — enthält, sondern auch Duldungsgebote ausspricht: „Durch Unterlassen und Dulden soll der Interessenausgleich erreicht werden, nach dem das Prinzip der guten Nachbarschaft strebt, und zu dem es Staaten, die aneinander grenzen, verpflichtet"[411]. Dieser Grundsatz setzt aber das Bestehen subjektiver Rechte voraus[412]. Das heißt eine eventuelle Duldungspflicht des Nachbarn kann sich nur auf die Auswirkungen einer zulässigen Rechtsausübung seines „Gegenübers" beziehen.

Wir haben nun zwar festgestellt, daß Staaten grundsätzlich Funksendungen über Grenzen hinweg ausstrahlen dürfen, damit aber — da die Funksendefreiheit nur ein Reflex der fehlenden Beherrschbarkeit der Funkwellen durch den Empfangsstaat ist[413] — noch kein Urteil darüber gefällt, ob der Sendestaat auch ein Recht darauf hat, daß die Bewohner des Zielstaates Kenntnis vom Sendungsinhalt erlangen.

Den einzigen Anknüpfungspunkt hierfür bietet das umstrittene „Grundrecht auf Verkehr". Aus dem Wesen der Völkerrechtsgemeinschaft, so wird argumentiert, folge, daß eine völlige Abschließung vom Weltverkehr, der auch den Kommunikationsverkehr einbeziehe, im

---

408 „The ITU agreements relate to the provision of efficient and adequate facilities for telecommunication, as distinct from the content of the messages carried", *López*, S. 10; man muß also mit *Krause*, Rundfunkfriedenspakt, S. 40, das technisch orientierte internationale Funkrecht systematisch vom Recht der internationalen Rundfunkpublizistik trennen; zur Geschichte und zum Aufgabenbereich der ITU *Codding*, S. 45 ff.

409 Vgl. a. *Evenson*, S. 527.

410 So *von der Heydte*, S. 135/136.

411 *von der Heydte*, S. 136; das Prinzip der bon voisinage ist in seiner Anwendbarkeit nicht auf räumlich aneinandergrenzende Staaten beschränkt. Sein sachlicher Geltungsgrund liegt in der Harmonisierung sich berührender staatlicher Interessen. Da Funkwellen nicht an Ländergrenzen gebunden sind, beherrscht es auf diesem Gebiet auch weit auseinanderliegende Staaten, vgl. *Joeden*, Teil II, S. 75.

412 Siehe *von der Heydte*, S. 136.

413 Siehe oben die Einleitung zum II. Teil.

Zeitalter wachsender gegenseitiger Abhängigkeit eine unzulässige Handlung konstituiere: Der Bestand jeder völkerrechtlichen Persönlichkeit sei nur durch die Tatsache des internationalen Verkehrs möglich[414]. Daraus könne jedoch — darin sind sich auch die Verfechter des Rechts auf Verkehr einig[415] — auf keine Verpflichtung eines Staates geschlossen werden, in konkrete Einzelbeziehungen zu einem anderen Völkerrechtssubjekt treten zu müssen: „En droit, les Etats ont le pouvoir de faire arrêter toute communication avec le pays voisin ou les pays voisins[416]."

Läßt sich aber kein Recht auf einen „Informationsverkehr" mit anderen Staaten nachweisen, kann aus den den gutnachbarlichen Pflichtenkreis tragenden Normen auch keine Schmälerung des informationsrechtlichen domaine réservé destilliert werden.

2. Kapitel

Verbotene Rundfunksendungen

Hätte das Axiom transnationaler Informationsfreiheit, sei es durch universelle Abkommen, sei es auf Grund allgemeiner Regeln, eine stärkere und präsizere völkerrechtliche Geltungskraft erlangt, fiele auch die Differenzierung zwischen verbotenen und erlaubten grenzüberschreitenden Rundfunksendungen leichter: Jene vom Tatbestand der Informationsfreiheit erfaßten Sendungen könnten — mangels Eingriffs in den domaine réservé — nie eine Intervention konstituieren. Da aber eine unversöhnlich gespaltene opinio iuris — vom regionalen westeuropäischen Konsens abgesehen — eine über das Negligeable hinausgehende Internationalisierung des Themas „Information" verhindert hat, kann kein Sendungsinhalt von vornherein aus der Skala möglicherweise interventionistischer Programme herausgenommen werden. Jede in einen anderen Staat gerichtete Ausstrahlung muß auf ihre Interventionsgeeignetheit überprüft werden.

Eine gewisse Erleichterung für die Feststellung der Völkerrechtswidrigkeit grenzüberschreitender Sendungen bilden allerdings einschlägige Spezialnormen, die einen Rückgriff auf den Auffangtatbestand des Interventionsverbots[417] unnötig machen[418].

---

414 Siehe *Joeden*, Teil I, S. 112, dort in Anm. 70 auch eine umfassende Übersicht der in diesem Punkte gespaltenen Literatur.

415 Siehe *Joeden*, ebenda; *Dambmann*, S. 32/33.

416 *Andrassy*, S. 130.

A. Das Verbot der Kriegspropaganda

Trotz einer weit verbreiteten Skepsis gegenüber der Belastbarkeit des Völkerrechts zur Regulierung von Propagandatätigkeiten im Äther[419], besteht ein beachtlicher Konsens der internationalen Gemeinschaft in der Ächtung solcher Propaganda, die „objektiv geeignet ist, in der Bevölkerung des eigenen oder fremden Staates die Bereitschaft zur Führung eines rechtswidrigen Krieges zu erzeugen oder zu verstärken“[420]. Die Völkerrechtsgenossen haben nämlich — unabhängig vom ideologischen Standpunkt — das Gewaltverbot als Grundpfeiler einer „minimum world public order“ erkannt und betrachten die Gewaltlosigkeit als praktische Notwendigkeit der Koexistenz[421]. Wird aber das Verbot gewaltsamer Auseinandersetzungen als oberster Rechtssatz des Völkerrechts erachtet, folgt daraus notwendig die Verbotserstreckung auf Handlungen, die zu kriegerischer Gewalt anstiften: „War propaganda is held to be illegal by virtue of the general principle of law recognized by all nations that incitement to crime is itself a criminal offense[422].“ Diese Rechtsüberzeugung, die das Verbot der Kriegshetze nicht nur auf zwischenstaatliche Beziehungen beschränkt, sondern es, weil es auf das Zielobjekt der Kriegspropaganda nicht ankommen kann, auch auf innerstaatliche Medien anwendet[423], finden wir nachdrücklich in zahlreichen internationalen Willensäußerungen bestätigt. Genannt seien Art. 1 bis 3 der International Convention concerning the Use of Broadcasting in the Cause of Peace von 1936[424]; die Vollversammlungsresolutionen 110 (II), 381 (V), 819 (IX); Prinzip I Abs. 3 der FRD — UNGA Resolution 2625 (XXV); Resolution Nr. 2 der UN Conference on Freedom of Information[425]; Resolution 4.113 der UNESCO Generalkonferenz angenom-

---

417 „The established principle of non-intervention ... may serve as a lodestar in establishing what rules ... prevail concerning ... broadcasting“, *Evenson*, S. 560.

418 Wir folgen der Systematik von *Whitton/Larson*.

419 Vgl. *Falk*, Propaganda, S. 186 ff. und *O'Brien*, S. 151 ff.

420 *Reich*, S. 98; s. a. *Whitton*, S. 20: „Propaganda for war ... attempts ... to shape the minds of the masses of a particular nation in the direction of transnational conflict by force of arms . . .“

421 Vgl. *O'Brien*, S. 159.

422 *Whitton*, S. 21; s. a. *Joeden*, Teil II, S. 94 ff. und *Remmele*, S. 106. Das Anstiftungsverbot als allgemein anerkannter Rechtsgrundsatz im Sinne des Art. 38 IGH-Statut belegt bei *Whitton / Larson*, S. 71 ff.; zum gleichen Ergebnis kommt die sozialistische Rechtsauffassung, vgl. *Morozov*, S. 323.

423 Vgl. *Piradow / Staruschenko*, S. 200 und *Krause*, Rundfunkfriedenspakt, S. 47.

424 Text in 9 JIR 1959/60, S. 106 ff.; gemäß UNGA Res. 841 (IX) wurde der Beitritt zu diesem Vertrag auch jenen Staaten möglich, die ihn nicht unterzeichnet hatten; dazu ausführlich *Krause*, Rundfunkfriedenspakt, der, S. 33, diese Übereinkunft den „Kellog-Pakt der internationalen Rundfunkordnung“ nennt; der Rundfunkfriedenspakt ist nach wie vor für 22 Staaten in Kraft.

425 UN Doc. E/CONF.6/79 Annex C.

men auf ihrer 17. Sitzung; die Präambel der Pariser Mediendeklaration der UNESCO — Resolution 4/9.3/2 von der Generalkonferenz auf ihrer 20. Sitzung angenommen; Art. 13 Abs. 5 der AMRK und schließlich Art. 20 des MRP[426].

B. Das Verbot der Schmähpropaganda

Weitgehende Übereinstimmung herrscht ebenfalls in der Verurteilung solcher Sendungen, „which tend to degrade, revile and insult foreign states or their institutions, leaders or agents“[427]. Das geschichtlich gewachsene Prinzip der staatlichen Ehre[428] zwingt die Staaten auch heute noch — allerdings übersteigerter Eitelkeiten und nationalistischen Prestigedenkens entkleidet[429] — einander mit Achtung zu behandeln. Seine Rechtsgrundlage bildet der in allen nationalen Rechtsordnungen nachweisbare Rechtsgrundsatz, daß die Ehre und der gute Ruf gegen Verleumdungen und Beleidigungen zu schützen sind[430].

C. Das Verbot interventionistischer Propaganda

Problematisch, weil den Kernbereich des Interventionsrechts berührend, sind allerdings jene grenzüberschreitenden Rundfunkprogramme, die zwar propagandistisch, das heißt „mit dem Ziel der Gewinnung einer Anhängerschaft eine Idee oder deren Träger, eine Sache oder Meinung in günstigem Sinne der Öffentlichkeit“[431] bekanntzumachen, auf ein fremdes Volk Einfluß zu nehmen versuchen, dabei jedoch nicht unter die beiden oben genannten Propagandaarten subsumiert werden können. Nicht nur die Praxis der Staaten, die für eine wirksame Außen-

---

[426] Unverständlich deshalb *Engelhard,* S. 154, der zwar zum Teil die gleichen Dokumente zitiert, aber im Ergebnis wegen einiger Vorbehalte, die etliche Staaten bei der Ratifizierung des MRP zu dessen Art. 20 machten, dem Verbot der Kriegspropaganda den gewohnheitsrechtlichen Status abspricht.

[427] *Whitton / Larson,* S. 104; zum rundfunkspezifischen Ehrschutz auch *Remmele,* S. 108 ff.

[428] Siehe schon *Vattel,* Tome I, Livre II, Chapitre I § 19, S. 272/273: „Rien n'est plus opposé aux devoirs de l'humanité, ni plus contraire à la Société qui doit être cultivée par les Nations, que les Offenses ... Quelques ... mauvaises plaisanteries aigrirent, dit-on, Louis XIV. contre les Provinces-Unies, au point de lui faire entreprendre en 1672. La ruïne de cette République.“

[429] Zu den Wandlungen staatlichen Ehrschutzes *Berber,* LB I, S. 206.

[430] Wiederum belegt bei *Whitton / Larson,* S. 111 ff., die auch eine gewohnheitsrechtliche Geltung trotz häufigerer Verletzung des Rechtsguts — Beispiele bei *Berber,* LB I, S. 209 ff. — wegen ebenso häufigen Protesten dagegen nicht ausschließen wollen. Eine erste völkerrechtsvertragliche Garantie individuellen Ehrschutzes findet sich in dem Art. 12 der Allgemeinen Menschenrechtserklärung nachgebildeten Art. 17 des MRP.

[431] *Joeden,* Teil II, S. 82.

politik nicht auf massive Auslandspropaganda verzichten zu können glaubt[432], zeigt, daß nicht jegliche Rundfunkpropaganda verboten sein kann. Neben dem Gesichtspunkt der politischen Notwendigkeit einer per Auslandsrundfunk betriebenen Überzeugungsarbeit treten zur Rechtfertigung internationaler Propaganda auch — uns schon von der allgemeinen Interventionsproblematik vertraute[433] — Erwägungen zur mittels Propaganda zu erreichender Konfliktvermeidung[434] und — unter Lockerung des status quo — zur Propagierung des sozialen Fortschritts[435].

Zu verbieten ist deshalb nur feindliche Propaganda[436], das heißt solche Propagandaäußerungen, gegen deren Inhalt der Propagandaadressat eine völkerrechtliche Norm benennen kann[437]. Dies freilich wird dem Empfänger internationaler Rundfunksendungen nicht schwerfallen: Er wird sich auf die Grundnorm des Interventionsverbots berufen.

Wie im allgemeinen Interventionsrecht besteht auch für den Bereich mittels Rundfunk betriebener Einmischungen die größte Schwierigkeit in der Bestimmung des Punkts, wo hinzunehmende, und unter Umständen der Weltgemeinschaft dienende Beeinflussungen die Grenze zur unzulässigen Intervention überschreiten. Abstrakt mag man auch hier die Verbotsschwelle da ansiedeln können, „wo aus der Selbstbestimmung für die innerstaatliche Gestaltung Fremdbestimmung durch den Sendestaat wird“[438]. Versucht man aber, allzu grobe Definitionen beiseite zu lassen und — unter Anwendung des Postulats der Sozialadäquanz — zu konkretisieren, wann eine propagandistische Einwirkung interventionistisch wird, das heißt die noch zu duldende Zumutbarkeit transnationaler Sendungen zu formulieren, ergeben sich erhebliche Probleme.

---

432 *Präsident Carter*, zitiert in Board for International Broadcasting, Fifth Report, S. 5: „International broadcasting is a key element of United States foreign policy.“ Wie eng tatsächlich die Verbindung der die Voice of America betreibenden USIA, jetzt umbenannt in International Communication Agency, mit dem State Department ist, schildert *Elder*, S. VIII.

433 Siehe oben I. Teil 2. Kap. A.II.3.b).

434 „The free flow of information“ — von Propaganda, wie oben II. Teil 1. Kap. A.I.3.b)bb) dargelegt, nicht zu trennen — „is one of the most important protectives to our national security“, *W. Averell Harriman*, zitiert bei *Abshire*, S. 79; s. a. *Falk*, Propaganda, S. 186/187, der die Propaganda zu den weniger zerstörerischen Formen der Konfliktlösung rechnet.

435 Gefährlich allerdings *O'Brien*, S. 159/160, der aus dem von ihm richtig beobachteten „ethos of change in most of the world“ den resignierten Schluß zieht, völkerrechtliche Aspekte der Propagandaregelung würden purem Zweckdenken zum Opfer fallen müssen, ähnlich *Falk*, Propaganda, S. 196.

436 H. M., s. statt vieler *Whitton / Larson*, S. 95, *van Dyke*, S. 65 und *Thomas / Thomas*, S. 273.

437 *Reich*, S. 41.

438 *Engelhard*, S. 160.

Die von einigen Autoren befürwortete Übertragung des aus dem amerikanischen Verfassungsrecht entlehnten Gedankens des „clear and present danger test" zur Festlegung der Linie, die den Tatbestand eines — noch zumutbaren — Überzeugungsversuchs vom Tatbestand der — illegalen — gewalthaften Einwirkung[439] trennt[440], hilft da nur scheinbar weiter.

Dieses Rechtsinstitut[441] wurde von dem Richter am Supreme Court Holmes 1919 ursprünglich als Beweislastregel entwickelt, welche die verfassungskonforme Anwendung von die Redefreiheit beschneidenden Antispionagegesetzen sicherstellen sollte[442]. In der Sache Schenck v. United States führte Holmes aus: „The question in every case is whether the words are used in such circumstances and are of such a nature as to create a clear and present danger that they will bring about the substantive evils that Congress has a right to prevent. It is a question of proximity and degree[443]." Justice Holmes wollte damit das damals vorherrschende „bad tendency" Denken seiner Kollegen, das zur Legitimierung freiheitsbeschränkender Maßnahmen schon abstrakte mittelbare Gefährdungen rechtlich geschützter Interessen ausreichen ließ[444], ausschalten. Nach dem seinen clear and present danger test zugrunde liegenden „remoteness element"[445] darf das Grundrecht der freien Rede nur bei einer „... emergency that makes it immediately dangerous to leave correction of evil counsels to time ..."[446] angetastet werden.

Transponiert man nun Holmes' Idee ins Interventionsrecht, fragt man also nach der Eignung grenzüberschreitender Rundfunksendungen, eine fremde Regierung oder Staatsform „klar und gegenwärtig" zu gefährden, gelangt man zu der grundsätzlichen Überlegung, welche politische und psychologische Konstellation gegeben sein muß, damit Rundfunkpropaganda solche Aktivitäten hervorrufen kann, die letztlich jene „substantive evils" herbeiführen, die das Völkerrecht verhindern will.

Davies, ein ehemaliger Direktor der USIA, beantwortet die Frage, was generell durch Auslandspropaganda erreichbar sei, damit, daß man hoffen könne, „attitudes" zu ändern, „but attitudes are not synonymous

---

[439] So zieht *Wettig*, Informationsfluß, S. 1040, die Grenze.

[440] Dafür etwa *Thomas / Thomas*, S. 274 und *von Glahn*, LB, S. 175; bei *Wright*, Subversive Intervention, S. 531/533, wird der „clear and present danger test" in Verbindung mit der — im III. Teil zu behandelnden — Haftung des Staates für rechtswidrige Propaganda Privater genannt.

[441] Zu seiner Entstehung und Fortbildung *Hailbronner* und *Grossmann*.

[442] *Mendelson*, S. 315.

[443] 249 U.S. S. 52 = 39 Supreme Court Reporter 1918, S. 249.

[444] Siehe *Grossmann*, S. 188.

[445] *Mendelson*, S. 330.

[446] 250 U.S. S. 630/631 = 40 Supreme Court Reporter 1919, S. 22.

with actions"[447], und Lisann stellt fest, daß Auslandssendungen innerstaatliche Geschehensabläufe in der Regel nur mittelbar und allmählich beeinflussen[448].

Unter Anlegung des clear and present danger test ließe sich demzufolge kaum der interventionistische Charakter von Rundfunksendungen nachweisen: Zum Beispiel haben weder die von der DDR in den fünfziger und sechziger Jahren gegen die Bundesrepublik betriebenen „Deutscher Freiheitssender 904" und „Deutscher Soldatensender", die — nach dem KPD-Verbot — Weisungen für die Untergrundarbeit westdeutscher Kommunisten und wehrkraftzersetzende Angriffe gegen die Führungsspitze der Bundeswehr sowie Aufforderungen zur Desertion ausstrahlten[449], noch die sogenannten „Operations VETO" und „FOCUS", die im kalten Krieg von Radio Free Europe gegen die Tschechoslowakei beziehungsweise Polen mit dem Ziel angestrengt wurden, die „captive nations" über konkrete kurzfristige Reformen — auf deren Propagierung sich RFE vorderhand beschränkte — und der mit ihnen verbundenen „gradual erosion of Communist authority" doch noch zur Befreiung zu führen[450], reale Gefahren für die jeweiligen Staatsordnungen verursacht[451].

Dennoch zeigt die internationale Moralität, daß sie — auch ohne unmittelbare Gefährdung souveräner Autorität — nicht bereit ist, diese unter den Sammelbegriff „Subversives" zu subsumierenden Handlungen hinzunehmen[452]. Die Bewertung grenzüberschreitender Sendungen als sozialinadäquat, interventionistisch, hängt also offenbar nicht von einer tatsächlich eintretenden Gefahr ab, sondern hält gewisse Propagandaarten von vornherein für inakzeptabel. Als unzumutbar wird

[447] *Davies*, S. 19; zu den Schwierigkeiten die „Quantität Information" in die „Qualität Aktivität" umzusetzen auch *Noack*, S. 198.

[448] *Lisann*, S. 156; eine Ausnahme sieht er in den Übertragungen Radio Free Europe's nach Polen 1970, die Nachrichten über die — von offiziellen Organen verschwiegenen — Unruhen an der Küste im ganzen Land verbreiteten und so wesentlich zum Sturz Gomulkas beitrugen.

[449] Einzelheiten bei *von Löwis of Menar*, S. 552.

[450] *Holt*, S. 153 ff.

[451] Wesentlich zwiespältiger die Rolle von RFE im Ungarn-Aufstand, auch hierzu *Holt*, S. 185 ff.

[452] Siehe schon *Vattel*, Tome I, Livre II, Chapitre I, § 18, S. 271/272: „Ce principe général interdit aux Nations toutes mauvaises pratiques tendantes à porter le trouble dans un autre Etat, à y entretenir la discorde, à corrompre les Citoyens, à lui débaucher ses Alliés, à lui susciter des Ennemis, à ternir sa Gloire ..."; vgl. a. *Whitton / Larson*, S. 83 ff.; *Eek*, S. 134; *Falk*, Propaganda, S. 185; *Gerlach*, S. 162 ff. wie auch die Vollversammlungsresolutionen 290 (IV), 380 (V) und 2131 (XX) und Art. 4 der International Convention on the Elimination of All Forms of Racial Discrimination, BGBl. 1969 II, S. 966. Zu den bilateralen Vereinbarungen, die die junge Sowjetrepublik mit ihren Nachbarn und den Westalliierten abschloß, in denen sie versprach, einen revolutionären „spill-over" zu vermeiden, *Grzybowski*, S. 45 ff.

nicht nur das propagandistische Ziel, sondern schon die Art und Weise propagandistischer Bestrahlung aufgefaßt.

Um allerdings den status quo — auch rundfunkpublizistisch — nicht zu zementieren, wird man die Verurteilung einer Sendung als sozialinadäquat nicht schon damit begründen dürfen, daß sie den bloßen Interessen des betroffenen Staates zuwiderlaufen[453], sondern eine bestimmte Aggressivität, die sich gegen die staatliche Bestandskraft oder die territoriale Integrität richtet, verlangen müssen.

Ein anschaulicher Katalog von in Form und Inhalt interventionistischen Rundfunksendungen findet sich in den neuen Programmrichtlinien von Radio Free Europe/Radio Liberty. Danach haben sich diese Sender — diese Maßstäbe sollten als Verhaltenskodex auf alle Rundfunkauslandsdienste angewandt werden — in „tone, language, and manner of presentation" zurückzuhalten, das heißt sie müssen ihre Programme — andernfalls wäre nach unserer Definition die Grenze zur Sozialfeindlichkeit überschritten — ohne Polemik, ohne willkürliche Werturteile, ohne Befürwortung irredentistischer Bestrebungen, ohne Beiträge, die als Anstiftung zum Umsturz oder zu gewalttätigen Handlungen mißverstanden werden können, ohne taktische Empfehlungen für ein bestimmtes politisches Vorgehen[454] und schließlich ohne die Unterstellung, fremde Mächte würden im Konfliktfall eingreifen[455], gestalten[456]. Unterhalb der Interventionsschwelle liegen beispielsweise — davon gehen auch diese policy guidelines aus — Sendungen, die auf Vertragsverletzungen, besonders auf die Nichteinhaltung von Menschenrechtsabkommen, hinweisen und einen internationalen Vergleich der innerstaatlichen Menschenrechtsgewährleistung ziehen.

---

[453] Viel zu weit deshalb *Gerlach*, S. 173, auch seine, ebenda, artikulierte Interventionsdefinition durch ständige „Berieselung", die eine freie staatliche Willensbildung von vornherein verhindere, überzeugt nicht: Eine Alternative, ein Gegengewicht, bilden ja die innerstaatlichen Medien.

[454] Dies eine Abkehr von Praktiken wie den oben genannten Operations VETO und FOCUS.

[455] Wohl eine Konsequenz aus der Kritik an der Haltung von RFE zum Konflikt in Ungarn 1956.

[456] Siehe Board for International Broadcasting, Fifth Report, S. 48/49. Zur Abgrenzungsproblematik auch *Simma*, S. 67 ff.

3. Kapitel

Zur Zulässigkeit von Störsendungen

Das Senden von Störsignalen — Jamming — auf oder nahe derselben Frequenz, die der Sendestaat benutzt — zum ersten Mal 1934 von der Regierung Dollfuß als Abwehrmaßnahme gegen nationalsozialistische Propaganda eingesetzt —[457] bildet, besonders in Ballungsgebieten, immer noch ein wirksames, wenn auch enorm kostspieliges Mittel[458], den Empfang ausländischer Rundfunkprogramme zu verhindern[459].

Die völkerrechtliche Zulässigkeit dieses Vorgehens ist umstritten. Die Verfechter eines generellen Störverbots stützen ihre Argumentation auf drei Aspekte: Erstens müsse der grundsätzlich anerkannten Funksendefreiheit[460] Rechnung getragen werden[461]. Diese könne sich nicht verwirklichen, wenn es den einzelnen Staaten gestattet bliebe, durch Jamming, eine „gemeinschaftswidrige, antisoziale“[462] und deshalb rechtsmißbräuchliche Handlung, den Funktransit unmöglich zu machen. Zum zweiten sei das Gegenstören eine völkerrechtliche Verweigerung der „accepted principles of freedom of information“[463]. Eine Bestätigung dieser Position sehen sie in den die Praxis des Störsenders verurteilenden Stellungnahmen verschiedener Organe der UN[464]. Schließlich stehe der Rechtmäßigkeit von Störsendungen das internationale Fernmelderecht, besonders Art. 35 der International Telecommunication Convention, entgegen[465], das — als Konkretisierung der Prinzipien der bon

[457] Vgl. *Codding*, S. 74.

[458] *Varis*, S. 180, schätzt, daß der Ostblock — bei einer Grundinvestition von 100 Millionen Pfund Sterling — jährlich über 35 Millionen Pfund aufwendet, seine über 2 000 Störsender zu finanzieren.

[459] Allerdings kann auch Jamming umgangen werden: Um während der Raketenkrise kubanisches Stören zu überwinden, strahlte die Stimme Amerikas achteinhalb Stunden lang, unter Einsatz von 52 Sendern mit einer Leistung von über 4 Millionen Watt, Programme nach Kuba, s. *Whitton / Larson*, Anm. 159, S. 50/51; technisch schwieriger dürfte das Stören von Satellitendirektfernsehsendungen werden, dazu *Brown*, Anm. 50, S. 381 und *Engelhard*, S. 163/164.

[460] Siehe oben die Einleitung zum II. Teil.

[461] Siehe *Joeden*, Teil I, S. 86; ausführlicher *derselbe*, Teil II, S. 108 ff., 114: Nur aus Gründen der Selbsthilfe dürfe gestört werden; s. a. *Hacker*, Intervention, S. 168 und *Remmele*, S. 120 ff.

[462] *Reich*, S. 55.

[463] *Codding*, S. 75; ähnlich *Rowson*, S. 33; *Abshire*, S. 50; *Remmele*, S. 123 und *Eppenstein / Aisenberg*, S. 166 ff.

[464] Die Vollversammlungsresolution 424 (V), die Resolution des ECOSOC vom 14. August 1950, UN Doc. E/1827, und die der UN Sub-Commission on Freedom of Information in Dept. of State Bull., Vol. XXII, No. 571, S. 954.

[465] Art. 35 lautet: „All stations, whatever their purpose, must be established and operated in such a manner as not to cause harmful interference to the

voisinage — die Teilnehmer am internationalen Radioverkehr verpflichte, die Sendungen anderer Staaten so „wenig wie möglich“ zu stören[466].

Diese Beweisführung zur Illegalisierung des Gegenstörens vermag indessen in keinem Punkt zu überzeugen. Wie schon dargelegt[467], hat das Senderecht, die Funksendefreiheit, „nicht gleichzeitig zu einer völkerrechtlichen Empfangsverpflichtung geführt“[468]. Das zeigen insbesondere die Verhandlungen zur KSZE-Schlußakte: Die Versuche des Westens, vom Sowjetblock die Festschreibung des zur Zeit der Konferenz in Helsinki herrschenden fast störungsfreien Zustands — eine Geste des Warschauer Pakts — zu erreichen, schlugen fehl. Es blieb bei der hierauf Bezug nehmenden ambivalenten Formulierung, daß die Teilnehmerstaaten „die Ausdehnung bei der Verbreitung von Informationen durch Rundfunksendungen“ feststellten und die „Hoffnung auf Fortsetzung dieses Prozesses“ ausdrückten[469].

Auch aus dem internationalen Fernmelderecht läßt sich kein allgemeines Störverbot ableiten. „Es verbietet Störsendungen nicht deshalb, weil sie das Freiheitsrecht auf Empfang von Informationen und Meinungsäußerungen verletzen, sondern weil sie die Ätherordnung und das technische Funktionieren des internationalen Funkverkehrs gefährden[470].“ Solange Jamming also nicht stark genug ist, über die Grenzen des störenden Staates hinaus die Funkwellen des Sendestaates zu verwirren, kann sich keine Kollision mit der internationalen Funkordnung ergeben.

Es bleibt letztlich der Einwand, Stören stehe im Widerspruch zur Informationsfreiheit. Da diese aber keine generell geltende Völkerrechtsnorm ist, sondern der vertraglichen Inkraftsetzung bedarf, müssen — im vertragsfreien Raum — Störsendungen als „an act of sovereignty“[471] gelten, sie sind rechtens[472].

---

radio services or communications of other Members ...“, weitere einschlägige Verträge nennt *Joeden*, Teil II, S. 76 ff.

[466] Siehe die oben, Anm. 230, genannte Res. des Institut de Droit International: „L'exploitation des stations radiotélégraphiques d'un Etat doit être organisée de manière à troubler le moins possible le service des stations des autres Etats.“ Nach *von der Heydte*, S. 138, liegt bei — nicht von Notwehr gedecktem — Jamming ein Eingriff in die innere Ordnung des Sendestaates vor; *Dambmann*, S. 34, differenziert: Nur die Störung von Programmen in der Sprache des Sendestates sei völkerrechtswidrig.

[467] Siehe oben II. Teil 1. Kap. B.

[468] *Engelhard*, S. 138.

[469] KSZE-Schlußakte in 30 EA 1975, S. D 472. Dazu *Abshire*, S. 11 und *Hacker*, Menschenrechte, S. 93; diesbezüglich wurde auch in der Folgekonferenz in Belgrad kein Fortschritt erzielt, s. Board for International Broadcasting, Fifth Report, S. 1.

[470] *Krause*, Rundfunkfriedenspakt, S. 43.

Etwas anderes gilt freilich dann, wenn Staaten durch Konventionen zur Garantie eines transnationalen Informationsverkehrs verpflichtet sind. Der Empfang von Sendungen, die sich inhaltlich innerhalb des vertraglichen Normbereichs bewegen — praktisch wirkt sich das, wegen des nicht lösbaren Dissenses in der Interpretation des Art. 19 MRP und der noch nicht absehbaren Tragweite des Art. 13 AMRK, nur für die durch die EMRK gebundenen Staaten aus —, darf nicht mehr vereitelt werden[473].

---

[471] *O'Connell*, S. 306.

[472] Im Ergebnis genau so *Engelhard*, S. 163; *Evenson*, S. 560 und *Frowein*, S. 33; daran haben auch die oben, Anm. 464, genannten Resolutionen, die nicht law-creative sind, nichts geändert.

[473] *Simma*, S. 71, hält „Jamming" nur im Bereich des Art. 19 Abs. 3 MRP für zulässig. Es kam bisher, soweit ersichtlich, unter Mitgliedern des Europarats nur zu einem Störfall: 1956 „jammten" britische Sender auf — dem damals noch nicht unabhängigen — Zypern Programme von Radio Athen, vgl. *Fritsche*, S. 145; da es sich dabei allerdings um „feindliche Propaganda" — das heißt über den Rahmen von Art. 10 EMRK hinausgehend — gehandelt haben soll, wird das britische Vorgehen von *Bowett*, S. 54, als Notwehrmaßnahme gerechtfertigt. Als ausdrückliches Störverbot kann Art. 13 Abs. 3 der AMRK — „The right of expression may not be restricted by ... means tending to impede the communication and circulation of ideas and opinions" — aufgefaßt werden.

III. TEIL

Die Verantwortlichkeit der Staaten für völkerrechtswidrige transnationale Rundfunksendungen

Einleitung

Steht der verbotene Charakter einer grenzüberschreitenden Rundfunksendung fest, ergibt sich die Notwendigkeit der Ermittlung der völkerechtlichen Verantwortlichkeit, der Haftung des Staates, aus dessen Hoheitsbereich das beanstandete Programm stammt. Bei der heute herrschenden — im Verlauf dieses Abschnitts noch näher zu beschreibenden — strukturellen Vielgestaltigkeit jener nationalen Rundfunkorganisationen, die einen Auslandsdienst betreiben, bewegt sich die Frage, wann ein Staat die deliktischen Konsequenzen völkerrechtswidriger Rundfunksendungen zu tragen hat, vor allem im Problemfeld der Zurechenbarkeit. Das heißt, die Untersuchung hat die Kriterien zu bestimmen, nach denen die die Zurechenbarkeit begründende Zuordnung der verschiedensten Rundfunkträger zum Staat zu geschehen hat[474].

Da die Bestrebungen des sozialistischen Lagers und der Staaten der Dritten Welt, zugunsten einer umfassenden Kontrolle journalistischer Arbeit eine pauschale Staatenhaftung für alle Medien völkerrechtlich zu begründen, wegen des beachtlichen Widerstands des Westens kaum Aussicht auf Erfolg haben dürften[475], hat sich auch das rundfunkspezifische Deliktsrecht zur Erforschung der Maßstäbe der Zurechenbarkeit an den tradierten Grundsätzen des internationalen Haftungsrechts zu orientieren.

---

[474] Der Begriff der Zurechenbarkeit „beinhaltet die juristische Übertragung der Rechtswirkungen von Handlungen der für ein Völkerrechtssubjekt tätigen Menschen auf dieses Völkerrechtssubjekt mit der Folge, daß die Handlungen als eigene Handlungen des Völkerrechtssubjekts anzusehen sind", *von Münch*, Delikt, S. 150.

[475] Siehe oben II. Teil 1. Kap. A.I.3.b)dd)β): Die in Art. XII des Nairobi-Entwurfs einer „Declaration ... on the Use of the Mass Media", UNESCO Doc. 19 C/91, normierte generelle Haftung des Staates für alle Massenmedien findet sich in der Pariser Deklaration der UNESCO-Generalkonferenz, Res. 4/9.3/2 adopted by the General Conference at its 20th sess., nicht mehr.

Vorweg soll jedoch auf die haftungsrechtlichen Besonderheiten der in naher Zukunft realisierbaren Satellitendirektfernsehsendungen hingewiesen werden. Die von einigen Autoren erwogene besonders weitgehende Verantwortlichkeit der Staaten für alle grenzüberschreitenden Rundfunkprogramme — sie rücken die Rundfunkpropaganda wegen ihrer „großen Gefährlichkeit" in die Nähe einer „ultra-hazardous activity"[476] mit der Konsequenz einer von der Organisationsform der Rundfunkanstalten unabhängigen Risikohaftung der Staaten — vermag zwar nicht generell Platz zu greifen: Zum einen beschränkt die Lehre die Definition der „ultra-hazardous activities" systematisch auf technisch schwer beherrschbare Handlungen, die die Gefahr ernster materieller Schäden in internationalem Maßstab in sich bergen[477], zum anderen bedarf die Bejahung einer Risikohaftung im geltenden Völkerrecht immer noch der vertraglichen Inkraftsetzung[478]. Sie findet aber für Satellitendirektsendungen einen Ansatzpunkt in Art. VI des Weltraumvertrags vom 27. Januar 1967[479]. Danach sind die Vertragsparteien für alle Handlungen — „whether such activities are carried on by governmental agencies or by non-governmental entities" — im Weltraum völkerrechtlich verantwortlich. Subsumiert man nun, um den Haftungstatbestand des Art. VI zu erfüllen, den Gebrauch von Satelliten zur Übermittlung von Bild und Ton unter die Generalklausel des Art. I des Vertrags, sieht man also Satellitendirektfernsehen als „Nutzung des Weltraums" im Sinne des Art. I des Space Treaty, ist an der lückenlosen Staatsverantwortlichkeit für die Inhalte von direct-broadcast-television nicht zu zweifeln[480].

Dem Einwand, Art. VI des Weltraumvertrags sei „auf das Senden nicht anwendbar", da die jeweilige Sendeorganisation zwar den Weltraum nutze, wegen ihrer funktionalen Abhängigkeit von den von der Erde ausgestrahlten Programmen aber nicht weltraumrechtlich tätig werde[481], kann genauso wenig stattgegeben werden wie der Behaup-

---

[476] Vgl. *Joeden*, Teil II, S. 98; ähnlich *Whitton / Larson*, S. 160/162.

[477] Siehe den Katalog bei *Jenks*, S. 195; auch *Verdross / Simma*, S. 618, sehen die Haftung für „besonders gefahrgeneigte Aktivitäten" nur als einen Aspekt des völkerrechtlichen Umweltschutzes.

[478] *Berber*, LB III, S. 8.

[479] Treaty on Principles Governing the Activities of States in the Exploration and Use of Outer Space, Including the Moon and Other Celestial Bodies, BGBl. 1969 II, S. 1968 ff.; dieser Vertrag ist für alle Staaten mit Weltraum-know how in Kraft.

[480] Für eine extensive Auslegung des Art. I *Marcoff*, S. 353: „(la règle de l'art. 1er) s'étend à toutes les formes ... d'utilisation de l'espace cosmique ..."; auch *Brown*, S. 380; *Gál*, S. 71 und *d'Arcy*, S. 158/159 — letzterer allerdings mit Bedenken im Hinblick auf die durch eine weitgehende Staatsverantwortlichkeit gefährdete Informationsfreiheit — unterstellen das Satellitendirektfernsehen den Regeln des Weltraumvertrags.

[481] Nach *Engelhard*, S. 187, — er beruft sich auf *Chayes / Fawcett / Ito / Kiss*,

tung, der Weltraumvertrag mache zu der Frage der völkerrechtlichen Haftung für Sendungsinhalte keine Angaben[482]. Es ist zwar unverkennbar, daß der Satellitenrundfunk insofern eine Doppelnatur besitzt, als er neben der Nutzung des Alls mit Tätigkeiten am Erdboden eng verknüpft bleibt und dort seine eigentliche Zweckbestimmung erfährt[483]. Dennoch kann doch nicht geleugnet werden, daß sich der Fernsehsatellit „im Weltraum befindet und er dort als Mittel zur Ausstrahlung benutzt wird", so daß zumindest auch „ein Teil der Tätigkeit der Ausstrahlung von Sendungen im Weltraum (stattfindet)"[484]. Zudem erfaßt der Normbereich des Space Treaty durchaus auch die Inhalte von Satellitenrundfunkprogrammen: Absatz 8 der Präambel stellt klar, daß die Resolution 110 (II) der UN-Generalversammlung über die Ächtung der Kriegspropaganda auch im Weltraum Anwendung zu finden habe. Der „automatischen" Haftung für völkerrechtswidrige Rundfunksendungen, die über einen direct-broadcast-satellite empfangen werden, kann sich deshalb — unabhängig von der Binnenstruktur der Sendeanstalt — wegen der hier einschlägigen lex specialis des Art. VI des Weltraumvertrags kein Staat entziehen[485].

Für die haftungsrechtliche Beurteilung herkömmlicher terrestrischer Rundfunksendungen gilt es aber — im 1. Kapitel des nun folgenden III. Teils — auf die überkommenen Grundsätze des völkerrechtlichen Haftungsrechts unter Berücksichtigung der Rechtsnatur der wichtigsten Auslandsdienste einzugehen, um sodann im 2. Kapitel die Position der Bundesrepublik im Hinblick auf die von ihrem Territorium ausgehenden Sendungen auszuleuchten.

S. 73, die ihren Standpunkt allerdings nicht begründen — liegt der Unterschied in der zeitlichen Komponente: Nachdem der Satellit in seiner orbitalen Position zum Verbreiten des Funksignals bereitstehe, sei seine Nutzung abhängig vom Tätigwerden auf der Erde.

[482] *Engelhard*, ebenda.

[483] So differenziert *Heymer*, S. 10; diese Wertung dürfte im übrigen auf jede Unternehmung im Kosmos zutreffen.

[484] *Heymer*, S. 62.

[485] Das Problem der Zurechenbarkeit privaten Verhaltens im Weltall wird auch bei *Wiewiorowska*, S. 25 ff., anschaulich diskutiert.

1. Kapitel

Die hergebrachten Grundsätze des internationalen Haftungsrechts im Lichte transnationaler Rundfunkprogramme

A. Die Haftung für organschaftlich betriebene Rundfunksender

I. Die allgemeinen Regeln der völkerrechtlichen Organhaftung

Von außen betrachtet bildet jeder Staat eine Einheit — „speaking with one voice, even though through many mouthpieces"[486] —, so daß in der Tat eine Rechtsordnung denkbar wäre, die ihn für alles einstehen ließe, was in seiner Hoheitssphäre geschieht[487]. Da das Völkerrecht jedoch der Verfassungsautonomie seiner Rechtssubjekte insofern Rechnung trägt, als es sie bestimmen läßt, welche Menschen, Institutionen oder Verbände in ihrem Namen aufzutreten befugt sind, kann die völkerrechtliche Haftung grundsätzlich nur durch das völkerrechtswidrige Verhalten solcher durch das nationale Recht als Organe gekennzeichneten Organisationen ausgelöst werden. Zur Feststellung dieser Organeigenschaft, die mit der deliktischen Handlung für die völkerrechtliche Haftungsbegründung konstitutiv ist, verweist das Völkerrecht demnach auf das innerstaatliche Recht. Es bezieht sich hierbei auf „diejenigen organisatorischen Regeln des staatlichen Rechts, aus denen sich ergibt, welcher Wille welcher Individuen als Staatswille, welche Handlung welcher Individuen und unter welchen Voraussetzungen sie als Staatshandlung zu betrachten sind"[488]. In der Regel zählen dazu — hierüber wird die jeweilige Staatsverfassung Aufschluß geben — die Organe der Rechtsprechung, der Legislative und — am wichtigsten — der Exekutive. Die vollziehende Gewalt im Sinne des völkerrechtlichen Haftungsrechts, mit von Münch negativ als jede staatliche Tätigkeit außerhalb von parlamentarischer Rechtssetzung und justizförmiger Rechtsprechung zu umschreiben[489], umfaßt dabei, neben den Organen des völkerrechtlichen Verkehrs, auch jene der Regierung und der unmittelbaren Staatsverwaltung.

---

[486] *Eagleton*, S. 44.

[487] *Dahm*, LB III, S. 181.

[488] *Triepel*, VR und Landesrecht, S. 231; ganz h. M., so etwa auch *Verdross*, Verantwortlichkeit, S. 577/578; *Dahm*, LB III, S. 181 und *von Münch*, Delikt, S. 170; s. a. Art. 5 des ILC-Entwurfs über die Staatenhaftung, YBILC 1978, Vol. II, Part Two, S. 78: „... conduct of any State organ having that status under the internal law of that State shall be considered as an act of the State concerned ..."

[489] *von Münch*, Delikt, S. 198/199.

Diese formelle Betrachtungsweise, die zur Bejahung der Organeigenschaft vertrauensvoll auf die nationalen Rechtsordnungen rekurriert, mag zu Zeiten einer homogeneren Völkerrechtsgemeinschaft immer zu sinnvollen Ergebnissen geführt haben. Mit dem Erstarken revolutionärer Staatsideologien, die sich durch das Bekenntnis zur „Totalität" des Staates, durch die Erzwingung der „Totalität der Zwecke und Aufgaben" mit den Mitteln einer autoritären Staatsgewalt[490] und unter Zuhilfenahme parastaatlicher Verbände kennzeichnen, entstand allerdings eine Lage, in der die mechanische Anwendung dieses überlieferten Grundsatzes seine Zweckbestimmung — haftungsrechtliche Anknüpfung an durchschaubare innerstaatliche Organstrukturen — konterkarieren würde[491]. Deshalb — „the traditional rule of international law must be interpreted from the standpoint of neoteric facts"[492] — hat sich in der Völkerrechtslehre — weg vom formalen Gesichtspunkt — eine funktionale materielle Perspektive durchgesetzt. Ausgehend vom Grundsatz des „qui actu regit"[493] wurde die tatsächliche Hoheitsausübung zur Prämisse der Bejahung der Organeigenschaft. Wenn auch der Anknüpfungspunkt der Regelung nach innerstaatlichem Recht noch als Indiz zur Bestimmung der Organeigenschaft brauchbar ist — Preuss stützte die Haftung Deutschlands für Handlungen der NSDAP zu Recht auf das sogenannte Gesetz gegen die Neubildung von Parteien vom 14. Juli 1933 und auf das sogenannte Gesetz zur Sicherung der Einheit von Partei und Staat vom 1. Dezember 1933[494] —, wird nunmehr primär die reale Machtstellung der in Frage stehenden Organisationen ausschlaggebend. So kann auf Grund der auf der faktischen Beherrschung und Durchdringung[495] der betreffenden Staaten beruhenden „Identifikation"[496] der KPdSU mit der Sowjetunion, der Kuomintang mit China und der Faschistischen Partei mit Italien[497] der durch Wahrnehmung materiell hoheitlicher Aufgaben im erweiterten staatlichen Betätigungsfeld gekennzeichnete Organcharakter dieser und ähnlicher Verbände nicht mehr ernsthaft bestritten werden.

Die alten Regeln der völkerrechtlichen Organhaftung waren jedoch nicht nur wegen der durch die Entstehung totalitärer Einparteienstaaten

[490] *Triepel*, Politik, S. 29.

[491] Vgl. *Preuss*, Propaganda, S. 655 u. 663 und *von Münch*, Delikt, S. 170 ff.

[492] *Thomas / Thomas*, S. 275.

[493] *Verdross*, Verantwortlichkeit, S. 579.

[494] RGBl. 1933 I, S. 479 bzw. RGBl. 1933 I, S. 1016; § 1 Abs. 1 des Gesetzes vom 1. 12. 1933 lautete: „Nach dem Sieg der nationalsozialistischen Revolution ist die (NSDAP) die Trägerin des deutschen Staatsgedankens und mit dem Staat unlöslich verbunden." Dazu aus völkerrechtlicher Sicht *Preuss*, Propaganda, S. 666/667.

[495] *Dahm*, LB III, S. 194.

[496] *Friedmann*, Impacts, S. 492; *Grzybowski*, S. 41.

[497] Ausführlich dazu *Verdross*, Verantwortlichkeit, S. 578 ff. und *Zellweger*, S. 26.

verursachten Unsicherheiten in der Benennung der völkerrechtserheblichen Organe neu zu überdenken. Auch die Diversifizierung der Formen der Leistungsverwaltung in den Industriegesellschaften, genannt sei die Betreuung Privater mit der Wahrnehmung staatlicher Interessen und die Neugestaltung staatlicher Leistungsträger in Selbstverwaltungskörperschaften, erforderte einen weniger formalen Ansatz.

Ein endgültiges Urteil über die Organeigenschaft solcher privater Institutionen oder der dem Staate ausgegliederten, besonders in Deutschland häufigen Körperschaften und Anstalten der mittelbaren Staatsverwaltung muß sicherlich dem Einzelfall vorbehalten bleiben. Möglich ist es jedoch, gewisse Indizien auszuarbeiten, die einerseits die innere Verfassungsautonomie der Staaten, andererseits aber auch das vom internationalen Deliktsrecht geforderte Gebot der Durchsichtigkeit staatlicher Organstrukturen berücksichtigen.

Auszugehen ist auch hierbei vom materiellen Aufgabenfeld des in Frage stehenden Verbandes. Beruht seine Tätigkeit auf der Delegation staatlicher Gewalt, handelt er hoheitlich, ist er „herrschaftsfähig"[498], führt er staatliche Geschäfte aus[499], wird man die Organeigenschaft in der Regel bejahen dürfen. Zu beachten bleibt aber — darauf macht Friedmann aufmerksam —, daß die bloße öffentliche Aufgabe, ein allzu vager Begriff[500], solcher „public corporations" ihren Charakter als autonome Gebilde — „designed to be legally separate and distinct in status and structure from the government" — nicht tangieren kann: „(Otherwise") much of the usefulness and flexibility of this device of the public corporation — as valuable in international law as it is in national municipal law — will be lost[501]." Beispielhaft auf deutsche Verhältnisse angewandt bedeutet dies, daß etwa die Kirchen — trotz ihrer öffentlich-rechtlichen Organisationsform — oder die Parteien — trotz ihrer Annäherung an den Status von Verfassungsorganen[502] — nur wegen der Erfüllung von öffentlichen Aufgaben, die mit staatlichen Aufträgen

---

[498] *Triepel*, VR und Landesrecht, S. 356.

[499] Siehe auch Art. 8 des ILC-Entwurfs zur Staatenhaftung, YBILC 1978, Vol. II, Part Two, S. 78: „The conduct of a person or group of persons shall also be considered as an act of the State under international law if (a) it is established that such person ... was in fact acting on behalf of that State ..."

[500] Zu den Schwierigkeiten, die „öffentliche Aufgaben" normativ zu erfassen, unten 2. Kap. A.I.1.a).

[501] *Friedmann*, Impacts, S. 485/486. Den Fehler, die Erfüllung öffentlicher Aufgaben zum Zurechnungskriterium zu erheben, begehen beispielsweise *Berber*, LB III, S. 9 und *Remmele*, S. 115; sie nehmen folglich eine unerträgliche Situation in Kauf: Auch das völkerrechtswidrige Verhalten von Gewerkschaften und Arbeitgeberverbänden — beide nehmen öffentliche Aufgaben wahr — würde die deliktische Verantwortlichkeit der Bundesrepublik begründen.

[502] Siehe dazu schon BVerfGE 1, 225.

— der Kirchen im karitativen Bereich, der Parteien bei Wahlen — durchaus angereichert sein mögen, nicht als Organe bezeichnet werden dürfen.

Bringt die Klassifizierung des materiellen Tätigkeitskreises nicht immer klare Ergebnisse, wird man — als weiteres Indiz — nach einer organischen Verbindung des betreffenden Verbandes zum Staat fragen müssen. Als grobe Richtlinie mag dabei Lauterpachts Formulierung, daß „acts of bodies maintained, controlled, or subsidized by the State" dem Staate zugerechnet werden können[503], dienen. Die Organisation muß zwar nicht in den „Ämterorganismus" des Staates eingeordnet sein[504], übersteigt jedoch die programmatische, personelle oder finanzielle Einflußnahme des Staates auf ihre Arbeit die Grenze der „effektiven Staatsunabhängigkeit"[505], ist die Annahme einer Organeigenschaft gerechtfertigt[506].

II. Zum Organcharakter einzelner Rundfunkauslandsdienste

Überträgt man dieses — zugegebenermaßen recht weitmaschige — Muster zur Ermittlung der Organeigenschaft auf die bedeutendsten Rundfunkauslandsdienste, ergibt sich ein differenziertes Bild.

1. *In der UdSSR und DDR*

In den kommunistischen Staaten, „(where) the state became a part of the social structure"[507], wo die Partei, „Avantgarde der Massen", als originärer Träger der öffentlichen Meinung fungiert[508], wo der Einsatz der Massenkommunikationsmittel ein Staatszweck „im Formungsprozeß des sozialistischen Bewußtseins"[509], ist, nehmen Rundfunk und Fernsehen folglich hoheitliche Funktionen wahr.

In der Sowjetunion etwa, deren Auslandsdienst mit 2 006 Wochenprogrammstunden in 84 Sprachen der größte der Welt ist[510], unterliegt die Programmgestaltung nicht nur der Kontrolle der im Jahre 1920 geschaf-

---

[503] *Lauterpacht,* Propaganda, S. 159.

[504] So wohl noch *Triepel,* VR und Landesrecht, S. 356.

[505] *Simma,* S. 84, hier speziell in bezug auf Rundfunkanstalten.

[506] *von Münch,* Delikt, S. 199, stellt zur Gleichsetzung deutscher Selbstverwaltungskörperschaften mit staatlichen Organen auf ihre Aufsichtsunterworfenheit ab; darauf wird unten im 2. Kap. A.I.1.b) bei der Erörterung exekutivischer Einflußmöglichkeiten auf die öffentlich-rechtlichen Rundfunkanstalten zurückzukommen sein.

[507] *Grzybowski,* S. 41.

[508] *Follath,* S. 196.

[509] *Stoljarow,* zitiert bei *Follath,* S. 197.

[510] BBC-Handbook, S. 56.

fenen Abteilung im Zentralkomitee der Partei für Propaganda und Agitation, sondern auch der Überwachung — bei einer vollständigen finanziellen und personellen Abhängigkeit — durch das Staatskomitee für Rundfunk und Fernsehen beim Ministerrat der UdSSR[511].

Auch in der DDR bewegen sich Rundfunk und Fernsehen nicht in einem gesellschaftlichen Freiraum. Ihr Auslandsdienst mit 352 wöchentlichen Programmstunden[512] fällt in die Kompetenz des Staatlichen Komitees für Rundfunk beim Ministerrat, also eines Staatsorgans, das „für alle Angelegenheiten des Deutschen Demokratischen Rundfunks" zuständig ist[513]. Auch hier wird nicht nur personell — der Vorsitzende des staatlichen Komitees für Rundfunk wird durch Beschluß des Ministerrats vom Vorsitzenden des Ministerrats berufen[514] —, sondern auch inhaltlich — das Komitee hat die Aufgabe, „die Programmgestaltung den politischen ... Bedürfnissen unseres Arbeiter- und Bauernstaates entsprechend zu lenken und zu fördern"[515] — auf die Rundfunk- und Fernsehsendungen Einfluß genommen[516].

Diese programmatische Beaufsichtigung wie auch die organisatorische Eingliederung der audio-visuellen Medien in den Staats- und Parteiapparat rechtfertigt die Bejahung der Organeigenschaft dieser Rundfunkanstalten und damit die völkerrechtliche Verantwortlichkeit der sie betreibenden Staaten für völkerrechtswidrige Sendungsinhalte.

2. *In den USA*

a) Die Stimme Amerikas

Des Westens nach Radio Free Europe/Radio Liberty zweitgrößter Auslandsdienst, die Stimme Amerikas — sie strahlte 1977 über 800 Wochenprogrammstunden aus[517] — untersteht der International Communication Agency, vormals der United States Information Agency,

---

[511] Zur Lage von Rundfunk und Fernsehen in der UdSSR allgemein *Follath*, S. 187 ff.

[512] BBC-Handbook, S. 56.

[513] § 1 Abs. 1 des Status des Staatlichen Rundfunkkomitees vom 18. 10. 1956, GBl. der DDR 1956 I, S. 1181; dieses Statut ist, soweit ersichtlich, auch noch nach der Auflösung des 1952, GBl. der DDR 1952, S. 733 ff., gegründeten Staatlichen Rundfunkkomitees in Kraft und gilt für dessen mit Beschluß des Ministerrats vom 4. 9. 1968, GBl. der DDR 1968 II, S. 837, gebildete Nachfolger, das Staatliche Komitee für Rundfunk beim Ministerrat und das Staatliche Komitee für Fernsehen beim Ministerrat.

[514] Nr. 3 a) des genannten Ministerratsbeschlusses vom 4. 9. 1968.

[515] § 3 Abs. II a) des genannten Statuts vom 18. 10. 1956.

[516] Zur Situation des Rundfunks in der DDR auch das DDR-Handbuch, S. 732 ff.

[517] BBC-Handbook, S. 56.

einer Regierungsbehörde[518]. Als „official U.S. Government radio“[519] soll die Voice of America die amerikanische Politik darstellen, eine verläßliche Nachrichtenquelle sein und ein Bild der amerikanischen Gesellschaft vermitteln[520]. Da sie, aus Mitteln des US-Bundeshaushalts finanziert, ihre Aktivitäten mit dem Weißen Haus, dem State Department und der militärischen Führung abzustimmen hat — worüber der Direktor der ICA dem Präsidenten und dem Nationalen Sicherheitsrat Bericht erstatten muß[521] —, darf auch die Stimme Amerikas als Organ im völkerrechtlichen Sinne bezeichnet werden und unterscheidet sich insofern nicht von Radio Moskau[522].

b) Radio Free Europe/Radio Liberty

Problematischer als die Einstufung der offiziellen Stimme Amerikas ist die Qualifizierung des zwar in München ansässigen, aber mit den Vereinigten Staaten eng verbundenen Senders Radio Free Europe/Radio Liberty[523].

RFE und RL wurden, zunächst organisatorisch getrennt, in den frühen fünfziger Jahren als Untergliederungen des nach amerikanischem Privatrecht in der Form von gemeinnützigen Körperschaften konstituierten Free Europe, Inc. und des American Committee for Liberation, Inc. gegründet[524]. Die Finanzierung der beiden Sender wurde zum Teil durch Spenden amerikanischer Bürger gewährleistet; kein Geheimnis war es aber, daß auch die CIA massiv zu ihrer Unterstützung beitrug[525]. Obwohl die Sender „in Aufgabenstellung, Artikulation und Akzentuierung parallel verlaufende Kurskorrekturen der US-Außenpolitik (reflektieren)“[526] — zum Beispiel wurde nach dem Ungarn-Debakel von

---

518 „The International Communication Agency was established an an independent Agency of the Executive Branch of the Government ...“, § 504.2 des Organisationsplans der ICA, 43 Federal Register 1978, S. 14299. Die Kompetenzen der USIA sind vom Präsidenten am 27. 3. 1978 mit Executive Order 12048, 43 Federal Register 1978, S. 13361 f., der ICA übertragen worden. Der Aufgabenbereich der ICA wird im U.S. Government Manual 1978/79, S. 573 ff., beschrieben. Zur Entwicklung der USIA *Whitton / Larson*, S. 47 ff.

519 *Emery*, S. 165.

520 Vgl. *Abshire*, S. 27.

521 Zur organisatorischen Verknüpfung der VoA mit der amerikanischen Exekutive *Emery*, S. 165 und das U.S. Government Manual 1978/79, S. 574.

522 Vgl. *Engelhard*, S. 181.

523 Die Behandlung der Beziehungen dieses Senders zur Bundesrepublik bleibt dem 2. Kap. B.II. dieses Teils vorbehalten.

524 Zur Entstehungsgeschichte *Emery*, S. 170 ff.

525 *Sparks*, S. 115: „... it has become common knowledge that RFE and RL are creatures of the Intelligence Agency“; inzwischen wird die frühere Verbindung zum US-Geheimdienst auch seitens RFE/RL zugegeben, vgl. RFE/RL, Fact Sheet.

526 *von Löwis of Menar*, S. 542.

1956 aus „Radio Liberation" Radio Liberty[527] —, haben die Vereinigten Staaten unter Berufung auf den Privatcharakter der Sender stets ihre Verantwortung für Programme von RFE und RL bestritten[528].

Nicht nachlassende Angriffe aus dem sowjetischen Lager — erklärbar aus der Tatsache, daß RFE/RL, aus östlicher Sicht „ein strategischer Kommandostand des imperialistischen Kreuzzugs gegen den Sozialismus in Europa" und „ein Wechselbalg der Kalten Krieger"[529], gegenwärtig zusammen fast 1 000 Wochenprogrammstunden nach Osteuropa ausstrahlen[530] —, eine Neuorientierung amerikanischer Außenpolitik im Zeichen der Entspannung und nicht zuletzt eine allgemeine Skepsis in der amerikanischen Öffentlichkeit gegenüber CIA-Aktivitäten führten schließlich zu Beginn der siebziger Jahre zu einer rechtlichen Neugestaltung der beiden Sender[531].

Während sie für eine Übergangszeit 1972 direkt der Aufsicht des State Department unterstellt wurden[532], kam eine von Präsident Nixon zur Untersuchung der „operation and funding question" von RFE und RL eingesetzte „Study Commission on International Radio Broadcasting" unter dem Vorsitz von Milton Eisenhower zu der Überzeugung, daß die beiden Sender auch in der Zukunft eine lebenswichtige Rolle in der Entwicklung friedlicher Beziehungen zwischen den USA und den osteuropäischen Staaten zu spielen hätten. Unter verschiedenen Organisationsmodellen — es stand auch ein Zusammenschluß mit der Voice of America zur Debatte — entschieden sich die Gutachter für die Einrichtung einer „independent government institution to serve as a nexus between the public, Congress, the Executive Branch and the stations"[533]. Dieses Board for International Broadcasting genannte Gremium sollte — unter Erhaltung der journalistischen Unabhängigkeit und Integrität der beiden Sender — autorisiert sein, vom Kongreß bewilligte Zuschüsse an die Sender auszuzahlen und darüber zu wachen, daß ihre Programme mit dem nationalen Interesse der USA vereinbar blieben und einer Kosten-Nutzen-Rechnung standhielten[534].

---

[527] Vgl. Board for International Broadcasting, Second Report, S. 5.

[528] So in einem Briefwechsel mit der CSSR, dazu *Joeden*, Teil II, S. 99.

[529] *Mader*, S. 561 bzw. S. 568.

[530] BBC-Handbook, S. 56. RFE, redaktionell zuständig, für die CSSR, Polen, Ungarn, Bulgarien und Rumänien, und RL, das in 16 Sprachen in die UdSSR sendet, können, dank eines in erster Linie aus osteuropäischen Emigranten rekrutierten Mitarbeiterstabs, ihre Programme exakt auf lokale Bedürfnisse abstimmen.

[531] Hintergründe schildert *Wettig*, Informationsfluß, S. 1055 ff.

[532] Vgl. Board for International Broadcasting, Second Report, S. 5.

[533] Report of the Presidential Study Commission for International Radio Broadcasting, S. 38.

[534] Ebenda, S. 39.

Entsprechend diesen Vorschlägen verabschiedete der amerikanische Kongreß am 19. Oktober 1973 den Board for International Broadcasting Act[535]. Nach Section 4 (a) dieses Gesetzes ist das siebenköpfige — fünf Mitglieder, die nicht Beamte der USA sein dürfen, werden mit parlamentarischer Zustimmung vom Präsidenten ernannt, als „ex officio members" fungieren die jeweiligen Generaldirektoren von RFE und RL — Board for International Broadcasting befugt, die Tätigkeiten von RFE und RL, die 1976 fusionierten[536], in der Weise zu überprüfen, daß es die Qualität, Wirksamkeit und Redlichkeit der Sendungen — „in the context of the broad foreign policy objectives of the United States" — bewertet. Dabei führt das Board sogenannte „spot-checks" durch, das heißt, es fordert Bandaufzeichnungen der Programme eines beliebigen Tages an[537]. Weiter ist diese Institution berechtigt, gegenüber RFE/RL Rechnungsprüfungen vorzunehmen, die den Einsatz der vom Kongreß zugewiesenen Mittel im Einklang mit den allgemeinen Richtlinien der US-Außenpolitik sicherstellen sollen. Zusätzlich sieht Section 6 des Board for International Broadcasting Act vor, daß der Secretary of State nach eigenem Ermessen das Board mit Informationen über die amerikanische Außenpolitik versorgt. In Erfüllung all seiner gesetzlichen Aufgaben soll dieser Rundfunkrat jedoch gemäß Section 4 (b) der Notwendigkeit „of maintaining the professional independence and integrity of Radio Free Europe and Radio Liberty" Rechnung tragen.

Auch nachdem nun RFE/RL auf einer neuen Rechtsgrundlage beruhen, ist die Beantwortung der Frage nach ihrem Status, nach der völkerrechtlichen Verantwortlichkeit der USA für ihr Tun, nicht einfacher geworden. Gewiß, sie sind nach wie vor auf Gelder aus dem amerikanischen Etat — im Haushaltsjahr 1978 über 65 Millionen Dollar[538] — angewiesen. Zweifelhaft bleibt aber, ob allein die Finanzierung durch die Vereinigten Staaten ausreicht, ihnen die Programme der Sender haftungsrechtlich zuzurechnen[539]. Der Rückgriff auf das finanzielle Indiz rechtfertigt sich nämlich nur aus der Annahme, daß die in Frage

---

[535] Public Law 93 - 129, 93rd Congress, S. 1914; zur „legislative history" dieses Gesetzes United State Code, Congressional and Administrative News, 93rd Congress, First Session 1973, Vol. 2, S. 2271 ff.

[536] Die neugegründete RFE/RL, Inc. ist, laut Gründungsurkunde, eine gemeinnützige Körperschaft für wohltätige und bildende Zwecke im Sinne des Art. 501 (c) (3) des Internal Revenue Code aus dem Jahre 1954 mit Sitz in Wilmington, Delaware.

[537] Protokoll eines Gesprächs vom 19. 7. 1979 mit *Robert Redlich*, Director of Public Affairs bei RFE/RL.

[538] RFE/RL, Fact Sheet.

[539] Davon gehen sozialistische Autoren, etwa *Hoffmann*, S. 65, aus. Widersprüchlich *Krause-Ablaß*, RFE: Er verneint zwar, S. 23, daß RFE/RL auf Grund der staatlichen Finanzierung zu einem Rundfunkbetrieb des Staates würden, bejaht aber, S. 27, mit dem finanziellen Argument die Verantwortlichkeit der USA.

stehende Organisation durch die staatliche Subventionierung ihre faktische Selbständigkeit verliert und die Regierung damit ihre Entscheidungsfreiheit ausschlaggebend beeinflussen kann[540]. Im Falle von RFE/RL steht jedoch das von exekutivischen Weisungen freie — das State Department hat, wie gesagt, nur ein Beratungsrecht[541] — Board for International Broadcasting, das selbständig über die Zuweisung der Mittel entscheidet, einer direkten Einflußnahme der Regierung auf die Programme entgegen. Auch wenn — worüber der dazwischengeschaltete Internationale Rundfunkrat zu wachen hat — die Programmgestaltung mit den „broad foreign policy objectives" der US-Administration übereinstimmen muß, bleiben, dazu bekennt sich der Board for International Act in Section 2 (4) und 4 (b), RFE/RL doch redaktionell unabhängig[542]. Auch wenn die Sendungen von RFE/RL im nationalen Interesse der USA liegen[543], so hat sich die amerikanische Exekutive doch — trotz der vom Board wahrgenommenen Richtlinienkompetenz zur Bestimmung der allgemeinen rundfunkpublizistischen Tendenz — die Chance versagt, sich bei der Umstrukturierung der rechtlichen Basis der Sender eine direkte Eingriffsmöglichkeit in den Programmablauf — was durch Eingliederung der Sender in den Behördenapparat der für die Stimme Amerikas zuständigen International Communication Agency hätte leicht geschehen können — zu schaffen. Ja es kommt den Interessen der USA entgegen, daß RFE/RL eine größere Selbständigkeit als die amtliche Voice of America genießen: In allen osteuropäischen Empfangsstaaten — außer der UdSSR — liegen die Münchner Sender in der Gunst der Zuhörer vor der Stimme Amerikas[544].

Nach alldem ist es deshalb angebracht, RFE/RL keinen Organcharakter zuzusprechen und die USA insoweit von der Haftung freizustellen.

3. *In Großbritannien*

Als nicht ganz einfach erscheint zunächst auch die Beurteilung der External Services der British Broadcasting Corporation[545]. Organisiert

---

[540] *Reich*, S. 174.

[541] „... at no time has the Department as such ... attempted to suggest censorship", Board für International Broadcasting, Fifth Report, S. 2.

[542] Es wird glaubhaft versichert, daß die journalistische Freiheit der Mitarbeiter von RFE/RL mit der eines deutschen Pressereporters vergleichbar sei, vgl. oben Anm. 537.

[543] Diese Interessenidentität bedeutet nicht, daß RFE/RL staatliche Aufgaben der USA wahrnehmen: Anders als bei der VoA ist der Zweck der Münchner Sender nicht der, die amerikanische Politik darzustellen oder ein Bild Amerikas zu vermitteln.

[544] Nach Hörerbefragungen von RFE/RL, s. Board for International Broadcasting, Fifth Report, S. 18 ff.

[545] Der britische Auslandsdienst — mit 708 Wochenprogrammstunden, BBC-Handbook, S. 56, nach RFE/RL, der VoA und der DW viertgrößter des

als rechtsfähige Anstalt des öffentlichen Rechts, genießt die BBC administrative Selbständigkeit[546], wobei die redaktionelle Freiheit ihrer Mitarbeiter allenthalben hervorgehoben wird[547].

Dennoch hat sich die britische Regierung — in der die Rechtsstellung der BBC festlegenden Licence and Agreement Between Her Majesty's Postmaster General and the British Broadcasting Corporation vom 7. Juli 1969[548] — in bezug auf die External Services umfangreiche Einflußrechte vorbehalten. Im Gegensatz zu den Home Services zur Inlandsrundfunkversorgung, die gemäß Section 16 (1) des genannten Staatsvertrags von den von den Rundfunkteilnehmern erhobenen Gebührenaufkommen leben, sind die External Services nach Section 17 (1) von der Finanzierung durch parlamentarische Zuschüsse, die von der Treasury gebilligt werden müssen und laut Section 18 mit vom Parlament oder vom Finanzministerium aufgestellten Bedingungen verknüpft werden können, abhängig. Neben der finanziellen Oberhoheit[549] hat die Exekutive, das ergibt sich aus der generalklauselartigen Section 13 (5) des Staatsvertrags, aber auch bemerkenswerte inhaltliche Gestaltungsrechte. Danach darf der Auslandsdienst nur in jenen Sprachen, in jene Länder und zu jenen Zeiten senden, die — mit Zustimmung des Generalpostmeisters[550] und der Treasury — von den Ministerien ihrer Majestät vorgeschrieben werden. Des weiteren ist die BBC verpflichtet, mit den zuständigen Ministerien in der Weise zusammenzuarbeiten, daß sie Stellungnahmen von ihnen zur gegenwärtigen Politik der Regierung zu den Empfangsstaaten einzuholen hat, die sie — die BBC — in die Lage versetzt, „to plan and prepare its programmes in the External Services in the national interest".

Ob bei dieser Konstellation — finanzielle Abhängigkeit, Programmkonformität mit dem nationalen Interesse, Gebundenheit an die von der Exekutive ausgewählten Empfangsstaaten, Sendezeiten und -sprachen — tatsächlich noch von einem freien Ermessensspielraum der BBC in der Gestaltung ihrer Auslandsprogramme die Rede sein kann, ist zwei-

---

Westens — ist integraler Bestandteil der BBC, für ihn gilt die gleiche Royal Charter, abgedruckt in Cmnd 2385.

[546] Zu pauschal deshalb *Dambmann*, S. 96, er folgert schon aus der Organisationsform der BBC ihre Zurechenbarkeit zum Staat.

[547] Etwa *Abshire*, S. 23 und *Beeley*, S. 125.

[548] Cmnd 4095; wohl am besten als Staatsvertrag zu übersetzen.

[549] Die nach der Regierungsübernahme Margret Thatchers zunächst vorgesehene zehnprozentige Kürzung des gegenwärtigen 40-Millionen-Pfund-Budgets der BBC External Services, die laut *Mansell*, „managing director of the BBC's external services", den „radio output" Albions auf das Niveau Albaniens reduziert hätte, s. The Economist vom 28. 7. 1979, S. 20, konnte im Parlament nicht durchgesetzt werden, vgl. The Times vom 14. 11. 1979, S. 5.

[550] Dessen Kompetenzen sind 1974 auf den Innenminister übertragen worden, s. Cmnd 5721.

felhaft, mag aber dahingestellt bleiben[551]. Die britische Exekutive hat nämlich — zusätzlich — in Section 13 (4) des Licence and Agreement ein dem Renomee der BBC widersprechendes überraschend scharfes Eingriffsrecht. Entsprechend dieser Regelung, die in der einschlägigen Literatur keine Beachtung gefunden hat[552], kann der Generalpostmeister, jetzt der Secretary of State for the Home Department[553], jederzeit schriftlich von der Anstalt verlangen, von der Ausstrahlung eines speziellen Programms oder von der Behandlung eines allgemeinen Themenkreises — zu einer bestimmten Zeit oder generell — Abstand zu nehmen. Wenn auch dieser Passus nur als „reserve power" verstanden und äußerst behutsam angewandt wird[554] und, für unsere Vorstellung von Rundfunkfreiheit einigermaßen paradox, gar als Stütze einer freien Berichterstattung aufgefaßt wird — „... this is the best way of reconciling the freedom of the broadcasters with the legitimate concern of the Government and of placing the responsibility for prohibiting programmes in the national interest precisely where it belongs"[555] —, so eröffnet er der britischen Exekutive doch die rechtliche Möglichkeit, unerwünschte Programme zu verhindern.

Dieses unmittelbare regierungsamtliche Weisungsrecht erlaubt es wiederum, Großbritannien für völkerrechtswidrige Sendungen der BBC einstehen zu lassen.

B. Die Haftung für private Rundfunkstationen

Kann Rundfunkanstalten, deren Programme im Ausland empfangen werden können, auf Grund der skizzierten Indizien kein Organcharakter zugeschrieben werden, richtet sich die Verantwortlichkeit der sie lizenzierenden Staaten nach den Grundsätzen der Haftung der Staaten für das Verhalten Privater[556].

---

551 Von einem journalistisch unbeschränkten Freiraum geht wohl *Rudolf*, Auslandsdienst, S. 52, aus.

552 Section 13 (4), die nicht zwischen den Home Services und den External Services differenziert, lautet: „The Postmaster General may from time to time by notice in writing require the Corporation to refrain at any specified or at all times from sending any matter or matter of any class specified in such notice ..."

553 Siehe Anm. 550.

554 Vgl. den Annan-Report, S. 43 ff.: In der Geschichte der BBC wurden bisher nur fünf — wovon heute nur noch zwei in Kraft sind — generelle Anweisungen dieser Art von der Regierung — etwa die später widerrufene „14 day Rule", das heißt das Übermittlungsverbot von „statements or discussions on matters during the fortnight before they were to be debated in Parliament" — erlassen; bislang ist noch kein Sendeverbot, weder in den Home Services noch im Auslandsdienst, für ein Einzelprogramm ergangen.

555 Annan-Report, S. 45.

556 *Joeden*, Teil II, S. 87.

Allein die Tatsache der innerstaatlichen Genehmigungspflicht für Sendeeinrichtungen, in Deutschland etwa nach dem Fernmeldeanlagengesetz[557], in den USA entsprechend den Vorschriften des Communication Act von 1934[558], darf nämlich nicht dazu verleiten, zwischen privat betriebenen Rundfunkstationen und privaten Presseunternehmen haftungsrechtlich dahingehend zu differenzieren, den Rundfunk in Staatsnähe zu rücken[559]. Sinn der nationalen Lizenzierungsregelungen für Rundfunk und Fernsehen ist in erster Linie die Gewährleistung der Einhaltung technischer Vorschriften, insbesondere auch der Verpflichtungen aus dem Weltnachrichtenvertrag bezüglich der Wellenverteilung. Die Funkhoheit der Staaten — erschöpft sie sich in der fernmelderechtlichen Aufsicht, hat sie sich keine direkten Eingriffsrechte in den Programmablauf geschaffen — vermag nicht, privat organisierten und finanzierten Sendungen staatlichen Charakter zu verleihen[560].

Seit Grotius kennt nun das allgemeine Völkerrecht Tatbestände, die den Staat für völkerrechtswidriges Tun seiner Bürger einstehen lassen[561]. Dogmatisch wurde diese Haftung ursprünglich auf die Prämisse gegründet, daß sich der Staat, falls er Angriffe Privater auf fremde Gemeinwesen weder abwehrt noch bestraft, in die Schuld seiner Bürger verstrickt und so — nachträglich — zum Teilnehmer an der völkerrechtswidrigen Tat Privater wird[562]. Diese Konstruktion einer staat-

---

557 RGBl. 1928 I, S. 8 ff.; im übrigen sehen in der Bundesrepublik zur Zeit nur die §§ 38 ff. des Saarländischen Rundfunkgesetzes, abgedruckt bei *Herrmann*, Gesetze, S. 97 ff., Rundfunk- und Fernsehunternehmen in rein privater Trägerschaft vor.

558 Abgedruckt bei *Emery*, S. 407 ff.

559 *Whitton / Larson*, S. 160, leiten aus der innerstaatlichen Lizenzierung für Rundfunkanstalten — im Unterschied zu ihrer Bewertung privater Presseunternehmen — eine erhöhte völkerrechtliche Verantwortlichkeit ab, die sie zu Unrecht mit der „public service" Funktion — wie oben III. Teil 1. Kap. A.I. dargelegt, ist die Wahrnehmung öffentlicher Aufgaben ungeeignet, den Rechtscharakter der zu beurteilenden Organisation rechtserheblich zu ändern — begründen; ihnen folgend *von Glahn*, Propaganda, S. 134/135.

560 Vgl. *Joeden*, Teil II, S. 100. So hat auch das BVerfG im Fernseh-Urteil, BVerfGE 12, 205, ausgeführt, daß bei Genehmigungen nach dem FAG ausschließlich sendetechnische Gesichtspunkte zu berücksichtigen seien. Das gilt auch für die USA, wo es, laut *Emery*, S. 165, drei — wohl religiös motivierte — international tätige private Rundfunkstationen gibt. Die für die Lizenzerteilung zuständige Federal Communication Commission hat bei der Genehmigung privater Radiosender zwar gemäß Section 307 (a) des Communication Act „public convencience, interest, or necessity" zu beachten, hat aber — Zensurverbot in der Section 326 — keinerlei Möglichkeit, auf den Sendungsinhalt Einfluß zu nehmen.

561 *Grotius*, Zweites Buch, 21. Kapitel II.: „Die Gemeinden oder die Regenten sind für die Verbrechen ihrer Untertanen voll verantwortlich, wenn sie davon gewußt und sie dennoch nicht verboten oder verhindert haben." s. a. *Vattel*, Tome 1, Livre II, Chapitre VI, § 72, S. 310: „Si un Souverain, qui pourroit retenir ses Sujets dans les règles de la justice et de la paix, souffre qu'ils maltraitent une Nation étrangère ... il ne fait pas moins de tort à cette Nation que s'il la maltraitoit lui-même."

lichen Komplizenschaft hatte, nicht nur aus logischen Gründen — der Staat kann „nicht ex post zum Teilnehmer werden"[563] —, sondern auch aus rechtstheoretischen Überlegungen — eine solche Komplizenschaft setzte eine für beide „Komplizen", Staat und Bürger, gleichermaßen geltende Völkerrechtsordnung, für Triepel noch ein „unmöglicher Gedanke"[564], voraus[565] — der Erkenntnis zu weichen, daß es nicht das völkerrechtswidrige Tun Privater ist, das die Haftung des Staates auslöst, sondern daß das eigene staatliche Verhalten den Anknüpfungspunkt der völkerrechtlichen Verantwortlichkeit nach außen bildet: Der Staat haftet wegen seiner eigenen Passivität. Das heißt, er wird deshalb zur Rechenschaft gezogen, weil es seine Organe pflichtwidrig unterlassen haben, „in einer dem Völkerrecht entsprechenden Weise auf Handlungen gewaltunterworfener" — Bezugspunkt dieser Haftung ist also nicht die auf das Staatsangehörigkeitsrecht gestützte personale, sondern die aus der herrschaftlichen Verbandsgewalt abgeleitete territoriale Zuordnung Einzelner zum Staat[566] — „Privater zu reagieren, deren Tat Anlaß, nicht Ursache der internationalen Verantwortlichkeit ist"[567].

Aus der korrekten Qualifizierung der Haftung des Staates anläßlich Handlungen von Privaten als Haftung wegen eines eigenen Unterlassungsdelikts ergeben sich nun gegenüber der Verantwortlichkeit des Staates für das Verhalten seiner Organe zwei weitreichende Unterschiede.

Zum einen ist — für die Staatsverantwortlichkeit wegen organschaftlichen aktiven Tuns — die Grotianische Lehre der unabdingbaren Schuldhaftung — „... der Herr, den keine Schuld trifft, haftet naturrechtlich für nichts ..."[568] — ins Wanken geraten. Schon Anzilotti hatte

---

[562] Zur Grotianischen Lehre von „patientia" und „receptus" statt vieler *Triepel*, VR und Landesrecht, S. 324 ff.; dort auch eine umfassende Übersicht über die ältere Literatur.

[563] *Dahm*, LB III, S. 200.

[564] *Triepel*, VR und Landesrecht, S. 329.

[565] Kritisch zur Komplizitätstheorie mit derselben Begründung *Strupp*, Haftung, S. 8; *Strupp*, Delikt, S. 33 und *Jess*, S. 22/23. Die gegenteilige Ansicht vertreten von *Preuss*, Propaganda, S. 652, in neuerer Zeit noch von *García-Mora*, S. 17 ff. mit dem de lege lata unbeachtlichen Argument, vgl. a. *von Münch*, Delikt, S. 226 f., die Ablehnung der Komplizitätstheorie und die damit verbundene Verneinung der völkerrechtlichen Deliktsfähigkeit des Einzelnen „... helps to perpetuate the formlessness of ... international law (and) avoids setting upon individuals a brand of international criminality, which is ... contrary to the sentiments ... of the peoples of the world ...".

[566] *Triepel*, Politik, S. 25.

[567] *Strupp*, Haftung, S. 10; heute einhellige Meinung, s. a. *Dahm*, LB III, S. 200; *Berber*, LB III, S. 16; *Verdross*, LB, S. 393 ff. und, m. w. N., *Zellweger*, S. 32. Beruht die Haftung des Staates anläßlich des Verhaltens Privater richtigerweise auf eigenem pflichtwidrigem Unterlassen des Staates, wird auch die haftungsrechtliche Differenzierung von *Oppenheim / Lauterpacht*, S. 335 ff., in eine „vicarious" und eine „original responsibility" hinfällig.

festgestellt, daß nicht pauschal auf die Schuldhaftung rekurriert werden durfte, sondern daß „überall da, wo eine Rechtsnorm besteht, welche die völkerrechtliche Verantwortung eines Staates für bestimmte Tatbestände vorsieht, ... untersucht werden (muß), ob diese Norm ... die Zurechenbarkeit von dem Verschulden ... der Organe abhängig macht, oder aber ob sie lediglich auf das Vorhandensein einer objektiven völkerrechtswidrigen Handlung abstellt"[569]. In Fortführung dieser Argumentation hat Strupp gezeigt, daß bei völkerrechtswidrigem Verhalten von Staatsorganen, die außerhalb ihrer Kompetenz handeln, vernünftigerweise keine Schuldhaftung greifen kann: „Da hier ja Handeln und Wollen des Staatsorgans eben nicht Wollen und Handeln des Staates ist, kann auch theoretisch ein Verschulden des Staatsorgans kein solches des Staates selbst sein[570]." Unter Berücksichtigung der einschlägigen Staatenpraxis vollzog Strupp dann den nächsten Schritt. Auch bei völkerrechtswidrigem kompetenzgemäßem aktivem Tun knüpfe die Rechtsordnung die völkerrechtliche Haftung — nur — an die objektive Rechtsverletzung[571].

Rechtspolitisch bedeutsame Umstände rechtfertigen diese Ansicht. Vor allem die Gefahren der technischen Entwicklung — Weltraumfahrt, Kernenergie —, aber auch die Vermeidung von Beweisschwierigkeiten, die Umgehung eines mit der Schuldhaftung assoziierten moralischen Vorwurfs und der Ansporn zu erhöhter staatlicher Sorgfalt lassen — jedenfalls für positives organschaftliches Tun — eine reine Erfolgshaftung vorteilhafter erscheinen[572].

Dagegen befolgt die Staatenpraxis und der überwiegende Teil der Lehre bei Unterlassungsdelikten das Gebot der Schuldhaftung. Anerkannt ist nämlich, daß in den Fällen, in denen ein Staat verpflichtet ist, völkerrechtswidrige Akte seiner Rechtsunterworfenen zu verhindern, er nicht schon dann haftet, wenn er die Rechtsverletzungen — nur — nicht verhindert hat. Er wird vielmehr erst dann völkerrechtlich verantwortlich, wenn er sich nicht mit gehöriger Sorgfalt — due diligence — bemüht hat, diese Übergriffe zu vereiteln. Über die Geltung des Prinzips der due diligence fließt so die Schuldhaftung in völkerrechtliche Unterlassungsdelikte ein: „Die Abwesenheit gehöriger Sorgfalt bei

[568] *Grotius*, Zweites Buch, 17. Kapitel XXI.

[569] *Anzilotti*, S. 388.

[570] *Strupp*, Delikt, S. 47; daß der Staat für kompetenzwidriges Tun seiner Organe haftet, wird durch Art. 10 des ILC-Entwurfs zur Staatenhaftung, YBILC 1978, Vol. II, Part Two, S. 79, bestätigt: „The conduct of an organ of a State ... shall be considered as an act of the State ... even if ... the organ exceeded its competence according to internal law ..."

[571] *Strupp*, Delikt, S. 48; diese Auffassung setzt sich zunehmend durch, vgl. m. w. N. *Berber*, LB III, S. 6 ff. und, diese mit Vorbehalten, *Verdross / Simma*, S. 615 ff.

[572] So *von Münch*, Delikt, S. 164; ähnlich *García-Mora*, S. 25.

dieser Bemühung (ist das) zur Begründung der Haftung (erforderliche) Verschulden[573]."

Mit der Feststellung unterschiedlicher Haftungsvoraussetzungen für die beiden deliktischen Handlungsformen positives Tun und Unterlassen — hier bloße Erfolgshaftung, da Erfordernis des Verschuldens — ist, auf unser Thema angewandt, ein deutliches Weniger in den vom Völkerrecht geforderten Ansprüchen an den Staat in bezug auf sein Verhalten gegenüber völkerrechtswidrigen grenzüberschreitenden Rundfunkprogrammen Privater zu konstatieren: Seine Organe müssen ein Einschreiten schuldhaft versäumt haben.

Zum zweiten — auch dies eine Konsequenz der deliktsrechtlichen Besonderheiten bei Unterlassungstaten — besteht weitgehend Einigkeit darüber, daß der Umfang der Garantenpflicht des Staates zur Unterdrückung oder Bestrafung völkerrechtswidriger Umtriebe der seiner Jurisdiktion Unterworfenen allgemein nicht allzu weit veranschlagt werden darf. Was ihm selbst, handelt er durch seine Organe, völkerrechtlich verwehrt ist, ist seinen Einwohnern in größerem Maße gestattet; mit anderen Worten, den Sachverhalt vereinfachend: Der Staat darf mehr dulden als selbst tun[574].

Die exakte Bestimmung des Normbereichs dieser — grundsätzlich unbestrittenen[575] — Sorgfaltspflichten, die Ermittlung eines — im Detail nicht durchgeformten — universellen Minimumstandards, den jeder Staat bei der Gewährleistung völkerrechtskonformen Handelns seiner Einwohner zu beachten hat, fällt indessen schwer und wird immer einer genauen Einzelfallprüfung bedürfen. Lösungsversuche im hier interessierenden Problemfeld rundfunkpublizistischen völkerrechtswidrigen Verhaltens Privater sind allerdings besonders prekär: Es ist kaum ein Ansatz zur Konsensbildung hinsichtlich der Rechtsgrundlagen und der Tragweite der Verhinderungspflicht bezüglich privater völkerrechtswidriger Radiosendungen — es handelt sich vordringlich um diverse Propagandaarten — erkennbar, weil in diesem Punkt in problemschärfender Weise — besonders vom Ostblock propagierte — Völkerrechts-

---

[573] *Berber*, LB III, S. 7; zu diesem Komplex ausführlich auch *Strupp*, Delikt, S. 48 ff.; *Lauterpacht*, Revolutionary Activities, S. 128; *van Dyke*, S. 66 ff.; *Joeden*, Teil II, S. 97; *García-Mora*, S. 16; *Oppenheim / Lauterpacht*, S. 365; *Verdross / Simma*, S. 617.

[574] *Verdross*, Verantwortlichkeit, S. 580/581: „Es steht außer Streit, daß die Pflicht eines Staates, die innere Ordnung fremder Staaten selbst zu achten, viel weiter geht als seine Pflicht, diese Ordnung vor Angriffen, die auf seinem Gebiete von Privatpersonen ausgehen, zu schützen." In gleichem Sinne äußern sich *Preuss*, Propaganda, S. 668, *Triepel*, Politik, S. 25/26, *Dahm*, LB III, S. 198 und, speziell für die Pflicht, völkerrechtsgefährdende innere Unruhen zu unterbinden, *von Münch*, Delikt, S. 229 f.

[575] Siehe *von Münch*, Delikt, S. 228.

gebote mit wertmäßig entgegengesetzten innerstaatlichen Freiheitsrechten kollidieren.

Glaubte Lauterpacht, die „true juridical construction“ der Staatenpflicht zur Vereitelung bewaffneter Expeditionen Privater — bloße Propaganda fiel nach seiner Ansicht ohnehin nicht „within the scope of revolutionary acts which a state is bound to prevent“ — in einer analogen Anwendung des engen Neutralitätsrechts gefunden zu haben[576], so folgert nun García-Mora aus Art. 1 Abs. 2 der SVN, wo die extensive Pflicht der Staaten „... to take ... appropriate measures to strengthen universal peace“ postuliert ist, die weitreichende Verpflichtung aller Staaten, „to remove the causes which within their jurisdiction are likely to produce“ — nur — „disharmony in their mutual relations“[557]. Meinte Triepel, es seien nur bestimmte ausländische — in ihren Normbereichen mit den nationalen Straftatbeständen unter der Rubrik „Feindselige Handlungen gegen befreundete Staaten“ korrespondierende — Rechtsgüter, die völkerrechtlich zu schützen seien und für deren Verletzung der Staat zu haften habe[578], setzt Berber den haftungslösenden Akzent allgemein auf das Versäumnis des Staates, in seinem Kompetenzbereich die öffentliche Ordnung, insbesondere den — ominösen — völkerrechtlichen Minimumstandard, nicht aufrechterhalten zu haben[579].

Angesichts dieser Divergenzen erscheint es als nahezu aussichtslos, eine generell gültige abstrakte Formel zur Festlegung einer rundfunkspezifischen Unterdrückungspflicht zu finden. Erfolgversprechender stellt sich die Überlegung dar, lediglich eine — wenn auch erheblich rechtspolitisch orientierte — Negativauswahl von Typen privater Rundfunksendungen zu treffen, die — sollten sie durch staatliches Verschulden weder verhindert noch bestraft worden sein — die Verantwortlichkeit des Staates nach außen begründen.

---

[576] *Lauterpacht*, Revolutionary Activities, S. 126 ff. Diese Auffassung klingt noch bei *Verdross*, Verantwortlichkeit, S. 581, und bei *Whitton / Larson*, S. 137, in ihrer kritischen Bewertung der sogenannten „narrow responsibility school“ nach.

[577] *García-Mora*, S. 11, 98 und allenthalben; auch *Whitton / Larson*, S. 134 ff., plädieren wohl für die „broad responsibility school“, die allerdings mit der immer noch richtigen Beobachtung *Westlakes*, „that the international Community is not ... one of mutual insurance for the maintenance of established governments“, zitiert bei *Lauterpacht*, Revolutionary Activities, S. 128, unvereinbar bleiben muß.

[578] *Triepel*, Politik, S. 26. Da in den verschiedenen nationalen Strafbestimmungen zum Schutze „ausländischer Rechtsgüter“ — in Deutschland die §§ 102 ff. StGB — wenig Kongruenz — vom durchgängigen Schutz privilegierter Ausländer, die Staatsoberhäupter, abgesehen — zu entdecken sein wird — vgl. hierzu die rechtsvergleichende Arbeit *Killingers*, zum gleichen Thema auch *van Dyke*, S. 69 und *Reich*, S. 150 ff. —, sind auch mittels des Rekurses auf innerstaatliche Strafnormen keine Erkenntnisse zugunsten weltweit geltender völkerrechtlicher Garantenpflichten zu gewinnen; kritisch auch *Lauterpacht*, Propaganda, S. 145.

[579] *Berber*, LB III, S. 16.

Zunächst ist mit Joeden davon auszugehen, daß unter Berücksichtigung der unzweifelhaften Völkerrechtswidrigkeit der Kriegspropaganda und ihrer — keiner näheren Begründung bedürfenden — Gefährlichkeit heutzutage jeder Staat verpflichtet ist, die erforderlichen Maßnahmen zu ergreifen, um die Hetze zum Angriffkrieg zu unterbinden oder wenigstens unter Strafe zu stellen[580]. Auch Reichs wohldokumentiertes Argument, kein Staat des angelsächsischen Rechtskreises habe sich bisher bereitgefunden, die Kriegspropaganda Privater zu bestrafen[581], muß im Lichte der internationalen Ächtung des Krieges und seiner Befürwortung an Gewicht verlieren.

Desgleichen ist die Ausdehnung staatlicher Verhinderungs- beziehungsweise Bestrafungspflichten auf die private propagandistische Unterstützung bewaffneter Expeditionen, gewaltsamer Umsturzversuche und die Aufforderung zu Taten, die „vom Standpunkt der in der Kulturwelt anerkannten Rechtsüberzeugung als verbrecherisch gelten"[582], wie auch auf grobe Ehrverletzungen fremder Hoheitsträger durch Private, statthaft[583]. Hier muß die Überlegung Platz greifen, daß das Völkerrecht — für staatliches Tun — diese gravierenden Eingriffe in die Souveränität seiner Rechtssubjekte nicht ohne Grund illegalisiert hat. Um aber einem ernsten Teilleerlauf dieser für das friedliche Zusammenleben der Staaten unabdingbaren Rechtsnormen vorzubeugen, hat der Staat dieses völkerrechtswidrige Tun seiner Einwohner, das die Gefahren für die in Frage stehenden Völkerrechtsgüter in fast derselben Intensität in sich birgt wie organschaftliches staatliches Handeln, zu vereiteln oder zu bestrafen.

Somit ist dem Staate — gerade im Bereich grenzüberschreitender Rundfunksendungen — ein beachtliches Spektrum privaten Verhaltens haftungsrechtlich zuzurechnen. Dennoch bleibt auch hier der Grundsatz gültig, daß der Staat mehr dulden als selbst tun darf, daß also keine tatbestandliche Identität zwischen verbotenem staatlichen und verbotenem privaten Handeln besteht. Die Richtigkeit dieser Differenzierung läßt sich insbesondere anhand von Handlungen belegen, die von Privaten im Rahmen der Vertragsfreiheit vorgenommen werden. Ruft etwa der Vorstandsvorsitzende einer Privatbank in einer transnationalen Rundfunksendung zum finanziellen Boykott eines bestimmten

[580] *Joeden*, Teil II, S. 97/98; zum gleichen Ergebnis kommen auch *Dahm*, LB III, S. 199, *Killinger*, S. 8, *Dambmann*, S. 78 ff. wie die gesamte sozialistische Doktrin, dazu *Reich*, S. 159. Zum allgemeinen Verbot der Kriegspropaganda oben II. Teil 2. Kap. C.

[581] *Reich*, S. 156 ff.

[582] *Dahm*, LB III, S. 198; zu denken ist etwa an die Aufstachelung zum Rassenhaß.

[583] *Killinger* gibt in den Anmerkungen auf S. 8 einen guten Überblick über die zustimmende Literatur. Nicht gefolgt werden kann daher *Simma*, S. 69, der den Standard zur Verhinderung nur auf „deeds, not words" beschränkt.

Staates auf, so ist das völkerrechtlich unerheblich. Wird dagegen von staatlicher Seite etwa zu einem Totalembargo aufgefordert, kann das durchaus eine Intervention konstituieren und die deliktische Verantwortlichkeit begründen.

Schaffen sich nun die Staaten kein geeignetes verwaltungs- beziehungsweise strafrechtliches Instrumentarium, um gegen das oben skizzierte Verhalten Privater vorzugehen, dann genügen sie der vom Völkerrecht gebotenen due diligence nicht und haften. In diesem Zusammenhang können sie sich nicht auf ihre eigenen liberalen Verfassungen berufen, die ihren Einwohnern größere Freiheiten einräumen mögen[584].

Insofern ist die amerikanische Praxis, wie sie schon 1885 in einer Note des damaligen Außenministers Bayard an die Adresse Spaniens zum Ausdruck kam — „... the Executive of the United States has no authority to take cognizance of individual opinions and the manifestation thereof ..."[585] — und heute noch so ausgeübt wird[586], gegenüber dem betroffenen Ausland — von Fällen des sogenannten „overt act" abgesehen[587] — das innerstaatliche Freiheitsrecht des „freedom of speech" einzuwenden, nicht völkerrechtskonform, zumal die oben[588] angeführten Entscheidungen des Justice Holmes zeigen, daß die — in inneren Angelegenheiten praktizierte — Freiheit der Rede auch in den USA nicht so weit geht, gewaltbejahende Umsturzparolen zu dulden[589].

---

[584] Allgemeine Ansicht, statt vieler *Dahm*, LB III, S. 199; *Berber*, LB III, S. 6 und das Gutachten des StIGH, P.C.I.J., Ser. A/B, No. 44 — „Treatment of Polish Nationals ... in the Danzig Territory" —, S. 24: „... a State cannot adduce as against another State its own Constitution with a view to evading obligations incumbent upon it under international law ..."

[585] Abgedruckt in Foreign Relations of the United States 1885, S. 776; Spanien hatte sich beschwert, daß von amerikanischem Boden gegen seine Herrschaft in Kuba „gehetzt" wurde.

[586] Siehe *Thomas / Thomas*, S. 278 und *Wright*, Subversive Intervention, S. 533; dieser Praxis entspricht auch der Vorbehalt des State Department bezüglich des Kriegspropagandaverbots des Art. 13 Abs. 5 der AMRK, s. Letter of Submittal in Senate Executive Document Nos. C-F, 95th Congress, 2nd Sess., xx (1978), zitiert bei *Kitch*, Anm. 176, S. 382. *Kitch*, S. 382/383, hält diesen Vorbehalt für „both appropriate and necessary ... since paragraph (5) (of Art. 13) is clearly inconsistent with the first amendment ...".

[587] Das heißt, auch die amerikanische Völkerrechtslehre erkennt an, daß der Staat dann einschreiten muß, „if private individuals are engaged in organizing an expedition on domestic soil", *Whitton / Larson*, S. 140. *Wright*, Subversive Intervention, S. 531, macht auch diese Haftung vom erfüllten Tatbestand der „clear and present danger rule" abhängig. Seine Ansicht darf mit derselben Begründung wie oben II. Teil 2. Kap. C. verworfen werden.

[588] II. Teil 2. Kap. C.

[589] Folgt man *Strupp*, Delikt, S. 57, der die zivilrechtlichen Grundsätze der diligentia quam in suis auch im Völkerrecht angewandt wissen will, handeln die USA in solchen Fällen auch deshalb schuldhaft, weil sie auf die Erfüllung ihrer Verpflichtungen anderen Staaten gegenüber nicht die gleiche Sorgfalt verwenden, die sie in eigenen Angelegenheiten zur Anwendung bringen. Kritisch zur Haltung der USA auch *Whitton / Larson*, S. 160 ff.

Andererseits ist nicht zu verkennen, daß in weiten Teilen der Welt die Freiheit der Meinung, der Rede, der Presse und anderer Massenkommunikationsmittel unantastbarer Kernbestand freiheitlicher Staats- und Rechtsgestaltung ist. Wenn auch innerstaatlich garantierte Freiheitsrechte nach wie vor nicht unvermittelt ins Völkerrecht transponiert werden dürfen[590], erscheint es angesichts der konstitutiven Bedeutung dieser Freiheitsrechte für viele nationale Rechtsordnungen aber doch gerechtfertigt, bei der Präzisierung der — zur Verhinderung oder Bestrafung solcher internationaler Rundfunksendungen, die unterhalb der oben geschilderten völkerrechtsfeindlichen Intensität liegen — geschuldeten due diligence nationale Verfassungsgrundsätze zu berücksichtigen. Gewährt ein Staat seinen privaten Presse- und Rundfunkunternehmungen einschlägige Freiheitsrechte, kann von ihm zwar verlangt werden, grobe völkerrechtsgefährdende Exzesse zu unterbinden. Ihm kann aber nicht zugemutet werden, jegliche, wenn auch propagandistisch motivierte, Kritik an anderen Staaten, die ihm unter Umständen selbst verwehrt wäre, zu unterdrücken[591]. Der Völkergemeinschaft, die seit Jahrzehnten — zugegebenermaßen mit regional verschiedenem Engagement — um die internationale Achtung von bürgerlichen und politischen Freiheitsrechten ringt, wäre ein schlechter Dienst erwiesen, honorierte man jene Staaten, die eine freiheitsfeindliche umfassende Kontrolle ihrer Medien praktizieren und so tatsächlich deren Völkerrechtskonformität sicherstellen können, dadurch, daß man im Wege einer extensiv interpretierten due diligence solche Staaten, die aus Rücksicht auf liberale Grundrechte ihren Medien einen größeren Freiraum einräumen, mit einer haftungsrechtlichen Gleichsetzung mit der erstgenannten Staatengruppe bestrafte[592].

Aus denselben Gründen muß den gelegentlich geäußerten Bedenken, ein Staat könne sich in rechtsmißbräuchlicher Weise den schärferen völkerrechtlichen Haftungsanforderungen an organschaftliches Tun einfach dadurch entziehen, daß er private Verbände für die Verfolgung seiner — hier: rundfunkpublizistischen — Ziele gewönne, entgegengetreten werden[593]. Die Frage verliert zum einen schon deshalb viel

[590] „From the standpoint of International Law ..„ municipal laws are merely facts which express the will ... of States ...", StIGH, P.C.I.J., Ser. A, No. 7 — „Case concerning certain German interests in Upper Silesia" —, S. 19.

[591] Auf unterschiedlichen Wegen kommen *Dahm*, LB III, S. 198/199 und *von Münch*, Delikt, S. 233, zum gleichen Ergebnis.

[592] *Whitton / Larson*, S. 164 / 165: „From the legal point of view this difference in responsibility seems justified, for a word from Moscow will stop attacks on foreign states, while Washington has no such power over the American press ..."

[593] Vgl. hierzu *Reich*, S. 175 und *Dambmann*, S. 106; zur allgemeinen Problematik des Rechtsmißbrauchs durch Auswechslung staatlicher Betätigungsformen *von Münch*, Delikt, S. 171 f.

von ihrer vermeintlichen Brisanz, weil wir anhand der oben[594] erörterten Grundsätze einem Staat die Aktivitäten einer formell privaten Organisation dann als organschaftliches Tun zurechnen können, wenn er sie effektiv beherrscht. Ist dies nicht der Fall, ist die Kongruenz staatlicher und privater Interessen nur akzidentell, fehlt freilich der völkerrechtliche Ansatzpunkt für den Gedanken des Rechtsmißbrauchs.

Zum anderen bleibt festzuhalten, daß die erhöhte Verantwortlichkeit totalitärer Staaten eine unvermeidliche Begleiterscheinung ihres politischen Systems ist, das eine breite Bandbreite von Aufgaben dem Staate zugewiesen hat. Ein Staat der sich eine solche Organisationsform gegeben hat, „may ... find itself compelled to follow a considerably higher standard of formal and substantive respect for the dignity, susceptibilities and interest of its neighbours; a standard which ... will have to be higher than that observed by nations the constitutions of which leave to individuals ... a wider scope ... of freedom of opinion ...“[595].

2. Kapitel

Insbesondere: Die Haftung der Bundesrepublik Deutschland

A. Für deutsche Sender

I. Für Programme der ARD und des ZDF

Die besondere geographische, geschichtliche und sprachliche Situation Deutschlands erfordert, daß mit Blick auf die deliktsrechtlichen Konsequenzen nicht nur die beiden mit dem Auslandsdienst betreuten Rundfunkanstalten des Bundes, die Deutsche Welle und der Deutschlandfunk[596], zu begutachten sind, sondern daß auch die Struktur der primär mit der inländischen Rundfunkversorgung befaßten Rundfunkanstalten der Bundesrepublik — der in der Arbeitsgemeinschaft der Rundfunkanstalten Deutschlands zusammengeschlossenen Länderrundfunkanstalten, deren Fernsehprogramme von 80 v. H. der Fernsehteilnehmer in der DDR empfangen werden können, und des von den Bundesländern gemeinsam betriebenen Zweiten Deutschen Fernsehens, das immerhin 60 v. H. aller DDR-Fernsehgeräte erreicht[597] — zu untersuchen ist.

---

[594] III. Teil 1. Kap. A.I.

[595] *Lauterpacht*, Propaganda, S. 159.

[596] Dazu unten 2. Kap. A.II.

Der von der DDR immer wieder erhobene Vorwurf, die Bundesrepublik mische sich mittels ihrer elektronischen Medien ständig in ihre inneren Angelegenheiten ein, wird — von dem, folgt man den im II. Teil beschriebenen Kriterien, nie stichhaltig erbrachten Beweis des interventionistischen Charakters westdeutscher Rundfunk- und Fernsehsendungen abgesehen — um so leichter zu entkräften sein, wenn sich unter Zugrundelegung der im 1. Kapitel dieses Teils ausgearbeiteten allgemeinen haftungsrechtlichen Grundsätzen nachweisen läßt, daß der Status und die Organisation von ARD und ZDF nicht geeignet sind, ihnen — völkerrechtlich — eine Organstellung zuzuschreiben[598].

Exkurs: Haftungsrechtliche Besonderheiten im Bundesstaat

Unabhängig von dem Problem, ob die Rundfunkanstalten der ARD und das ZDF völkerrechtlich wie Organe oder, sollten die Voraussetzungen zur Bejahung ihres Organcharakters nicht gegeben sein, nur wie Private zu behandeln sind, erhebt sich die Frage, wer — der Bund[599] oder die Länder — für unterstellte völkerrechtswidrige Programme dieser Sendeanstalten einzustehen habe. Ihre Beantwortung hängt entscheidend davon ab, ob der Bund — im hier interessierenden rundfunkpublizistischen Bereich — die Länder im internationalen Rechtsverkehr mediatisiert[600] und sich, da dann nur er Adressat völkerrechtlicher Normen ist, das Verhalten der Länder zurechnen lassen muß, oder ob die

[597] Vgl. *Engelhard*, S. 173; nur die östlichen Teile der DDR-Bezirke Rostock, Neubrandenburg und Cottbus sowie der Bezirk Dresden werden nicht vom Westfernsehen erfaßt, s. die Graphik in Der Spiegel, Nr. 35 vom 27. 8. 1979, S. 62; zur Beliebtheit bundesrepublikanischer Programme in der DDR allgemein ebenda, S. 54 ff. Die Frage. inwieweit die von der ARD seit 18 Jahren allmorgendlich speziell in die DDR ausgestrahlten Wiederholungssendungen vom Vortage — vgl. Der Spiegel, Nr. 14 vom 2. 4. 1979, S. 225 — mit dem gesetzlichen Programmauftrag der Länderrundfunkanstalten, die Rundfunkversorgung in ihrem Sendegebiet sicherzustellen — s. statt vieler § 1 des Saarländischen Rundfunkgesetzes, abgedruckt bei *Herrmann*, Gesetze, S. 97 ff.: „Dieses Gesetz gilt für die Veranstaltung von Rundfunksendungen ... im Saarland" — vereinbar ist, kann hier nicht vertieft werden.

[598] *Seiffert*, der im Zusammenhang mit der Ausweisung westdeutscher Korrespondenten aus der DDR die völkerrechtliche Einmischungsproblematik insgesamt aus den „Medienbeziehungen" zwischen der DDR und der Bundesrepublik ausklammert, weil die DDR den „untauglichen Versuch unternehme, die Medien der Bundesrepublik ihrer Rechtsordnung zu unterwerfen", kann nicht gefolgt werden: Die DDR macht den Völkerrechtssatz der Nichtintervention geltend; daß sie sich zusätzlich auf ihre innerstaatliche Normen beruft, ist unbeachtlich.

[599] Für Sendungen der beiden bundesgesetzlich errichteten Anstalten DW und DLF kommt ohnehin nur seine Haftungsträgerschaft in Betracht, dazu im einzelnen unten A.II.

[600] Von Mediatisierung sprechen in diesem Zusammenhang *Dahm*, LB III, S. 205 und *Berber*, LB III, S. 9.

Länder in diesem Punkt international handlungsfähig sind und so selbst zu völkerrechtlichen Haftungsadressaten werden.

Grundsätzlich unbestritten ist, daß Gliedstaaten eines Bundesstaates dann — eine beschränkte — Völkerrechtssubjektivität erlangen, wenn die betreffende Bundesverfassung ihnen Kompetenzen zur völkerrechtserheblichen Betätigung überläßt. „Dadurch ist die Voraussetzung zur Anerkennung einer völkerrechtlichen Handlungssphäre solcher Bundesgliedstaaten gegeben; ein innerstaatlicher (Verfassungs-)Rechtssatz schafft die rechtliche Möglichkeit für diesen völkerrechtlichen Tatbestand[601].“ Auch wenn man — wie es etwa Verdross mit guten Gründen tut[602] — für die partielle Völkerrechtssubjektivität von Gliedstaaten die — nur intern verbindliche — konstitutionelle Einräumung eines auswärtigen Handlungsspielraums nicht genügen lassen will, sondern sie — zusätzlich — von der Billigung durch die Völkerrechtsordnung abhängig dacht, wird man sie für die heute existierenden Bundesstaaten ohne weiteres bejahen dürfen: In der völkerrechtlichen Anerkennung jenes Gesamtstaates, dessen Verfassung seinen Gliedstaaten auswärtige Zuständigkeiten beläßt, liegt — implicite — auch die Anerkennung des Gliedstaates als Völkerrechtssubjekt[603].

Das bedeutet für die deutschen Bundesländer, daß sie — vermittelt durch die völkerrechtliche Anerkennung der Bundesrepublik — in dem ihnen vom Grundgesetz vorgegebenen Rahmen völkerrechtlich handlungsfähig sind. Da das Grundgesetz nun „keine gegenüber der Kompetenzverteilung im Innern selbständige Abgrenzung der auswärtigen Zuständigkeiten“ der Länder kennt, sondern — qua Art. 32 Abs. 3 GG — „für den Umfang der potentiellen Völkerrechtsfähigkeit auf die Zuständigkeit zur Ländergesetzgebung“ verweist[604], ist den Bundesländern entsprechend dem Umfang des Gegenstandkatalogs der Art. 70 ff. GG Völkerrechtssubjektivität zuzusprechen[605].

Das heißt aber nicht, daß jedes — unter eine grundgesetzlich den Bundesländern vorbehaltene Legislationskompetenz fallende — Länderverhalten mit Außenwirkung von völkerrechtlicher Relevanz wäre. „Die

---

601 *Klein*, S. 170; wie er auch *Mallmann*, Bundesstaat, S. 641 und *von Münch*, Delikt, S. 242 ff.

602 *Verdross*, Staatenhaftung, S. 397 f.

603 Siehe *Mallmann*, Bundesstaat, S. 641; ob diese Anerkennung des Gliedstaates, wie *Verdross*, Staatenhaftung, S. 397, meint, im Gegensatz zu der des Gesamtstaates konstitutiver Natur ist, ist für die Staatenpraxis wohl unbeachtlich: „In der Anerkennung des Gesamtstaats ist das Versprechen zur Achtung der verfassungsmäßigen Kompetenzverteilung enthalten“, *Mosler*, Wirkung, S. 163.

604 *Hallmayer*, S. 27.

605 In diesem Bereich ist der Bund völkerrechtlich nicht handlungsfähig, s. *Maunz / Dürig / Herzog / Scholz*, Rdn. 29 ff. und 53 zu Art. 32.

sachliche Befugnis der Bundesglieder zur eigenen Regelung auswärtiger Angelegenheiten ist beschränkt auf das Recht zum Vertragsschluß"[606]; die vom Grundgesetz vorgesehene Völkerrechtssubjektivität der Bundesländer erschöpft sich in einer völkerrechtlichen Kontrahierungskompetenz.

Obwohl den Ländern also — innerstaatlich — gemäß der bundesverfassungsrechtlichen Zuständigkeitsverteilung die Gesetzgebung zum Rundfunkrecht und zur Rundfunkpblizistik obliegt[607], kann, da Art. 32 Abs. 3 GG die Bundesländer — von vertraglichen Beziehungen abgesehen — vom internationalen Rechtsverkehr abriegelt, ein Bundesland dadurch, daß es völkerrechtswidrige Programme eines Landessenders duldet, kein völkerrechtliches Delikt begehen. Ihm fehlt die Deliktsfähigkeit[608].

In diesem Fall tritt im Völkerrechtsverkehr nur der Gesamtstaat Bundesrepublik in Erscheinung. Er ist folglich auch originärer und ausschließlicher Haftungadressat[609].

1. Zur Frage der völkerrechtlichen Organeigenschaft von ARD und ZDF

Allein die öffentlich-rechtliche Organisationsform von Rundfunk und Fernsehen in der Bundesrepublik — zu erklären mit den nach der Niederlage Deutschlands vorherrschenden außerrechtlichen rundfunkpolitischen Überlegungen und Zwängen[610] — darf nicht dazu verleiten, den deutschen Rundfunksendern aprioristisch Staats- und damit Organcha-

---

[606] *Mosler*, Wirkung, S. 150.

[607] Dazu *Krause*, Zuständigkeit, S. 99.

[608] Speziell bezüglich einer „‚Kampagne' einer Landesrundfunkanstalt gegen einen fremden Staat", *Krüger*, S. 241; auch *Mallmann*, Bundesstaat, S. 648 und *Hallmayer*, S. 72 ff., beschränken die internationale Haftung der deutschen Länder auf Vertragsverletzungen.

[609] Dem entspricht Art. 7 Abs. 1 des ILC-Entwurfs zur Staatenhaftung, YBILC 1978, Vol. II, Part Two, S. 78: „The conduct of an organ of a territorial governmental entity ... shall also be considered as an act of that State ..." Die unter dem Stichwort „mittelbare Haftung" zusammengefaßte Diskussion — dazu vor allem *Klein*, differenziert auch *von Münch*, Delikt, S. 247 ff. — betrifft die vorliegende Konstellation nicht: „Mittelbar" haften kann der Gesamtstaat nur für ein völkerrechtserhebliches Verhalten seiner Gliedstaaten, für das diese — nur „rechtstheoretisch", *Klein*, S. 172 — selbst — worauf allerdings wegen praktischen Schwierigkeiten in der Durchsetzung verzichtet wird — unmittelbar zur Verantwortung gezogen werden könnten.

[610] Die geringe Anzahl von für deutsche Rundfunksender nutzbaren Frequenzen und der zum Wiederaufbau und Betrieb der Rundfunkanstalten notwendige hohe finanzielle Aufwand gaben neben den von den Besatzungsmächten verfolgten Intentionen zur Gewährleistung größtmöglicher Staatsferne den Ausschlag zugunsten dieses Organisationstypus, s. *Boelcke*, S. 539 ff. und *Leibholz*, Gutachten, S. 28; zur Geschichte des Rundfunks in Deutschland auch das Fernseh-Urteil, BVerfGE 12, 205 (208 ff.).

rakter zuzusprechen, um sie so dem völkerrechtlichen Verantwortungsbereich der Bundesrepublik zu unterstellen[611]. Im Zusammenhang mit den grenzüberschreitenden Rundfunk- und Fernsehprogrammen der ARD und des ZDF muß sich eine differenzierte Prüfung der haftungsrechtlichen Problematik vielmehr analog den oben[612] erläuterten Grundsätzen zunächst — ohne dabei die formelle organisatorische Struktur der Sender überzubewerten — am materiellen Aufgabengebiet dieser Rundfunkanstalten orientieren, um sodann — hilfsweise — die Indizien der exekutivischen Einflußnahme auf die Programmgestaltung, die finanzieller, personeller oder inhaltlicher Natur sein mögen, zu untersuchen.

a) Der Charakter ihrer Aufgaben

Rekurriert das Völkerrecht zur Ermittlung der Organeigenschaft einer nationalen Organisation allgemein auf das Kriterium der von dieser Organisation materiell wahrgenommenen Funktion[613], muß es sich auch bei der Sondierung des Organcharakters von ARD und ZDF mit der Frage deren Funktionsbereiches, die mit dem grundsätzlichen Problem der Verortung des bundesdeutschen Rundfunkwesens im Spannungsfeld Staat — Gesellschaft untrennbar verknüpft bleibt, beschäftigen.

Es ist deshalb festzustellen, inwieweit die Rundfunk- und Fernsehversorgung durch ARD und ZDF über die Erfüllung einer bloß öffentlichen Aufgabe hinaus, die für sich genommen — auch wegen „der sprachgeschichtlich bedingten Relativität des Wortes ‚öffentlich'"[614] — keinen Rückschluß auf die völkerrechtliche Organqualität erlaubt[615], der staatlichen Sphäre zuzurechnen ist.

Mit der Erkenntnis, daß Rundfunk und Fernsehen in der Bundesrepublik in dem ihnen von Verfassung und Gesetzen gezogenen Rahmen einen Beitrag zur Daseinsvorsorge leisten und so einen Teil der öffentlichen Leistungsverwaltung konstituieren[616], ist noch kein Urteil über den Umfang staatlicher Ingerenz in der Erbringung dieser Leistung statthaft, da sich allein mit dem Schlagwort der Daseinsvorsorge der

---

[611] So aber *Dambmann,* S. 96: „Diese Anstalten sind juristische Personen des öffentlichen Rechts und als solche Träger hoheitlicher Befugnisse."

[612] III. Teil 1. Kap. A.I.

[613] Siehe oben III. Teil 1. Kap. A.I.

[614] *Martens,* S. 36; es besteht wohl Einigkeit darüber, daß der vom öffentlichen Interesse ausgehende Begriff der „öffentlichen Aufgabe" keinerlei normative Relevanz hat, sondern ausschließlich soziologisch deskriptiver Natur ist und dabei durch Erfassung vieler gemeinschaftsbezogener Tätigkeiten — jede Berufsausübung dient letztlich dem öffentlichen Interesse — heillos ausufert, s. *Bethge,* Mehrwertsteuer, S. 495; *Herrmann,* Fernsehen, S. 351; *Leibholz,* Gutachten, S. 15; *Martens,* S. 117 und *Peters,* S. 878.

[615] Siehe oben III. Teil 1. Kap. A.I.

[616] Etwa *Berendes,* S. 89 und *Bethge,* Mehrwertsteuer, S. 496.

rechtliche Gehalt des „Vorsorgebereichs“ nicht erfassen läßt[617]. In einem freiheitlich demokratischen Verfassungsstaat kann es auch unter dem Gesichtspunkt expandierender Leistungsverwaltung keine „omnipotente und omnikompetente“[618] Staatsgewalt geben. Diese ist vielmehr eingebunden in die ihr von der Verfassung, die die Staatskompetenzen ja nicht nur horizontal — gewaltenteilig — rebruziert, sondern sie auch vertikal — durch die Umreißung eines staatsfreien, dem Spiel der gesellschaftlichen Kräfte vorbehaltenen Raumes — abgrenzt, zugewiesenen Zuständigkeiten[619]. Maßstab dafür, inwieweit sich die bundesdeutsche Staatsgewalt mit der sachlich-materiellen Aufgabe „Rundfunk und Fernsehen“ befassen darf oder sie der gesellschaftlichen Selbstregulierung überlassen muß, kann also nur das Grundgesetz — Art. 5 Abs. 1 Satz 2 — sein.

Problematisch ist allerdings, daß die in Art. 5 verbürgte Rundfunkfreiheit zwar zunächst „als typisches Abwehrrecht im Sinne des status negativus angelegt und damit dem liberalen System der strukturellen Scheidung von Staat und Gesellschaft verhaftet ist“[620], andererseits aber die — jedenfalls bislang vorherrschenden — technischen Gegebenheiten, die den Zugang zur Gestaltung des Mediums Rundfunk gravierend verengten, geradezu eine staatliche Regelung erheischten, um den de constitutione lata verbotenen — einzelne gesellschaftliche Gruppen privilegierenden — Tendenzsender zu verhindern[621]. Aus dieser Gemengelage verfassungsrechtlicher Verbots- und Gebotsnormen im Rundfunkbereich — hie klassisches individualistisches Abwehrrecht, da Verfassungsauftrag zur Gewährleistung notwendiger Pluralität — erklären sich denn auch die Schwierigkeiten der Verfassungsrechtslehre bei der Einordnung des Rundfunks im Schema Staat — Gesellschaft[622].

Bejaht man nämlich die Kompetenz des Staates, das organisationsrechtliche Gerüst für Rundfunk und Fernsehen legislativ festzulegen, gesteht man ihm zu zu bestimmen, daß sich zum Schutze der „gesellschaftlich relevanten Kräfte“ — nur — die oligopolistischen Anstalten des öffentlichen Rechts dieser Medien anzunehmen haben[623], dann kann

[617] „... bedeutet Daseinsvorsorge ... nicht stets oder eo ipso das Bestehen originärer Staatskompetenzen“, *Scholz*, S. 302.

[618] *Martens*, S. 119.

[619] Vgl. *Leibholz*, Gutachten, S. 16; *Forsthoff*, S. 21: „Die freiheitsstiftende rechtsstaatliche Verfassung steht und fällt mit der Unterscheidung von Staat und Gesellschaft.“

[620] *Scholz*, S. 301.

[621] BVerfGE 12, 205 (262/263): „Art. 5 verlangt jedenfalls, daß dieses moderne Instrument der Meinungsbildung weder dem Staat noch *einer* gesellschaftlichen Gruppe ausgeliefert wird.“

[622] Dazu *Ossenbühl*, Staatsaufsicht, S. 42 und *Stern / Bethge*, S. 67.

[623] BVerfGE 12, 205 (262): „Es steht mit Art. 5 nicht in Widerspruch, wenn einer ... Institution unter den gegenwärtigen technischen Gegebenheiten ...

man nicht umhin, anzuerkennen, daß diese Medien nicht völlig außerhalb des Staates stehen[624].

Folgert man desweiteren aus der — für die mittelbare Staatsverwaltung grundsätzlich typischen — Organisationsform „Anstalt des öffentlichen Rechts“[625] die Einsicht, Rundfunk und Fernsehen seien in der Bundesrepublik der mittelbaren Staatsverwaltung zuzurechnen[626], ist in Anlehnung an Peters — „... wenn der Staat die Aufgabe ... in mittelbarer Verwaltung durch ... eine Anstalt des öffentlichen Rechts ... erfüllen läßt, liegt eine staatliche Aufgabe vor“[627] — die Grenze zum Staatlichen vollends überschritten.

Diese Auffassung, der sich auch das Bundesverfassungsgericht nicht energisch genug widersetzte[628], trägt jedoch der Überlegung, daß der Staat, auch wenn er sich „irgendwie beaufsichtigend oder regelnd“ mit öffentlichen Aufgaben beschäftigt, „zu ihnen formaljuristisch verschiedene Haltungen einnehmen“ kann[629] — Konsequenz: der Schluß von der Institution auf die Funktion ist unzulässig[630] —, keine Rechnung.

Zur Erfassung des materiellen Aufgabencharakters von Rundfunk und Fernsehen bleibt vielmehr festzuhalten, daß die juristischen Personen des öffentlichen Rechts bloße „Zweckschöpfungen des Staats“, die einer bestimmten Sachaufgabe zu dienen haben, sind[631]. Gehorcht man

---

ein Monopol für die Veranstaltung von Rundfunkdarbietungen eingeräumt wird ...“. Diesem Urteil folgend BVerfGE 31, 314 (328/329); zur Organisationskompetenz des Staates auch *Herrmann*, Fernsehen, S. 354; *Leibholz*, Gutachten, S. 31; *Ossenbühl*, Rundfunk, S. 7. Bedenken zur Frage, ob jene vom BVerfG ins Feld geführten „technischen Gegebenheiten“ nach wie vor existieren und so das „technische Monopol des Bundes und das organisatorische Oligopol der Länder“ noch zu rechtfertigen vermögen, äußert von *Pestalozza*, S. 25 ff.

[624] *Geiger*, S. 28, läßt für diese Feststellung den Hinweis genügen, daß die Rundfunkanstalten ihre Existenz einem staatlichen Gesetz verdanken.

[625] Dieser Organisationstypus wird vom positiven Recht in der Umschreibung der Verwaltungsrechtswissenschaft als nach Maßgabe des öffentlichen Rechts und unter der Trägerschaft des Staates oder einer anderen Hoheitsperson gebildet vorausgesetzt, so m. w. N. *Martens*, S. 108.

[626] Nachweise bei *Berendes*, Anm. 130, S. 96; so hat etwa der BayVGH in BayVBl. 1964, S. 333, die Rundfunkanstalten ganz unproblematisch der mittelbaren Staatsverwaltung zugeschlagen.

[627] *Peters*, S. 880.

[628] Zumindest mißverständlich BVerfGE 31, 214 (329), wo aus der Tatsache der Zuweisung der Aufgabe Rundfunk an Anstalten des öffentlichen Rechts die Bewertung abgeleitet wird, die Rundfunkanstalten erfüllten „öffentlichrechtliche Aufgaben“; mit Recht kritisch dazu die dissenting opinion der Richter *Geiger*, *Rinck* und *Wand* ebenda, S. 342; sowie *Leibholz*, Rundfunkfreiheit, S. 11; *Ossenbühl*, Staatsaufsicht, S. 41 und *Scholz*, S. 301/302.

[629] *Peters*, S. 894/895.

[630] *Ossenbühl*, Rundfunk, S. 29 und *Bethge*, Mehrwertsteuer, S. 495.

[631] *Berendes*, S. 90. Nicht mehr kontrovers ist inzwischen der Passus im Fernseh-Urteil, BVerfGE 12, 205 (206), der die öffentliche Aufgabe Rundfunk

dann — ungeachtet der Organisationsform — dem Gebot der Rückbesinnung auf das „Typusbestimmende und Essentiale dieses Massenmediums", das im „publizistischen, kommunikativen Sektor"[632], jedenfalls nicht — „von peripheren materiellrechtlichen Punkten abgesehen"[633] — im durch Befehl, Gebot und Zwang gekennzeichneten hoheitlichen Bereich anzusiedeln ist, muß man zu dem Ergebnis gelangen, daß Rundfunk und Fernsehen in der Bundesrepublik ihrem Wesen nach nicht im Staatlichen ressortieren. Der Staat hat zwar — der Weisung aus Art. 5 GG folgend — treuhänderisch dafür Sorge zu tragen, „daß die gesellschaftlich relevanten Gruppen in ausgewogenem Verhältnis an der Darbietung von Rundfunk- und Fernsehveranstaltungen teilnehmen"[634]. Zu diesem Zweck ist er auch kompetent, nach seinem legislativen Ermessen die geeignete Trägerform dieser Medien zu normieren. Nicht aber darf er — hier dem ebenfalls aus Art. 5 abzuleitenden Verbot des Staatsrundfunks nachkommend — aus seiner Zuständigkeit zur Regelung der Trägerschaft auf seine Herrschaft über Rundfunk und Fernsehen schließen[635].

Bleiben demnach die Befugnisse des Staates derart gegenständlich auf die Zuständigkeit zur Organisation beschränkt[636], bleibt der Staat also nur „Organisationssubjekt"[637], dann kann es alleine die Gesellschaft, mediatisiert freilich durch die Rundfunkanstalten[638], sein, die sich mit dem Funktionskreis „Rundfunk" befaßt: Nur sie nimmt — mittels des staatlicherseits zur Verfügung gestellten Instruments „öffentlich-rechtliche Rundfunkanstalt" — die „öffentliche Aufgabe" der Rundfunkversorgung wahr.

Unterstehen die deutschen Rundfunkanstalten somit lediglich dem gesellschaftlichen Bereich, ist die Bundesrepublik als Hoheitsträger von

---

unter der Bedingung, daß „sich der Staat mit dieser Aufgabe in irgendeiner Form befaßt", zur staatlichen Aufgabe deklarierte: Nach einhelliger Ansicht wollte das BVerfG damit nur eine föderative Kompetenzabgrenzung treffen, s. statt vieler *Ipsen*, Mitbestimmung, S. 39. Leider wieder verwirrend das VG Mainz im „ZDF-Aufsichtsstreit", JZ 1979, S. 303: „... (das ZDF ist) ein von den Ländern (Staat) gegründeter, selbständiger Träger von in deren Kompetenzbereich fallenden Aufgaben".

[632] *Bethge*, Mehrwertsteuer, S. 496.

[633] Die abweichende Meinung in BVerfGE 31, 314 (342) erkennt richtig, daß die als Anstalten des öffentlichen Rechts organisierten Medien Rundfunk und Fernsehen bis auf Fragen wie der Zuteilung von Sendezeiten an Parteien „jedes spezifisch öffentlich-rechtlichen Elements ermangeln".

[634] BVerfGE 31, 314 (341).

[635] Es mag deshalb gerechtfertigt sein, von mittelbarer Staatsverwaltung im organisatorischen, nicht aber im funktionellen Sinne zu sprechen, „denn funktionell ist (der Rundfunk) vom Staat ... gerade unabhängig", *Scholz*, S. 302.

[636] BVerfGE 31, 314 (339).

[637] *Krause-Ablaß*, Neutralität, S. 116.

[638] *Derselbe*, ebenda, S. 116.

Verfassungs wegen daran gehindert, Rundfunk als Staatsaufgabe zu betreiben, dann können ARD und ZDF jedenfalls nicht kraft des Merkmals „Erfüllung staatlicher Aufgaben" als Organe im völkerrechtlichen Sinne gelten[639].

b) Kriterien exekutivischer Einflußnahme

Wie bereits dargelegt[640], läßt sich die völkerrechtliche Organqualität eines inländischen Verbandes aber auch anhand des Grades staatlichen Einflusses auf die Abwicklung seiner Geschäfte eruieren: Je breiter das Spektrum rechtlicher und tatsächlicher Einwirkungsmöglichkeiten der Exekutive ist, um so stärker nähert sich die betreffende Organisation der Stellung eines völkerrechtlichen Organs. Für ARD und ZDF heißt das, daß — obwohl sie materiell keine staatlichen Aufgaben erfüllen — noch erörtert werden muß, inwieweit staatliche Stellen befugt sind, auf die Programmgestaltung Einfluß zu nehmen.

Zunächst ist an die Möglichkeit finanziellen Drucks auf die Rundfunkanstalten zu denken. Zwar decken sie ihren großen Finanzbedarf überwiegend mit der von allen Rundfunkteilnehmern erhobenen Rundfunkgebühr[641]. Diese Regelung wird auch am ehesten der von Art. 5 GG geforderten Unabhängigkeit der Rundfunkträger gerecht, da eine Bezuschussung aus öffentlichen Haushalten die Gefahr in sich birgt, die Rundfunkanstalten in eine zu enge Abhängigkeit zum Staat zu bringen und andererseits eine exklusiv auf Werbeeinnahmen beruhende Finanzierung das Risiko eines Konflikts mit Öffentlichkeits- und Gemeinwohlinteressen nicht ausschließen kann[642]. Die Höhe der Rundfunk- und Fernsehgebühr wird allerdings nicht — „wie es dem Grundsatz der Freiheit und Unabhängigkeit vom Staat entsprechen würde"[643] — von den Anstalten selbst, sondern staatsvertraglich von den Bundesländern unter Inanspruchnahme ihrer Zuständigkeiten im Rundfunkwesen festgesetzt[644]. Vom völkerrechtlichen Gesichtspunkt ist dies für die Frage des Organcharakters von ARD und ZDF jedoch solange unbeachtlich, wie diese Anstalten durch ihre Gebundenheit an die staatliche Gebüh-

---

[639] Für das Völkerrecht im Ergebnis genauso *Remmele*, S. 115 ff.

[640] Siehe oben III. Teil 1. Kap. A.I.

[641] Siehe den Staatsvertrag über die Regelung des Rundfunkgebührenwesens vom 5. 12. 1974, bei *Herrmann*, Gesetze, S. 321 ff., und § 23 des ZDF-Staatsvertrags, *Herrmann*, Gesetze, S. 255, wonach dieser Anstalt 30 v. H. des Aufkommens an Fernsehgebühren der Landesanstalten zufließen. Eine Übersicht über die kontroverse Literatur zur Rechtsnatur der Rundfunkgebühr gibt *Bethge*, Mehrwertsteuer, Anm. 31, S. 497/498.

[642] Siehe die abweichende Meinung in BVerfGE 31, 314 (344/345).

[643] BVerfGE 31, 314 (345).

[644] Zuletzt mit dem Staatsvertrag über die Höhe der Rundfunkgebühr vom 5. 7. 1973, *Herrmann*, Gesetze, S. 329 f.

renfestsetzung nicht ihre faktische Selbständigkeit in der Auswahl, Planung und Durchführung der Programme verloren haben[645]. Dafür, daß die ARD und das ZDF die ihnen einmal zur Verfügung gestellten Mittel nicht nach freiem — nur nach allgemeinen haushaltsrechtlichen Grundsätzen ausgerichtetem — Ermessen verwendet hätten oder aus Rücksicht auf eventuelle finanzielle Repressalien auf die Ausstrahlung einzelner Sendungen verzichtet hätten, sind indessen keine Hinweise vorhanden.

Als zweiter Komplex staatlicher Einflußmöglichkeiten auf die Rundfunkanstalten ist die Frage der personellen Verflechtung des Staates mit den rundfunkeigenen Aufsichtsgremien kritisch zu beleuchten. Idealtypisch sollen die Rundfunkräte zwar lediglich den angesichts der Staatsunabhängigkeit des Rundfunks gebotenen „Legitimationsausgleich" durch eine „ausgewogene Gesellschaftskontrolle" sicherstellen[646]. Dem trägt auch die Weisungsfreiheit und sachliche Unabhängigkeit der Mitglieder der Rundfunkräte Rechnung[647]. Bedenkt man jedoch, daß 1972 von den 367 Mitgliedern der deutschen Rundfunk- und Fernsehräte 130, also 35 v. H., der Exekutive oder der Legislative angehörten und von den insgesamt 90 Verwaltungsräten 49, also 55 v. H., Beamte, Regierungsmitglieder oder Abgeordnete waren[648], berücksichtigt man ferner die Durchdringung der Rundfunkgremien mit Mitgliedern der politischen Parteien[649], was infolge der allgemeinen Entwicklung zur parteienstaatlichen Demokratie — wo „die Parteien ... in den politisch-staatlichen Raum hineinwachsen und zu einer Klammer geworden (sind), die Staat und Gesellschaft zusammenhält und überwölbt"[650] — zwangsläufig zu einer weiteren „Stärkung des staatlichen Elements"[651] führen muß,

[645] Siehe die ähnlich gelagerte Problematik bei der Finanzierung von RFE/RL oben III. Teil 1. Kap. A.II.2.b).

[646] *Ipsen*, S. 38. In den alten noch von den Besatzungsmächten gegründeten Rundfunkanstalten gilt das Prinzip des sogenannten pluralistischen Rundfunkrats, in den die „gesellschaftlich relevanten Gruppen" ihre Vertreter selbst entsenden, während die „staatlich-politischen" Rundfunkräte der neueren Anstalten von den betreffenden Länderparlamenten oder -regierungen bestimmt werden, zur Typologie der Rundfunkräte *Berendes*, S. 78 ff.; *Ipsen*, S. 41 ff. und *Keidel*, S. 16 ff.

[647] Dazu *Berendes*, S. 43. Die so geschützte Rundfunkfreiheit mag dann andererseits Anlaß zur Befürchtung geben, die Rundfunkanstalten seien „Nisthöhlen für Cliquen", *Forsthoff*, S. 156, und die einzigen „Inseln in der Demokratie, wo Macht ohne Risiko existiert", *Geiger*, S. 27.

[648] *Starck*, S. 22. Es ist zumindest zweifelhaft, ob diese staatliche „Personalpräponderanz" nicht den vom BVerfG im Fernseh-Urteil, BVerfGE 12, 205 (263), für zulässig gehaltenen „angemessenen" Anteil staatlicher Vertreter in den Organen der Rundfunkanstalten übersteigt, dazu *Mallmann*, Gutachten, S. 112; *Ipsen*, S. 43 und *Keidel*, S. 35 ff.

[649] So sieht etwa § 14 Abs. 1 c) des ZDF-Staatsvertrags die Entsendung von 12 Delegierten in die Rundfunkorgane allein nach dem „Parteien-Proporz-Karussell", *Leibholz*, Rundfunkfreiheit, S. 15, vor.

[650] *Leibholz*, Rundfunkfreiheit, S. 20.

dann erscheint die vielbeschworene Staatsferne der deutschen Rundfunkanstalten allerdings in einem anderen Licht.

Ob aber diese ansehnliche Beteiligung staatlicher und parteiverbundener Repräsentanten in den Rundfunk- und Verwaltungsräten der Rundfunkanstalten den Rückschluß auf die — dann auch den völkerrechtlichen Organcharakter von ARD und ZDU begründende — faktische staatliche Beherrschung des Programms dieser Medien tragen kann, hängt — neben der zweifelhaften Frage, ob die „staatlichen Kräfte" wirklich dominant sind und der rechtlich nicht faßbaren Problematik, inwieweit sich dieser Personenkreis tatsächlich den „Staatsinteressen" verpflichtet fühlt und ihnen entsprechend handelt — vorrangig von den Kompetenzen der Rundfunkgremien ab.

Die Aufstellung, die Starck von den programmbeeinflussenden Befugnissen der Rundfunkräte gegeben hat, ist nun in der Tat auf den ersten Blick imposant. Sie können nämlich einmal mit Programmrichtlinien, Programmberatung und Programmüberwachung direkt Einfluß auf das Programm nehmen. Hinzu kommen weitere indirekte Einflußrechte qua Personalentscheidungen — wie die Wahl des Intendanten — und qua Finanzentscheidungen — wie Beschlüsse über Haushalts- und Wirtschaftspläne[652].

Andererseits darf aber nicht vergessen werden, daß die Rundfunk- und Fernsehräte schon allein wegen ihrer Größe kaum zur Ausübung einer „effektiven ... die Programmgestaltung fortlaufend überwachenden Rechtskontrolle"[653] in der Lage sein werden. Sie mögen mittels ihrer geschilderten Machtbefugnisse zwar fähig sein, generelle rundfunkpublizistische Tendenzen festzuschreiben. Über diesen Rahmen pauschaler, präventiver Lenkung hinaus werden sie jedoch angesichts ihres „‚Effektivitätsdefizits', (das sich) zwangsläufig aus der Organisationsstruktur der ‚Gesellschaftskontrolle' ergibt"[654], nicht imstande sein, im vorhinein jede Sendung zu überprüfen.

Dann kann aber auch nicht mit Hilfe des Indizes der personellen Beteiligung des Staates im deutschen Rundfunkwesen von einer staatlichen Beherrschung der Programmtätigkeit die Rede sein. Folglich dürfen ARD und ZDF auch nicht unter dem Gesichtspunkt personeller staatlicher Einflußnahme als völkerrechtliche Organe betrachtet werden.

---

[651] *Berendes*, S. 72. Fakten zum „Parteiendruck" in den Rundfunkanstalten bei *Starck*, S. 27 ff.

[652] *Starck*, S. 23 f. und seine Übersichtstabelle, S. 45.

[653] *Mallmann*, Gutachten, S. 113; zu den strukturbedingten Aufsichtsschwächen der Rundfunkgremien auch *Maunz / Dürig / Herzog / Scholz*, Rdn. 227 ff. zu Art. 5.

[654] *Mallmann*, Gutachten, S. 113.

Schließlich sollen als letzte exekutivische Gestaltungsmöglichkeiten der Programme von ARD und ZDF die in einigen Rundfunkgesetzen und -staatsverträgen enthaltenen staatsaufsichtlichen Kompetenzen angesprochen werden.

Die deutschen Rundfunkanstalten können zwar wegen des Verfassungsgebots der Rundfunkfreiheit keiner staatlichen Fachaufsicht unterworfen werden[655]. Immerhin gewähren aber § 19 des Staatsvertrags über den Südwestfunk, § 22 des Staatsvertrags über den Norddeutschen Rundfunk, § 24 des Gesetzes über den Westdeutschen Rundfunk, § 34 des Gesetzes über die Veranstaltungen von Rundfunksendungen im Saarland sowie § 25 des Staatsvertrags über das Zweite Deutsche Fernsehen den betreffenden Landesregierungen rechtsaufsichtliche Kompetenzen[656]. Die übrigen noch unter amerikanischem Besatzungsregime zustandegekommenen Rundfunkgesetze sehen dagegen keinerlei Staatsaufsicht über den Rundfunk vor[657]. Da für diese Rundfunkanstalten — es dreht sich hierbei um den Bayrischen Rundfunk, Radio Bremen, den Hessischen Rundfunk, den Sender Freies Berlin und den Süddeutschen Rundfunk — auch nicht aus ihrer Organisationsform als Anstalten des öffentlichen Rechts auf stillschweigend vorausgesetzte Aufsichtsbefugnisse geschlossen werden darf[658], sind sie gänzlich aufsichtsfrei[659].

Schon wegen dieser von Sender zu Sender divergierenden Bestimmungen ist deshalb der Gesichtspunkt der Rechtsaufsicht als Indiz für die völkerrechtliche Organeigenschaft von deutschen Rundfunkanstalten wenig geeignet. Stützte man nämlich die Bejahung des Organcharakters einzelner Rundfunkanstalten allein auf das Kriterium ihrer Unterworfenheit unter eine exekutivische Rechtsaufsicht, käme man zu dem

---

[655] Zum Ausschluß der Fachaufsicht *Berendes*, S. 100 ff.; *Bethge*, Rundfunkaufsicht, S. 442 und *Wilkens*, S. 102 ff.

[656] Im Falle des Südwestfunks und des ZDF „wandert" die Rechtsaufsicht turnusmäßig zwischen den beteiligten Bundesländern, im Falle des Norddeutschen Rundfunks wird sie von den drei betroffenen Landesregierungen gemeinsam ausgeübt; zur „justiziellen Modifizierung der Rechtsaufsicht im Südwestfunk-Staatsvertrag" *Wilkens*, S. 114; zur Aufsicht über die DW und den DLF unten III. Teil 1. Kap. A.II.; die rundfunkrechtlichen Regelungen bei *Herrmann*, Gesetze.

[657] So ausdrücklich § 1 Abs. 1 Satz 2 des Gesetzes über den Hessischen Rundfunk.

[658] Mit der Begründung, daß die Staatsaufsicht „nicht aus der Anstaltsnatur und ihrer ‚Mittelbarkeit' zur staatlichen Verwaltung hergeleitet werden (kann), da es gerade an dieser fehlt", *Ipsen*, S. 50, inzwischen wohl überwiegende Ansicht, vgl. a. *Bethge*, Rundfunkaufsicht, S. 444; *Berendes*, S. 89 f.; *Wufka*, S. 108 ff. und *Mallmann*, Gutachten, S. 69. Falsch deshalb der BayVGH, BayVBl. 1964, S. 332 ff., der entsprechend Art. 55 Abs. 5 Satz 2 der Bayrischen Verfassung, wo der Exekutive generell die Aufsicht über Körperschaften des öffentlichen Rechts eingeräumt ist, die Rechtsaufsicht trotz fehlender Normierung im Rundfunkgesetz für zulässig hielt.

[659] *Jank*, S. 102/103.

merkwürdigen Ergebnis, daß die Bundesrepublik zwar für völkerrechtswidrige Sendungen des Westdeutschen Rundfunks einzustehen hätte, sich aber gleichermaßen völkerrechtswidrige Programme des Bayrischen Rundfunks nicht als organschaftliches Tun zurechnen lassen müßte — ein Tatbestand, der den betroffenen auswärtigen Staaten angesichts der im wesentlichen gleichen Struktur beider Sender nur schwer verständlich zu machen wäre[660].

Aber auch für jene Rundfunkanstalten, die de lege lata einer auch den Programmbereich einschließenden Rechtsaufsicht unterstehen[661], sind die durch die Rechtsaufsicht indizierten staatlichen Eingriffsrechte nicht stark genug, ihnen einen völkerrechtlichen Organcharakter zuzusprechen. Weitgehend anerkannt ist nämlich, daß die staatlichen Aufsichtsmittel und die Aufsichtsmaßstäbe mit Blick auf die von Art. 5 GG geforderte Staatsunabhängigkeit restriktiv verstanden werden müssen[662], ja daß sie gegenüber den anstaltsinternen Überwachungs- und Kontrollmechanismen eine nur subsidiäre und sekundäre Rolle zu spielen haben. So hat das VG Mainz ausgehend von den der Rechtsaufsicht durch Art. 5 Abs. 1 Satz 2 GG gesteckten Grenzen im „ZDF-Aufsichtsstreit“[663] rechtskräftig entschieden, daß sich die Verantwortung des Staates — da er ja nur die Rundfunkorganisationskompetenz, das heißt die Befugnis habe, „eine Plattform zu errichten, die Grundlage für die Durchführung der öffentlichen Aufgabe Rundfunktätigkeit ist“[664] — aus aufsichtsrechtlicher Sicht darin erschöpfe, den ungestörten Betrieb der „Selbstverwaltungsorganisation“ Rundfunkanstalt zu überwachen beziehungsweise sicherzustellen, daß die Rundfunkanstalten die ihnen obliegenden Angelegenheiten erfüllten. Aber „... wenn Kontrollorgane innerhalb der Selbstverwaltungsorganisation zur (Eigen-)Kontrolle der Anstalt geschaffen worden sind, (kann) der Staat erst dann mit Aufsichtsmaßnahmen eingreifen, wenn diese Organe die ihnen übertrage-

---

[660] *Dahms*, LB III, S. 203, Auffassung, es komme für die Zuordnung von öffentlich-rechtlichen Körperschaften zum Staat nicht auf deren exekutivische Beaufsichtigung an, hilft hier nicht weiter: Er bezieht sich hierbei nur auf solche Verbände, die mit der Ausübung von hoheitlichen Funktionen betraut sind, was ja für die Rundfunkanstalten in der Bundesrepublik gerade nicht der Fall ist.

[661] In Literatur und Rechtsprechung konnte sich das besonders von *Leibholz*, Gutachten, S. 34 ff., mit dem Argument der „Staatsfreiheit“ des Rundfunks und des Demokratieprinzips verfochtene Verbot der Rechtsaufsicht im Programmbereich nicht durchsetzen, vgl. VG Mainz, JZ 1979, S. 303 ff.; *Mallmann*, Gutachten, allenthalben und *Berendes*, S. 104 ff.

[662] Vgl. VG Mainz, JZ 1979, S. 303 ff.; *Berendes*, S. 157 ff. und 176 ff. sowie *Mallmann*, Gutachten, S. 63 f., 98 ff. und 119: „Das Gebot des ‚Staatsaufsichtsminimums‘ gilt grundsätzlich auch für die Rechtsaufsicht über die Rundfunkanstalten ... als diese bei der Programmgestaltung nichtstaatliche Aufgaben erfüllen ...“

[663] Sachverhalt bei *Berendes*, S. 21 ff.

[664] VG Mainz, JZ 1979, S. 304.

nen Aufgaben nicht wahrnehmen oder ... zwar wahrnehmen, dabei aber die Rechtsordnung mißachten"[665].

Das Gericht geht also vom Vorrang der anstaltsinternen Kontrolle aus, verneint ein Durchgriffsaufsichtsrecht staatlicher Instanzen und verweist die Inhaber der Rechtsaufsicht solange auf eine sogenannte „Anstoßkompetenz" — das heißt ein Benachrichtigungsrecht gegenüber den Rundfunkgremien über staatlicherseits für rechtswidrig gehaltenes Anstaltsverhalten —, bis das Handeln der rundfunkeigenen Kontrollorgane selbst Anlaß zu staatsaufsichtlichem Tätigwerden gibt. Im Ergebnis bedeutet das dann de facto, da die Rundfunkgremien selbst, wie gesagt, zu einer effektiven Kontrolleistung nicht imstande sind, die Quasiaufsichtslosigkeit der Rundfunksender[666].

Sind dementsprechend in der Praxis die staatlichen Aufsichtsbefugnisse derart verwässert, daß die Aufsichtsführenden — anders als etwa die britische Regierung mittels ihrer direkten Eingriffsrechte in den Programmablauf der BBC[667] — keinen nennenswerten Einfluß auf noch zu sendende Programme nehmen können, dann fehlt das für die Organqualität von ARD und ZDF zu fordernde Minimum staatlicher Lenkungskompetenzen.

2. Zur Verantwortung der Bundesrepublik für ARD und ZDF entsprechend den völkerrechtlichen Haftungsgrundsätzen für das Verhalten Privater

Lassen sich somit die Inlandsrundfunkanstalten der ARD und das ZDF unter keinem Gesichtspunkt als Organe im Völkerrechtssinne kennzeichnen, müssen für eventuell von ihnen ausgestrahlte völkerrechtswidrige Programme die allgemeinen Regeln über die Verantwortlichkeit des Staates für das Verhalten Privater gelten[668]. Das heißt, die Bundesrepublik muß, um einer deliktischen Haftung nach außen zu entgehen, in bezug auf völkerrechtswidrige Sendungen von ARD und ZDF den vom Völkerrecht hinsichtlich privater grenzüberschreitender Rundfunktätigkeit geforderten Minimumstandard[669] einhal-

[665] VG Mainz, ebenda.

[666] Deshalb scharf gegen das Prinzip der Subsidiarität staatsaufsichtlicher Maßnahmen *Mallmann*, Gutachten, S. 116 ff.

[667] Siehe oben III. Teil 1. Kap. A.II.3.

[668] Mißverständlich *Remmele*, S. 117, der diese Sender völkerrechtlich zwar wie Private behandelt wissen will, die Haftung der Bundesrepublik aber deshalb ausschließt, weil der Staat durch die freiheitliche Struktur der Sender Völkerrechtsverletzungen nicht ermutige: Es kommt doch nur darauf an, ob die Bundesrepublik bei Völkerrechtsverletzungen der genannten Art der diesen Bereich beherrschenden due diligence genügt.

[669] Siehe oben III. Teil 1. Kap. B.

ten und Programme, die unter diese Verbotsnormen fallen, verhindern beziehungsweise die dafür Verantwortlichen bestrafen. Die Frage, inwieweit die staatlichen Organe dazu in der Lage sind, beantwortet sich nun nach der nationalen deutschen Rechtsordnung.

Als oberstes Gebot und Ausdruck der allgemeinen Völkerrechtsfreundlichkeit der bundesdeutschen Verfassung beherrscht Art. 26 Abs. 1 GG die hier anstehende Problematik[670]. Die dort postulierte Verfassungswidrigkeit von Handlungen, die geeignet sind und in der Absicht vorgenommen werden, das friedliche Zusammenleben der Völker zu stören, insbesondere die Führung eines Angriffskrieges vorzubereiten, bindet nicht nur Staatsorgane, sondern bedeutet auch für Privatpersonen ein „in besonders feierlicher Form ausgesprochenes"[671] Verbot solcher Handlungen.

Auch wenn die Interpretationsbemühungen um den Begriff des friedlichen Zusammenlebens der Völker bislang zu keinem endgültigen Ergebnis gelangt sind[672], müssen angesichts des tatbestandsmäßigen „Hauptbeispiels"[673] der Friedensstörung, nämlich der Vorbereitung eines Angriffskriegs, immerhin solche Aktivitäten unter die Verbotsnorm des Art. 26 subsumiert werden, die die Anwendung aggressiver Gewalt in den internationalen Beziehungen propagieren.

Das bedeutet, daß beispielsweise kriegshetzerischen Sendungen deutscher Rundfunkanstalten — insoweit überlagert Art. 26 als lex specialis die Garantien der Rundfunkfreiheit[674] — rechtlich unproblematisch schon mit den nach allgemeinem Polizeirecht zulässigen staatlichen Maßnahmen begegnet werden kann. Denn auch der Rundfunk ist nicht „polizeifest". Verstößt eine Sendung gegen geltendes Recht, wird etwa durch Kriegspropaganda Art. 26 verletzt, dann ist die öffentliche Sicherheit im Sinne der polizeilichen Generalklausel gestört, so daß ordnungsrechtliche Verfügungen die Ausstrahlung des betreffenden Programms verhindern können[675].

---

[670] Rundfunkrechtliche Konkretisierungen dieses Verfassungsprinzips in den §§ 4 Abs. 2 des Staatsvertrags über den Norddeutschen Rundfunk, 10 Abs. 2 des Gesetzes über den Saarländischen Rundfunk, 5 Abs. 1 des Staatsvertrags über den Südwestfunk, 4 Abs. 2 des Gesetzes über den Westdeutschen Rundfunk und 2 Abs. 2 Satz 1 des ZDF-Staatsvertrags — alle bei *Herrmann*, Gesetze —, die die Rundfunk- und Fernsehprogramme dieser Anstalten auf die Völkerverständigung und Friedenserhaltung verpflichten.

[671] *Maunz / Dürig / Herzog / Scholz*, Rdn. 4 zu Art. 26.

[672] Zur Kontroverse um restriktive oder extensive Auslegung des Art. 26 *Frank*, S. 47 ff.

[673] *Maunz / Dürig / Herzog / Scholz*, Rdn. 12 zu Art. 26.

[674] Vgl. *Maunz / Dürig / Herzog / Scholz*, Rdn. 20 zu Art. 26.

[675] Zur Verfassungsmäßigkeit der polizeilichen Generalklausel im Hinblick auf das Grundrecht der Presse- und, analog, der Rundfunkfreiheit allgemein *Kemper*, S. 69 ff. m. w. N. auf die h. M. in Anm. 5, S. 70; speziell zur Ver-

Dem steht nicht entgegen, daß nach Auffassung des Bundesverfassungsgerichts die allgemeinen Gesetze — hier Art. 26 in Verbindung mit der polizeilichen Generalklausel — „stets aus der Erkenntnis der wertsetzenden Bedeutung gerade dieses Grundrechts" — Art. 5 GG — „für den freiheitlich-demokratischen Staat ausgelegt werden" müssen[676], daß also immer eine Güterabwägung zwischen dem Rechtsgut des „allgemeinen Gesetzes" und den Schutzgütern des Art. 5 stattzufinden habe. Ist nämlich Art. 26 im Verhältnis zu Art. 5 tatsächlich die speziellere Norm[677], dann kann ein Vorgehen gegen eine Äußerung im Rundfunk, die unter das Verbot des Art. 26 fällt, nie die Freiheitsrechte des Art. 5 tangieren. Jene Lebenssachverhalte, die vom Normbereich des Art. 26 erfaßt werden, unterstehen von vornherein keinem grundrechtlichen Schutz. Art. 26 verkürzt demnach insoweit den Wirkungskreis des Art. 5. Die Frage nach einer Abwägung beteiligter Rechtsgüter stellt sich nicht mehr.

Aber selbst wenn man Art. 26 nicht als Spezialregelung gegenüber Arts 5 sieht, sondern von der grundsätzlichen Gleichwertigkeit beider Verfassungsprinzipien — des für eine freiheitlich-demokratische Staatsordnung „schlechthin konstituierende(n)"[678] Grundrechts der Meinungsfreiheit mit seinen presse- und rundfunkfreiheitlichen Anreicherungen einerseits und des Verfassungsverbots völkerfriedensgefährdender Handlungen andererseits — ausgeht und sie entsprechend den Grundsätzen der „praktischen Konkordanz" im Einzelfall gegeneinander abwägt[679], wird man „im Bereich der äußersten Friedensstörungen", also „bei Handlungsweisen, die an die Vorbereitung eines Angriffskrieges herankommen"[680] — dazu wären auch geistig-psychologische Vorbereitungshandlungen wie die per Rundfunk betriebene Kriegspropaganda zu zählen —, die Rechtsgüter des Art. 5 zurücktreten lassen müssen. Hier wird der Kern, der Wesensgehalt, des Art. 26 getroffen. Ihm gebührt dann der vorrangige Schutz.

Darüber hinaus geben die §§ 80 a, 131 Abs. 2 in Verbindung mit 131 Abs. 1, 127 und 102 ff. StGB den Organen der Bundesrepublik eine ausreichende Handhabe, um der vom Völkerrecht verlangten due diligence gerecht zu werden. So verbietet § 80 a die öffentliche, also auch die im Rundfunk verbreitete Aufstachelung zum Angriffskrieg, der allerdings — insofern enger als das Verbot des Art. 26 GG — die Beteiligung der

---

letzung des Art. 26 als Grundlage polizeilichen Einschreitens *Maunz / Dürig / Herzog / Scholz*, Rdn. 35 zu Art. 26.

[676] BVerfGE 28, 191 (202) mit Verweisen auf die frühere Rspr.

[677] Vgl. o. Anm. 674.

[678] BVerfGE 7, 198 (208).

[679] So gegen *Maunz* und *Killinger* mit guten Gründen *Frank*, S. 54 ff.

[680] *Frank*, S. 56.

Bundesrepublik Deutschland voraussetzt[681]. Mit § 131 Abs. 2 in Verbindung mit § 131 Abs. 1 ist der im Rundfunk propagierte Rassenhaß, der anders als die in § 130 pönalisierte Volksverhetzung nicht inländische Bevölkerungsteile betreffen muß[682], unter Strafe gestellt[683]. Über § 127 — das Verbot der Bildung bewaffneter Haufen — in Verbindung mit § 9 Abs. 2 Satz 2 StGB und die allgemeinen strafrechtlichen Regeln der Anstiftung und psychischen Beihilfe lassen sich — wobei gleichgültig ist, in welche Länder gesendet wird — im deutschen Rundfunk geäußerte Aufrufe zur Bildung bewaffneter Expeditionen und zum gewaltsamen Umsturz fremder Regierungen erfassen. Dem Ehrschutz ausländischer Staatsoberhäupter gegen beleidigende Rundfunkprogramme dient schließlich, unabhängig davon, ob sich die Betroffenen im Inland aufhalten, § 103 StGB[684].

Liegt nun eine bloße Bedrohung dieser strafrechtlich geschützten Rechtsgüter vor, können die Behörden unter Inanspruchnahme der Ermächtigungsgrundlage in der polizeilischen Generalklausel zunächst präventiv tätig werden. Dem Völkerrecht ist aber auch, falls der Eintritt der Rechtsverletzung nicht verhindert werden kann, mit einer strafrechtlichen Verfolgung genüge getan.

Jedenfalls braucht die Bundesrepublik, wenn ihre Organe das vorhandene verwaltungs- und strafrechtliche Instrumentarium mit der gehörigen Sorgfalt anwenden, mit einer Haftung anläßlich privater völkerrechtswidriger Rundfunksendungen nicht zu rechnen.

II. Für Programme der Deutschen Welle und des Deutschlandfunks

Auch für die Beantwortung der Frage, ob das Völkerrecht die beiden mit Auslandsrundfunk befaßten deutschen Sender[685] der Bundesrepublik als Organe oder als Private zuzuordnen hat, bildet der von diesen Rundfunkanstalten wahrgenommene materielle Aufgabenkreis die Entscheidungsgrundlage. Erfüllen die DW und der DLF mit der Übermitt-

---

[681] Vgl. § 80 StGB und *Schönke / Schröder*, Rdn. 8 zu § 80 a; gemäß § 11 Abs. 3 stehen den in § 80 a genannten Schriften Tonträger gleich.

[682] *Schönke / Schröder*, Rdn. 3 zu § 131.

[683] „Die Verbreitung durch den Rundfunk ... ist in Absatz 2 ausdrücklich gleichgestellt, weil zumindest zweifelhaft ist, ob die Begriffe des Absatz 1" — anders § 80 a, wo mit dem Terminus „öffentlich" Klarheit besteht — „auch für Live-Sendungen zutreffen", *Schönke / Schröder*, Rdn. 5 zu § 131.

[684] Sind die besonderen Strafverfolgungsvoraussetzungen des § 104 a nicht gegeben, kommen die allgemeinen Bestimmungen der §§ 185 ff. zum Zuge.

[685] Die DW sendet auf Kurzwelle in 33, der DLF auf Lang- und Mittelwelle in 14 Sprachen, vgl. *von Löwis of Menar*, S. 535 ff.; gemeinsam strahlten sie 1977 796 Wochenprogrammstunden ins Ausland, s. BBC-Handbook, S. 56. Zur Geschichte der DW nach dem Krieg *Steigner*, S. 125 ff.

lung ihrer Programme Staatsaufgaben, dann lassen sie sich unschwer als Organe im völkerrechtlichen Sinne kennzeichnen.

Zieht man nun allein den gesetzlichen Programmauftrag der beiden Stationen in Betracht — so sollen die Sendungen der DW „den Rundfunkteilnehmern im Ausland ein umfassendes Bild des politischen, kulturellen und wirtschaftlichen Lebens in Deutschland vermitteln und ihnen die deutsche Auffassung zu wichtigen Fragen darstellen und erläutern" während die Programme des DLF schlicht „ein umfassendes Bild Deutschlands vermitteln" sollen[686] —, läßt sich der „sachbestimmte Staatszweck"[687] des bundesdeutschen Auslandsdienstes, nämlich die rundfunkpublizistische Pflege auswärtiger Beziehungen[688], nicht bestreiten. Zu überlegen bleibt lediglich, ob nicht der das „Bundesrundfunkgesetz" überlagernde Art. 5 GG einer Bewertung der Rundfunktätigkeit von DW und DLF als Erfüllung von staatlichen Aufgaben entgegensteht. Das heißt, ob nicht auch für den Auslandsdienst des bundesdeutschen Rundfunks das Gebot der Staatsfreiheit zu gelten hat.

Gewiß ist richtig, daß das Telos der grundgesetzlich verbürgten Rundfunkfreiheit, den Prozeß der Meinungs- und Willensbildung von staatlichen Einflüssen freizuhalten, nicht nur zugunsten von Deutschen wirkt. Art. 5 ist kein Bürgerrecht. Er gewährt, jedenfalls im Bundesgebiet, „‚jedermann', also auch dem Ausländer, das Recht auf Meinungsfreiheit und der Teilnahme am Prozeß der öffentlichen Meinungsbildung"[689]. Dafür, daß Art. 5 nun darüber hinaus so zu verstehen sei, als garantiere er auch dem ausländischen Rundfunkempfänger im Ausland staatsfreie deutsche Rundfunksendungen, findet sich allerdings keine verfassungsrechtliche Stütze. Zwar lassen sich die Grundrechte, also auch Art. 5, „ihrer herkömmlichen ratio nach als negatorische Statusrechte nicht territorial radizieren", sie gelten „überall dort, wo deutsche öffentliche Gewalt wirksam wird, gleichgültig an welchem Ort"[690]. Daraus jedoch den Schluß zu ziehen, auch der Auslandsdienst habe sich entsprechend den organisationsrechtlichen Grundsätzen der Inlandsrundfunkanstalten zu vollziehen, hieße nicht nur den außenpolitischen Handlungsspielraum der Regierung in bedenklicher Weise zu untergraben — Berendes fragt

---

[686] §§ 1 Abs. 1 Satz 2 bzw. 5 Abs. 1 Satz 2 des DW/DLG-G, BGBl. 1960 I, S. 862 ff., bei *Herrmann*, Gesetze, S. 271 ff.

[687] *Krause-Ablaß*, Neutralität, S. 116.

[688] Zur von der Verfassungswirklichkeit wohl überholten Kontroverse über die Kompetenz des Bundes, unter Inanspruchnahme seiner Zuständigkeit aus Art. 73 Nr. 1 GG eine Bundesrundfunkanstalt mit dem Auslandsdienst zu betrauen, die ausführliche Literaturübersicht bei *Berendes*, Anm. 207, S. 111.

[689] *Berendes*, S. 112.

[690] *Ossenbühl*, DLF, S. 12, er sieht dieses Ergebnis zu Recht durch die Rechtswegeröffnung des Art. 19 Abs. 4 GG, der nicht differenziert, wo deutsche öffentliche Gewalt Rechte verletzt, bestätigt.

zu Recht, wer anders als die Regierung selbst denn die Legitimation besitze, darüber zu befinden, mit welchen Programmen der Rundfunk Außenpolitik zu betreiben habe[691] —, sondern bedeutete auch eine Verkennung des wahren Geltungsgrundes der Rundfunkprogrammfreiheit. Die demokratische Komponente dieser Verfassungsgarantie, die zum Zwecke einer ausschließlich im gesellschaftlichen Bereich anzusiedelnden öffentlichen Meinungsbildung institutionelle Sicherungen für die Staatsfreiheit im Inland gebietet, kann im Auslandsdienst nämlich deshalb nicht berührt werden, weil die Programmfreiheit in ihrem Bezug auf den Prozeß der öffentlichen Meinungsbildung, „der seinerseits als Integrationsfaktor freien demokratischen Lebens von Grundgesetzes wegen für den *bundesrepublikanischen* Staat unabdingbar ist“[692], als Element der demokratischen Grundordnung der Bundesrepublik notwendig ausschließlich auf die Verwirklichung dieser Ordnung im Inlande fixiert ist[693].

Allenfalls zwei Gesichtspunkte können dafür sprechen, auch den „extraterritorialen Rundfunkdienst“[694] den Garantien des Art. 5 zu unterstellen. Dies hätte einmal dann zu geschehen, wenn die Freiheit des Binnenmeinungsmarktes durch das Zurückfließen von ursprünglich nur für das Ausland konzipierten Informationen gefährdet wäre. Zum anderen wäre der Auslandsrundfunk auch dann vom Normbereich des Art. 5 umfaßt, wenn entweder durch die Anzahl von Deutschen im Ausland, die die deutschen Auslandsdienste hören, oder durch die Empfangsmöglichkeit auslandsgerichteter Sendungen im Inland, staatliche Manipulationen im gesamten inländischen Meinungsbildungsprozeß zu befürchten wären.

Die Möglichkeit der Beeinträchtigung der freien Meinungsbildung durch die Rückwirkung von ursprünglich auslandsgerichteter Kommunikation scheint nun schon allein wegen deren geringen Umfanges als negligeable, zumal dieser Rückfluß, hat er einmal die Grenze zur Bundesrepublik überschritten, dann mit der Kritik inländischer Medien konfrontiert und durch sie ausgeglichen wird[695].

Bei der Mithörmöglichkeit für deutsche Hörer im In- und Ausland wird man mit Ossenbühl dahingehend zu differenzieren haben, ob die „objektive Möglichkeit besteht, daß die (Auslandsprogramme) nach

---

[691] *Berendes*, S. 113: „Etwa die Organe einer autonomen Anstalt?“; ähnlich *Lerche*, S. 16.

[692] *Ossenbühl*, DLF, S. 12.

[693] Hinzu kommt, daß es dem deutschen Staat nicht zusteht, „Rundfunkfreiheit als Element objektiver Ordnung in den Nachbarstaaten anzustreben ...“, *Ossenbühl*, DLF, S. 12.

[694] *Berendes*, S. 112.

[695] Siehe *Ossenbühl*, DLF, S. 13; auch *Berendes*, S. 113 und *Remmele*, S. 45, betrachten die Rückwirkungsgefahr als unerheblich.

Empfangsbereich und (Sende-)Sprache, die inländische Meinungsbildung erheblich beeinflussen können"[696]. Für fremdsprachliche Sendungen darf man indessen eine solche Erheblichkeit allein mit quantitativen Erwägungen generell ausschließen. Das gilt gleichfalls für deutsche Programme der DW, die auf Kurzwelle ins Ausland gesendet werden. Die Anzahl deutscher Rezipienten im Ausland fällt, unter dem Aspekt einer beachtlichen Einwirkung auf den innerdeutschen Meinungsbildungsprozeß, ebensowenig ins Gewicht wie das — technisch erschwerte — Mithören dieser Sendungen im Inland[697].

Zu einem anderen Ergebnis muß man freilich für die auf Lang- und Mittelwelle ausgestrahlten deutschsprachigen Sendungen des DLF gelangen, die 80 v. H. seines Gesamtprogramms konstituieren und rund um die Uhr laufen[698]. Die deutschen Programme des DLF sind nämlich, sozusagen als technischer Reflex ihrer gesamtdeutschen Intention[699], in der Bundesrepublik ohne Schwierigkeiten zu empfangen. Sie bestimmen daher „in gleicher Weise wie die Sendungen der Länderanstalten den Prozeß der öffentlichen Meinungsbildung im Bundesgebiet"[700]. Hier ist also jene „objektive Möglichkeit erheblicher Beeinflussung" gegeben, so daß „im Interesse größtmöglicher Grundrechtseffektivität" jedenfalls die deutschsprachigen Programme des DLF dem Regime des Art. 5 zu unterstellen sind[701].

Nicht gefolgt werden kann dagegen der weitergehenden Argumentation einiger Autoren[702], die angesichts des beim DLF bestehenden „Organmonismus", der dem Dualismus seiner Aufgaben — einmal Auslandsrundfunk, zum anderen Berichterstattung für Deutschland — keine Rechnung trage, auch dessen Auslandssendungen an Art. 5 „partizipieren" lassen wollen. Auch unter einem organisatorischen Dach ist eine funktional bedingte Teilhabe an Art. 5 entsprechend der redaktionellen Aufgabenteilung — also Staatsfreiheit für den Rundfunk für Deutschland einerseits, andererseits aber Vorrang außenpolitischer Be-

---

[696] *Ossenbühl*, DLF, S. 14. Die bloße Tatsache der Mithörmöglichkeit erfordert nicht von vornherein einen von Art. 5 beherrschten Auslandsrundfunk, vgl. mit Bezug auf das Fernseh-Urteil des BVerfG *Lerche*, S. 15/16.

[697] So auch *Remmele*, S. 45.

[698] Siehe *Boelcke*, S. 599 und *Remmele*, S. 12.

[699] § 5 Abs. 1 Satz 1 DW/DLF-G ermächtigt die Bundesanstalt DLF, auch Rundfunksendungen für Deutschland auszustrahlen. Die Kompetenz des Bundes, mittels des DLF Rundfunk für Deutschland zu betreiben, leitet *Lerche*, S. 18 ff., aus den gesamtdeutschen Aufgaben des Bundes ab, zu deren Wahrnehmung das Wiedervereinigungsgebot als durchgehende Grundstruktur des GG ihm, dem Bund, entsprechende Zuständigkeiten zugewiesen habe; die exemplarische Gegenposition bei *Mallmann*, Bemerkungen, S. 350 ff.

[700] *Ossenbühl*, DLF, S. 14; ihm folgend *Berendes*, S. 115.

[701] So *Ossenbühl*, DLF, S. 14; *Berendes*, S. 115 und *Remmele*, S. 44 u. 72.

[702] Wie Anm. 701.

lange vor den Anforderungen der Rundfunkfreiheit für fremdsprachliche Sendungen — durchaus vorstellbar und praktikabel.

Die auslandsbezogenen Rundfunktätigkeiten der DW und des DLF entziehen sich demnach dem „Kraftfeld“[703] des Art. 5. Insbesondere kann diese Verfassungsnorm nicht so verstanden werden, als gewähre sie den „Rundfunkkommunikatoren“, also den bei der DW und beim DLF Beschäftigten, die Freiheit, ihre Rezipienten im Ausland nach eigenem Ermessen auszuwählen[704]. Bestehen gegen das Vorbringen der Protagonisten der sogenannten inneren Rundfunkfreiheit schon für den Inlandsrundfunk wegen der Gefahr verfassungswidriger Privilegierungen einzelner massive Bedenken, darf erst recht nicht die monopolistische rundfunkpublizistische Darstellung der Bundesrepublik im Ausland den Händen weniger Redakteure, die — anders als eine dem Parlament verantwortliche Regierung — keiner demokratischen Kontrolle unterliegen, anvertraut werden. Ja der Bund könnte — diese Konsequenz ist unausweichlich, hält man Art. 5 im Auslandsrundfunk für unanwendbar — eine in Aufgabenkreis der DW und dem DLF[705] entsprechende „Stimme der Bundesrepublik Deutschland“ nach Aufhebung des DW/DLF-G sogar in unmittelbarer Staatsregie, das heißt als bundeseigene Verwaltung im Sinne des Art. 87 Abs. 1 GG, führen[706].

Sind die von Art. 5 GG befohlenen Sicherungsmechanismen für einen staatsunabhängigen Meinungsbildungsprozeß mithin auf die Inlandsmedien beschränkt, darf die ausländische Rundfunkversorgung durch die DW und den DLF ohne Vorbehalte als Staatsaufgabe charakterisiert werden. Bedenkt man ferner, daß die deutschen Auslandsrundfunkdienste auf staatliche Finanzierungen angewiesen sind[707], daß in ihren Aufsichtsgremien von Gesetzes wegen immer eine personelle staatliche Vorherrschaft gegeben sein wird[708] und daß der Skepsis gegenüber einer effektiven staatlichen Durchgriffsaufsicht bei ihnen der verfassungsrechtliche Boden entzogen ist[709], kann der DW und dem DLF vernünftigerweise die völkerrechtliche Organstellung nicht versagt werden.

---

[703] *Ossenbühl*, DLF, S. 13.

[704] So aber *Herrmann*, Fernsehen, S. 109.

[705] Mit der Ausnahme dessen Sendungen für Deutschland.

[706] Für die Organisationsmöglichkeit nach Art. 87 Abs. 1 GG etwa *Remmele*, S. 42; *Krause-Ablaß*, RFE, S. 25; *Berendes*, S. 114 und *Wufka*, S. 105; dagegen *Mallmann*, Bemerkungen, S. 352 und *Lerche*, S. 16.

[707] Während die DW ausschließlich von Bundesmitteln — 1973 wurden für sie 130 Millionen DM aufgewendet — getragen wird, teilen sich die ARD und der Bund die Kosten für den Etat des DLF, der 1973 67 Millionen DM auswies, s. *von Löwis of Menar*, S. 537 u. 539.

[708] Siehe die §§ 3 Abs. 1 und 7 Abs. 1 DW/DLF-G, sowie die Rechenexempel bei *Remmele*, S. 72. Zur gegenwärtigen Zusammensetzung der Räte der DW und des DLF das ARD-Jahrbuch, S. 154 ff.

[709] Die auf dem Grundsatz der Staatsunabhängigkeit beruhende restriktive Auslegung staatlicher Aufsichtsrechte bei den Inlandsrundfunkanstalten, s. o.

B. Für nichtdeutsche Sender

I. Für Programme alliierter Militärsender

Zur Rundfunkversorgung ihrer Truppen veranstalten die in Deutschland stationierten Streitkräfte der Vereinigten Staaten von Amerika, Großbritanniens und Kanadas Programme in den armeeeigenen Sendern der American Forces Network, des British Forces Broadcasting Service, der Canadian Forces Network, des Radio Canadian Army, Europe und des Armed Forces Radio and Television Service[710]. Die Rechtstellung dieser Rundfunkstationen richtet sich nach Art. 60 Abs. 5 (a) des Zusatzabkommens zum NATO-Truppenstatut, wonach die Vertragsstaaten berechtigt sind, „eigene Ton- und Fernsehrundfunksender für die Truppe, das zivile Gefolge, ihre Mitglieder und deren Angehörige zu betreiben"[711]. Da es sich bei dieser auswärtigen Mächten eingeräumten Rechtsposition gewissermaßen um ein okkupationsrechtliches Residuum handelt[712], das der deutschen Hoheitsgewalt nicht zugänglich ist[713], können völkerrechtswidrige Programme dieser Militärstationen der Bundesrepublik weder als organschaftliches noch als privates Tun zugerechnet werden.

II. Für Programme von Radio Free Europe/Radio Liberty

Der nach amerikanischem Privatrecht konstituierte, von München aus operierende Sender RFE/RL[714] hat in der Bundesrepublik die Stellung eines rechtsfähigen Vereins inne. Denn obwohl sich die Rechtsfähigkeit einer ausländischen Organisation grundsätzlich nach dem Recht des Staates bestimmt, in dem sich der Sitz ihrer Hauptverwaltung befin-

III. Teil 2. Kap. A.I.1.b), greift für die in § 22 DW/DLF-G der Bundesregierung vorbehaltenen Rechtsaufsicht nicht: Da hier Art. 5 keine Grenzen setzt, wäre sogar die Einführung einer Fachaufsicht für den Auslandsdienst möglich. Zur Aufsicht über den Auslandsrundfunk auch *Wilkens*, S. 131; *Remmele*, S. 59/60 und *Berendes*, S. 114 f.

710 Siehe *Herrmann*, Fernsehen, Anm. 1, S. 273.

711 BGBl. 1961 II, S. 1284.

712 Schon der Vertrag über die Rechte und Pflichten ausländischer Streitkräfte und ihrer Mitglieder in Deutschland sah autonome militärische Rundfunksender vor, vgl. BGBl. 1955 II, S. 342 f. und 378 f.; s. a. Art. 4 des Deutschlandvertrags, BGBl. 1955 II, S. 307.

713 Es handelt sich also um „eine Ausnahme von der Zuständigkeit des Rundfunkrechts der BRD", *Krause-Ablaß*, RFE, S. 22. Entsprechendes gilt auch für den von der ICA getragenen — s. das ARD-Jahrbuch, S. 160 f. — Berliner RIAS. Rechtsgrundlage für den Betrieb von RIAS ist Art. 2 Satz 1 des Deutschlandvertrags, BGBl. 1955 II, S. 306, wonach die Drei Mächte ihre Rechte in bezug auf Berlin und Deutschland als Ganzes beibehalten; dazu auch *Krause-Ablaß*, RFE, S. 23.

714 Zur Rechtslage von RFE/RL im Verhältnis zu den USA im einzelnen oben III. Teil 1. Kap. A.II.2.b).

det[715], und RFE/RL dementsprechend nach der Übersiedelung seines Managements von New York nach München im Jahre 1973[716] nach nunmehr maßgeblichem deutschem Recht die Rechtsfähigkeit abgesprochen werden müßte[717], gilt die 1953 unter dem Regime des inzwischen aufgehobenen Art. 10 EGBGB ergangene Anerkennung der Rechtsfähigkeit von RFE/RL gemäß § 43 Abs. 2 Bundesverwaltungsverfahrensgesetz auch heute noch fort[718]. Jedenfalls unterliegt RFE/RL — anders als die allierten Militärsender — der bundesdeutschen Jurisdiktion, so daß sich durchaus die Frage nach der völkerrechtlichen Haftungszuordnung dieser Rundfunkstation zur Bundesrepublik erhebt.

Wie schon mehrfach ausgeführt[719] hindert nun allein die formale Einordnung eines Verbandes als juristische Person des Privatrechts das Völkerrecht nicht, ihn insoweit als Staatsorgan zu klassifizieren, als er staatliche Aufgaben wahrnimmt. RFE/RL wäre demnach dann als Organ der Bundesrepublik einzustufen, wenn es in erster Linie mit der rundfunkpublizistischen Darstellung der deutschen Außenpolitik betraut wäre. Indessen erfüllt dieser Sender eine ganz andere, weitergehende Funktion. Sein Sinn ist es, „(to) provide uncensored news and information on domestic and relevant world affairs and (to) convey a broad spectrum of ideas to audiences whose governments attempt to exercise a monopoly of information“[720]. Auch wenn in diesem Rahmen die Tendenz der Programme von RFE/RL kongruent mit deutschen Zielvorstellungen sein sollte, selbst wenn in diesem Rahmen eine freundliche und der deutschen Politik nützliche Berichterstattung über Deutschland erfolgen sollte, wäre diese Interessenidentität doch bloß akzidentell und — da sie nicht die Folge bundesdeutscher Aufgabendelegation ist[721] — deshalb nicht geeignet, RFE/RL in seinem Verhältnis zur Bundesrepublik Organcharakter zuzusprechen.

Ebensowenig kann RFE/RL mittels der Kriterien exekutivischer Eingriffsrechte als bundesdeutsches Staatsorgan bezeichnet werden. Der Briefwechsel zwischen dem Sender und der Bundesregierung aus den

[715] Sogenannte Sitztheorie der h. M., s. m. w. N. BGHZ 53, 183.

[716] Vgl. Board for International Broadcasting, Fifth Report, S. 2/3.

[717] Soweit ersichtlich ist RFE/RL in Deutschland weder ins Vereins- noch ins Handelsregister eingetragen.

[718] Zu dieser Anerkennung seitens des Auswärtigen Amtes *Reich*, Anm. 701, S. 174. Gemäß der Entscheidung der Bundesregierung über die sachliche Zuständigkeit zur Anerkennung ausländischer Vereine vom 17. 2. 1953, BGBl. 1953 I, S. 43, wäre der Bundesminister des Innern zur Anerkennung berufen gewesen.

[719] Namentlich oben III. Teil 1. Kap. A.I.

[720] RFE/RL Policy Guidelines, Board for International Broadcasting, Fifth Report, S. 45.

[721] Anders im Falle der DW und des DLF: Diese Anstalten sind von Gesetzes wegen gehalten, im Ausland ein Bild Deutschlands zu vermitteln, s. o. III. Teil 2. Kap. A.II. Ähnlich für das Verhältnis von RFE/RL zu den USA oben Anm. 543.

fünfziger Jahren, der die Rechtsstellung von RFE/RL in Deutschland umreißt[722], sieht zwar vor, die Anstalt der fernmelderechtlichen Lizenzierung nach dem FAG zu unterwerfen und verpflichtet sie, der Bundespost für die Inanspruchnahme fernmeldetechnischer Einrichtungen Gebühren zu entrichten[723]. Allein die Tatsache, daß ein privater Rundfunkbetrieb der Fernmeldehoheit unterliegt, rechtfertigt jedoch nicht die Bejahung der organschaftlichen Haftung des lizenzierenden Staates für völkerrechtswidrige Programme des lizenzierten Senders[724]. Erforderlich ist hierfür vielmehr eine organische Verbindung, die in personellen, finanziellen oder inhaltlichen Gestaltungsrechten zum Ausdruck kommen kann[725]. Gegenüber RFE/RL hat die Bundesregierung indessen keine vergleichbaren Kompetenzen. In dem genannten Briefwechsel ist ihr lediglich ein Informationsrecht ex post eingeräumt worden. Das heißt, RFE/RL hat sich verpflichtet, alle ausgestrahlten Programme sechs Monate lang auf Band aufzubewahren und der Bundesregierung auf Verlangen vorzulegen[726]. Nicht aber kann die Bundesregierung im vorhinein Auskünfte über geplante Programme von RFE/RL fordern.

Angesichts dieser Sachlage stehen der Gleichstellung von RFE/RL mit der ARD und dem ZDF keine völkerrechtlichen Argumente entgegen. Folglich haftet die Bundesrepublik für völkerrechtswidrige Sendungen dieser Rundfunkstation auch nur entsprechend den Grundsätzen der Haftung anläßlich des Verhaltens von Privaten[727].

---

[722] Der Briefwechsel ist nicht allgemein zugänglich; weder das Bundespresse- und -informationsamt noch das Bundespostministerium haben auf schriftliche Anfragen nach seinem Inhalt geantwortet. Diese Ausführungen stützen sich deshalb vornehmlich auf das Protokoll eines Gesprächs vom 19. 7. 1979 mit *Robert Redlich*, Director of Public Affairs bei RFE/RL.

[723] Diese Lizenz kann von der Bundesregierung jeweils am 1. 4. eines Jahres mit Wirkung zum 1. 6. gekündigt werden, s. *Wettig*, Informationsfluß, Anm. 28, S. 1048. Die Kompetenz des Bundes zur Genehmigung eines von Ausländern veranstalteten Auslandsrundfunks — der Briefwechsel untersagt RFE/RL Sendungen für Deutschland — beruht auf Art. 73 Nr. 1 GG, dazu *Krause-Ablaß*, RFE, S. 26 und *Herrmann*, Fernsehen, S. 274.

[724] Siehe oben III. Teil 1. Kap. B., insbesondere Anm. 560; wie hier auch *Simma*, S. 66. Lediglich sozialistische Autoren stützen die Verantwortlichkeit der Bundesrepublik für Programme von RFE/RL auf die Lizenzerteilung, etwa *Hoffmann*, S. 66.

[725] Siehe oben III. Teil 1. Kap. A.I.

[726] Von diesem Recht habe die Bundesregierung bislang nur einmal — nach dem Ungarn-Aufstand 1956 — Gebrauch gemacht, wobei sie in ihrem anschließenden Bericht RFE entlastet habe, s. Gesprächsprotokoll wie oben Anm. 722.

[727] Dazu analog oben III. Teil 2. Kap. A.I.2. Den die Haftung der Bundesrepublik bejahenden Stellungnahmen von *Friedmann*, Impacts, S. 500, *von Löwis of Menar*, S. 540 und *Krause-Ablaß*, RFE, S. 27, ist nicht zu entnehmen, ob sie sich auf eine organschaftliche oder nur auf eine den Grundsätzen für das Verhalten Privater folgende völkerrechtliche Verantwortlichkeit beziehen.

Ergebnis

Die Untersuchung hat gezeigt,

— daß der Intervention nur jene vom Völkerrecht nicht normierte Sachbereiche zugänglich sind;

— daß sich deshalb mit der fortschreitenden Internationalisierung menschenrechtlicher Problemkreise der menschenrechtliche domaine réservé, das heißt die Sphäre des interventionstauglichen nationalen Zuständigkeitsbereichs, progressiv verringert;

— daß allerdings — außerhalb des Geltungsbereichs der Europäischen Menschenrechtskonvention — divergierende Menschenrechtskonzeptionen eine universell verbindliche vertragliche Internationalisierung des Menschenrechts der transnationalen Informationsfreiheit verhindert haben;

— daß der ausufernde Interventionsbegriff mittels den Kriterien Erheblichkeit und Zumutbarkeit, also Gesichtspunkten der Sozialadäquanz, auf ein den internationalen Beziehungen entsprechendes Maß zu reduzieren ist;

— daß an die Staaten für organschaftlich veranstaltete grenzüberschreitende Rundfunksendungen völkerrechtswidrigen Inhalts schärfere Haftungsanforderungen zu stellen sind als für Programme, die von privater Seite ausgestrahlt werden;

— daß bei der mitunter schwierigen Ermittlung des Organcharakters von Rundfunkanstalten, die sich mit internationalen Sendungen befassen, geprüft werden muß, ob der betreffende Sender auf Grund staatlicher Aufgabendelegation tätig wird und inwieweit staatliche Instanzen zur finanziellen, personellen oder inhaltlichen Einflußnahme auf die Programmgestaltung befugt sind.

Literaturverzeichnis

Abshire, David: International Broadcasting: A New Dimension of Western Diplomacy, The Washington Papers, IV, 35, 2. Auflage, Beverly Hills, London 1976

Achterberg, Norbert: „Öffentliche Ordnung" im pluralistischen Staat. Analytische Bemerkungen zu einem Grundbegriff des Polizei- und Ordnungsrechts, in: Festschrift für Hans Ulrich Scupin zum 70. Geburtstag, Berlin 1973, S. 9 ff.

Andrassy, Juraj: Les Relations Internationales de Voisinage, in: 79 RdC 1951 (II), S. 73 ff.

Annan-Report: Report of the Committee on the Future of Broadcasting, Chairman: Lord Annan, Her Majesty's Stationery Office, London 1977

Anzilotti, Dionisio: Lehrbuch des Völkerrechts, Band 1: Einführung — Allgemeine Lehren, Berlin, Leipzig 1929

Arangio-Ruiz, Gaetano: The Normative Role of the General Assembly of the UN and the Declaration of Principles of Friendly Relations, in: 137 RdC 1972 (III), S. 418 ff.

d'Arcy, Jean: Direct Broadcast Satellites and Freedom of Information, in: The International Law of Telecommunications, hrsg. von Edward McWhinney, Leyden, Dobbs Ferry 1971, S. 149 ff.

ARD-Jahrbuch 78: Hrsg. von der Arbeitsgemeinschaft der öffentlich-rechtlichen Rundfunkanstalten der Bundesrepublik Deutschland (ARD), Hamburg 1978

Bartsch, Hans-Jürgen: Die Entwicklung des internationalen Menschenrechtsschutzes, in: 30 NJW 1977 (I), S. 474 ff.

BBC-Handbook 1979: British Broadcasting Corporation, London 1979

Beeley, Sir Harold: The Changing Role of British International Propaganda, in: The Annals of the American Academy of Political and Social Science 1971, S. 124 ff.

Bentwich, Norman: The Limits of the Domestic Jurisdiction of the State, in: 31 The Grotius Society 1946, S. 59 ff.

Berber, Friedrich: Lehrbuch des Völkerrechts, Erster Band: Allgemeines Friedensrecht, 2. Auflage, München 1975
(zit.: Berber, LB I)

— Lehrbuch des Völkerrechts, Dritter Band: Streiterledigung — Kriegsverhütung — Integration, 2. Auflage, München 1977
(zit.: Berber, LB III)

— Völkerrecht — Dokumentensammlung, Band I: Friedensrecht, München, Berlin 1967
(zit.: Berber, Dokumente)

Berendes, Konrad: Die Staatsaufsicht über den Rundfunk, Berlin 1973

Bernhardt, Rudolf: Die Auslegung völkerrechtlicher Verträge insbesondere in der neueren Rechtsprechung internationaler Gerichte, Köln, Berlin 1963

Bethge, Herbert: Zur verfassungsrechtlichen Zulässigkeit der Mehrwertbesteuerung des Gebührenaufkommens der öffentlich-rechtlichen Rundfunkanstalten, in: Juristische Rundschau 1971, S. 492 ff.
(zit.: Bethge, Mehrwertsteuer)

— Rechtsfragen der Rundfunkaufsicht, in: 7 Die Verwaltung 1974, S. 439 ff.
(zit.: Bethge, Rundfunkaufsicht)

Blesinger, Ludwig: Die sogenannte vereinbarte und erbetene Intervention, Diss. Bonn 1966

Bluntschli, J. C.: Das moderne Völkerrecht der civilisirten Staten. Als Rechtsbuch dargestellt, 3. Auflage, Nördlingen 1878

Board für International Broadcasting: Second Annual Report 1975, U.S. Government Printing Office: 1975 0-594-306
(zit.: Board for International Broadcasting, Second Report)

— Fifth Annual Report 1979, U.S. Government Printing Office: 1979 0-276-372
(zit.: Board for International Broadcasting, Fifth Report)

Bobrakov, Yuri: War Propaganda: A Serious Crime Against Humanity, in: International Control of Propaganda, hrsg. von Clark C. Havighurst, Dobbs Ferry, New York 1967, S. 35 ff.

Bockhoff, Ernst: Die Intervention im Völkerrecht, Diss. Köln 1934

Böckenförde, Ernst-Wolfgang: Die Rechtsauffassung im kommunistischen Staat, München 1967

Boelcke, Willi A.: Die Macht des Radios. Weltpolitik und Auslandsrundfunk 1924 - 1976, Frankfurt, Berlin, Wien 1977

Bond, James E.: A Survey of the Normative Rules of Intervention, in: 52 Military Law Review 1971, S. 51 ff.

Bowett, D. W.: Self-Defence in International Law, Manchester 1958

Brierly, J. L.: Matters of Domestic Jurisdiction, in: 6 British Yearbook of International Law 1925, S. 8 ff.
(zit.: Brierly, Domestic Jurisdiction)

— The Law of Nations, 6. Auflage, Oxford 1963
(zit.: Brierly, LB)

Brown, Elton Rex: Direct Broadcast Satellites and Freedom of Speech, in: 4 California Western International Law Journal 1974, S. 374 ff.

Brunner, Georg: Die Grundrechte im Sowjetsystem, Köln 1963
(zit.: Brunner, Grundrechte)

— Die östliche Menschenrechtskonzeption, in: Die KSZE und die Menschenrechte. Politische und rechtliche Überlegungen zur zweiten Etappe. Mit Beiträgen von Blumenwitz u. a., Berlin 1977, S. 95 ff.
(zit.: Brunner, Menschenrechtskonzeption)

Bruns, Viktor: Fontes Juris Gentium, Series B, sectio I, Tomus I, pars 1, Berlin 1932

Burke, William T.: The Legal Regulation of Minor International Coercion: A Framework of Inquiry, in: Essays on Intervention, hrsg. von R. Stanger, Columbus 1964, S. 87 ff.

Cardozo, Michael H.: Intervention: Benefaction as Justification, in: Essays on Intervention, hrsg. von R. Stanger, Columbus 1964, S. 64 ff.

Chakrabarti, Radharaman: Intervention and the Problem of its Control in the Twentieth Century, New Delhi 1974

Chayes, Abram / James *Fawcett* / Masami *Ito* / Alexandre-Charles *Kiss*: Satellite Broadcasting, London 1973

Codding, George A.: Broadcasting Without Barriers, UNESCO, Paris 1959

Codevilla, Giovanni: Marxism-Leninism and Fundamental Freedoms, in: 4 Review of Socialist Law 1978, S. 215 ff.

Dahm, Georg: Völkerrecht, Band I, Stuttgart 1958
(zit.: Dahm, LB I)

— Völkerrecht, Band III, Stuttgart 1961
(zitiert: Dahm, LB III)

— Das Verbot der Gewaltanwendung nach Art. 2 (4) der UNO-Charta und die Selbsthilfe gegenüber Völkerrechtsverletzungen, die keinen bewaffneten Angriff enthalten, in: Festschrift für Rudolf Laun zum 80. Geburtstag, 11 JIR 1962, S. 48 ff.
(zit.: Dahm, Gewaltanwendung)

Dambmann, Gerhard: Propaganda im Friedensvölkerrecht, Schotten 1954

Dauses, Manfred A.: Direct Television Broadcasting by Satellites and Freedom of Information, in: 3 Journal of Space Law 1975, S. 59 ff.

Davies, Richard T.: The American Commitment to Public Propaganda, in: International Control of Propaganda, hrsg. von Clark C. Havighurst, Dobbs Ferry, New York 1967, S. 14 ff.

Davison, W. Phillips: Mass Communication and Conflict Resolution. The Role of the Information Media in the Advancement of International Understanding, New York, Washington, London 1974

DDR-Handbuch: Hrsg. vom Bundesministerium für innerdeutsche Beziehungen, Wissenschaftliche Leitung: Peter Christian Ludz unter Mitwirkung von Johannes Kuppe, Köln 1975

Diallo-Tayiré, Alpha Amadou: La crise de l'information et la crise de confiance des Nations Unies, Fribourg, 1971

Doehring, Karl: Das Selbstbestimmungsrecht der Völker, Berichte der Deutschen Gesellschaft für Völkerrecht, Heft 14, Karlsruhe 1974
(zit.: Doehring, Selbstbestimmungsrecht)

— The Two Concepts of Freedom in International Law, in: Concepts of Freedom: 1776 - 1976, Twelve Essays by American and German Scholars, Heidelberg 1977, S. 155 ff.
(zit.: Doehring, Two Freedoms)

zu Dohna, Bernt Graf: Die Grundprinzipien des Völkerrechts über die freundschaftlichen Beziehungen und die Zusammenarbeit zwischen den Staaten, Berlin 1973

Dons, Erik: Is the Question of Human Rights a Domestic Matter?, in: 1 Jus Gentium 1949 (Nordisk Tiidsskrift for Folkeret og international Privatret), S. 77 ff.

van Dyke, Vernon: The Responsibility of States for International Propaganda, in: 34 AJIL 1940, S. 58 ff.

Eagleton, Clyde: The Responsibility of States in International Law, Reprint New York 1970

Eeckman, Paul: The Domestic Jurisdiction Clause of the Charter: A Belgian View, in: 9 International Organization 1955, S. 477 ff.

Eek, Hilding: Freedom of Information as a Project of International Legislation. A Study of International Law in Making, Uppsala, Wiesbaden 1953

Elder, Robert E.: The Information Machine. The United States Information Agency and American Foreign Policy, Syracuse 1968

Emery, Walter B.: Broadcasting and Government: Responsibilities and Regulation, Michigan State University Press 1971

Engelhard, Helmut: Satellitendirektfernsehen — neue Technologie für einen besseren Informationsfluß? Die völkerrechtliche Kontroverse zwischen Informationsfreiheit und Staatssouveränität, Diss. Heidelberg 1977

Eppenstein, Madelaine / Elizabeth *Aisenberg*: Radio Propaganda in the Contexts of International Regulation and the Free Flow of Information as a Human Right, in: 5 Brooklyn Journal of International Law 1979, S. 154 ff.

Ermacora, Felix: Human Rights and Domestic Jurisdiction. Article 2, § 7, of the Charter, in: 124 RdC 1968 (II), S. 371 ff.

Evenson, Jens: Aspects of International Law Relating to Modern Radio Communications, in: 115 RdC 1965 (II), S. 477 ff.

Falk, Richard A.: The United States and the Doctrine of Nonintervention in the Internal Affairs of Independent States, in: 5 Howard Law Journal 1959, S. 163 ff.
(zit.: Falk, Doctrine of Nonintervention)

— The Legitimacy of Legislative Intervention by the United Nations, in: Essays on Intervention, hrsg. von R. Stanger, Columbus 1964, S. 31 ff.
(zit.: Falk, Legislative Intervention)

— On Regulating International Propaganda: A Plea for Moderate Aims, in: International Control of Propaganda, hrsg. von Clark C. Havighurst, Dobbs Ferry, New York 1967, S. 184 ff.
(zit.: Falk, Propaganda)

Farago, Ladislas: War of Wits. Secrets of Espionage and Intelligence, London 1956

Fauchille, Paul: Traité de droit international public, Tome 1er, première partie, Paix, 8ème édition de Henry Bonfils, Paris 1922

Fawcett, J. E. S.: Intervention in International Law. A Study of Some Recent Cases, in: 103 RdC 1961 (II), S. 341 ff.

Fenwick, C. G.: The Scope of Domestic Questions in International Law, in: 19 AJIL 1925, S. 143 ff.
(zit.: Fenwick, Domestic Questions)

— Freedom of Communication across National Boundaries, in: 44 AJIL 1950, S. 562 ff.
(zit.: Fenwick, Communication)

— International Law, 4. Auflage, New York 1965
(zit.: Fenwick, LB)

Fincham, Charles Brothers Hilson: Domestic Jurisdiction. The Exception of Domestic Jurisdiction as a Bar to Action by the League of Nations and the United Nations, Diss. Leiden 1948

Fisher, Roger: Intervention: Three Problems of Policy and Law, in: Essays on Intervention, hrsg. von R. Stanger, Columbus 1964, S. 3 ff.

Fitzmaurice, G. G.: The Law and Procedure of the International Court of Justice: International Organizations and Tribunals, in: 29 British Yearbook of International Law 1952, S. 1 ff.

Follath, Erich: Ein internationaler Vergleich von Rundfunksystemen. Die Interdependenz von Rundfunkpolitik und Gesamtpolitik in Großbritannien, Frankreich, der Sowjetunion, der Volksrepublik China und Indien, Diss. Stuttgart - Hohenheim 1974

Forsthoff, Ernst: Der Staat der Industriegesellschaft. Dargestellt am Beispiel der Bundesrepublik Deutschland, München 1971

Frank, Götz: Abwehr völkerfriedensgefährdender Presse durch innerstaatliches Recht, Berlin 1974

Frenzke, Dietrich: Intervention, Gewalt und Aggression, in: Osteuropa-Handbuch, Band Sowjetunion, Teil: Außenpolitik III, Köln, Wien 1976

Friedmann, Wolfgang: Some Impacts of Social Organization on International Law, in: 50 AJIL 1956, S. 475 ff.
(zit.: Friedmann, Impacts)

— Intervention and International Law, in: 25 Internationale Spectator 1971, S. 40 ff.
(zit.: Friedmann, Intervention)

Fritsche, Heinz Rudolf: Störsender als Waffe im Äther-Krieg, in: 10 Osteuropa 1960, S. 141 ff.

Frowein, Jochen Abr:. Das Problem des grenzüberschreitenden Informationsflusses und des „domaine réservé", in: Berichte der Deutschen Gesellschaft für Völkerrecht, Heft 19, Heidelberg, Karlsruhe 1979, S. 1 ff.

Gál, Gyula: Positive and Negative Aspects of the Law of Direct Television Broadcasting from Space, in: Proceedings of the Sixteenth Colloquium on the Law of Outer Space 1974, S. 71 f.

Gantenbein, James W.: The Evolution of Our Latin American Policy. A Documentary Record, New York 1950

García-Mora, Manuel R.: International Responsibility for Hostile Acts of Private Persons against Foreign States, Den Haag 1962

Garibaldi, Oscar M.: General Limitations on Human Rights: The Principle of Legality, in: 17 Harvard International Law Journal 1976, S. 503 ff.

Geiger, Willi: Sicherung der Informationsfreiheit des Bürgers im Fernsehen als Verfassungsproblem, in: Geiger, Willi / Franz Mai / Heinz Burghart: Der öffentlich-rechtliche Rundfunk zwischen Staat, Parteien und Interessen, Zürich 1978, S. 11 ff.

Gerlach, Axel: Die Intervention. Versuch einer Definition, Hamburg 1967

von Glahn, Gerhard: Law Among Nations. An Introduction to Public International Law, 2. Auflage, London 1970
(zit.: von Glahn, LB)

— The Case for Legal Control of „Liberation" Propaganda, in: International Control of Propaganda, hrsg. von Clark C. Havighurst, Dobbs Ferry, New York 1967, S. 115 ff.
(zit.: von Glahn, Propaganda)

Goodrich, Leland M.: The United Nations and Domestic Jurisdiction, in: 3 International Organization 1949, S. 14 ff.

Goose, Peter Ernst: Der internationale Pakt über bürgerliche und politische Rechte, in: 27 NJW 1974 (II), S. 1305 ff.

Graefrath, Bernhard: Internationale Zusammenarbeit und Menschenrechte, in: 27 Neue Justiz 1973, S. 683 ff.
(zit.: Graefrath, Zusammenarbeit)

— Internationale Zusammenarbeit der Staaten zur Förderung und Wahrung der Menschenrechte, in: 31 Neue Justiz 1977, S. 1 ff.
(zit.: Graefrath, Förderung)

— Zu internationalen Aspekten der Menschenrechtsdiskussion, in: 32 Neue Justiz 1978, S. 329 ff.
(zit.: Graefrath, Aspekte)

Gross, Leo: The „Domestic Jurisdiction" Limitation in the United Nations Charter, in: 47 Columbia Law Review 1947, S. 268 ff.

Grossmann, Karl-Heinz: Inhalt und Grenzen des Rechts auf freie Meinungsäußerung im Spiegel der Entscheidungen des Supreme Court of the United States, in: Jahrbuch des öffentlichen Rechts der Gegenwart, Neue Folge/Band 10, 1961, S. 181 ff.

Grotius, Hugo: De jure belli ac pacis Libri Tres. Drei Bücher vom Recht des Krieges und des Friedens, Paris 1625. Neuer deutscher Text und Einleitung von Walter Schätzel, Tübingen 1950

Grzybowski, Kazimierz: Propaganda and the Soviet Concept of World Public Order, in: International Control of Propaganda, hrsg. von Clark C. Havighurst, Dobbs Ferry, New York 1967, S. 41 ff.

Guelke, Adrian: Force, Intervention and Internal Conflict, in: The Use of Force in International Relations, hrsg. von F. S. Northedge, London 1974, S. 99 ff.

Guradze, Heinz: Der Stand der Menschenrechte im Völkerrecht, Göttingen 1956
(zit.: Guradze, Stand der MR)

— Die Europäische Menschenrechtskonvention. Kommentar, Berlin, Frankfurt 1968
(zit.: Guradze, Kommentar)

— Die Menschenrechtskonventionen der Vereinten Nationen vom 16. Dezember 1966, in: 15 JIR 1971, S. 242 ff.
(zit.: Guradze, Menschenrechtskonventionen)

Hacker, Jens: Die Intervention in Theorie und Praxis, in: Völkerrecht in Ost und West, hrsg. von Reinhart Maurach und Boris Meissner, Stuttgart 1967, S. 154 ff.
(zit.: Hacker, Intervention)

— Die allgemeinen Menschenrechte in den UN-Menschenrechtskonventionen und in der KSZE-Schlußakte, in: Die KSZE und die Menschenrechte. Politische und rechtliche Überlegungen zur zweiten Etappe. Mit Beiträgen von Blumenwitz u. a., Berlin 1977, S. 73 ff.
(zit.: Hacker, Menschenrechte)

Hailbronner, Kay: Der „clear and present danger test" und verfassungsfeindliche Betätigung in der neueren Rechtsprechung des Supreme Court der Vereinigten Staaten, in: Jahrbuch des öffentlichen Rechts der Gegenwart, Neue Folge/Band 22, 1973, S. 579 ff.

Hall, William Edward: A Treatise on International Law, 8. Auflage, hrsg. von A. Pearce Higgins, Oxford 1924

Hallmayer, Kurt: Die völkerrechtliche Stellung der deutschen Länder nach dem Bonner Grundgesetz, Diss. Tübingen 1954

Henkin, Louis: Force, Intervention, and Neutrality in Contemporary International Law, in: Proceedings of the American Society of International Law 1963, S. 147 ff.

Herrmann, Günter: Fernsehen und Hörfunk in der Verfassung der Bundesrepublik Deutschland. Zugleich ein Beitrag zu weiteren allgemeinen verfassungsrechtlichen und kommunikationsrechtlichen Fragen, Tübingen 1975
(zit.: Herrmann, Fernsehen)

— Rundfunkgesetze — Fernsehen und Hörfunk — Textsammlung, 2. Auflage, Köln, Berlin, Bonn, München 1977
(zit.: Herrmann, Gesetze)

Hershey, Amos S.: The Essentials of International Public Law and Organization, Revised edition, New York 1927

Hessen, Sergius: Die Menschenrechte im Liberalismus, Sozialismus und Kommunismus, in: Um die Erklärung der Menschenrechte. Ein Symposium. Mit einer Einführung von Jacques Maritain, Zürich, Wien, Konstanz 1951, S. 140 ff.

Hettlage, Karl-Maria: Die Intervention in der Geschichte der Völkerrechtswissenschaft und im System der modernen Völkerrechtslehre, Diss. Köln 1926

von der Heydte, Friedrich August Freiherr: Das Prinzip der guten Nachbarschaft im Völkerrecht, in: Völkerrecht und Weltbild, Festschrift für Alfred Verdross, Wien 1960, S. 133 ff.

Heymer, Winfried: Die Zulässigkeit der Stationierung und des Betriebs von Rundfunksatelliten aus völkerrechtlicher Sicht, Diss. Köln 1976

Higgins, Rosalynn: The Development of International Law through the Political Organs of the United Nations, London, New York, Toronto 1963

Hoffmann, Emil: Zur Frage der Völkerrechtswidrigkeit des Betriebs der Sender Free Europe und Radio Liberty, in: IPW-Berichte 1978, Heft 3, S. 65 ff.

Hoffmann-Remy, Ulrich: Die Möglichkeiten der Grundrechtseinschränkung nach den Art. 8 - 11 Abs. 2 der Europäischen Menschenrechtskonvention, Berlin 1976

Hold-Ferneck, Alexander: Lehrbuch des Völkerrechts, Zweiter Teil, Leipzig 1932

Holt, Robert T.: Radio Free Europe, Minneapolis 1958

Hondius, Frits W.: International Control of Broadcasting Programs in Western Europe, in: The International Law of Communications, hrsg. von Edward McWhinney, Leyden, Dobbs Ferry 1971, S. 69 ff.

Houben, Piet-Hein: Principles of International Law Concerning Friendly Relations and Co-operation Among States, in: 61 AJIL 1967, S. 703 ff.

Howell, John M.: Domestic Questions in International Law, in: Proceedings of the American Society of International Law 1954, S. 90 ff.
(zit.: Howell, Domestic Questions)

— The Commonwealth and the Concept of Domestic Jurisdiction, in: 5 Canadian Yearbook of International Law 1967, S. 14 ff.
(zit.: Howell, Commonwealth)

L'Huillier, Jean: Intervention et non-intervention dans la Chartes des Nations Unies, in: 4 Revue hellénique de droit international 1951, S. 253 ff.

Ipsen, Hans Peter: Mitbestimmung im Rundfunk, Frankfurt 1972

Jaenicke, Günther: Zur Frage des internationalen ordre public, in: Berichte der Deutschen Gesellschaft für Völkerrecht, Heft 7, Karlsruhe 1967, S. 77 ff.

Jank, Klaus Peter: Die Rundfunkanstalten der Länder und des Bundes, Berlin 1967

Janković, Branimir: International Law and Freedom of Information, in: 7 Jugoslovenska Revija za Mednunarodnu Pravo 1960, S. 264 ff.

Jenks, Wilfried C.: Liability for Ultra-Hazardous Activities in International Law, in: 117 RdC 1966 (I), S. 99 ff.

Jess, Adolf: Politische Handlungen Privater gegen das Ausland, Breslau 1923

Joeden, Johann: Die Funksendefreiheit der Staaten. I. Teil: Äthersouveränität oder Ätherfreiheit, in: 3 JIR 1950/51, S. 85 ff.
(zit.: Joeden, Teil I)

— Die Funksendefreiheit der Staaten. II. Teil: Die Schranken der Ätherfreiheit, in: 4 JIR 1954, S. 71 ff.
(zit.: Joeden, Teil II)

Jones, Goronwy: The Principle of Non-Intervention in the Internal Affairs of States. With Special Reference to the Implementation of Human Rights, in: 5 International Relations 1977, S. 154 ff.

Kaiser, Joseph: Internationale und nationale Zuständigkeit im Völkerrecht der Gegenwart, in: Berichte der Deutschen Gesellschaft für Völkerrecht, Heft 7, Karlsruhe 1967, S. 1 ff.

Kaiser, Karl: The Political Aspects of Intervention in Present Day International Politics, in: 25 Internationale Spectator 1971, S. 76 ff.

Keidel, Hannelore: Politische Aspekte der Aufsicht über den Rundfunk, in: 24 Rundfunk und Fernsehen 1976, S. 15 ff.

Kemper, Gerd Heinrich: Pressefreiheit und Polizei, Berlin 1964

Khol, Andreas: Der Menschenrechtskatalog der Völkergemeinschaft. Die Menschenrechtskonventionen der Vereinten Nationen, Wien 1968

Killinger, Eberhard: Feindliche Handlungen Privater gegen fremde Staaten, Diss. Hamburg 1967

Kimminich, Otto: Menschenrechtsschutz im geteilten Deutschland, in: Festschrift für Hans Ulrich Scupin zum 70. Geburtstag, Berlin 1972, S. 145 ff.

Kissinger, Henry A.: American Foreign Policy. Three Essays, New York 1969

Kitch, James C.: The American Convention on Human Rights: The Propriety and Implications of United States Ratification, in: 10 Rutgers Camden Law Journal 1979, S. 359 ff.

Klein, Friedrich: Die mittelbare Haftung im Völkerrecht, Frankfurt 1941

Knipping, Franz: Warum „neue internationale Informationsordnung"? Zum kommunikationspolitischen Konzept der Bewegung nichtpaktgebundener Staaten, in: Asien, Afrika, Lateinamerika, Heft 1, 1978, S. 5 ff.

Korobeinikov, V.: What is behind the „Freedom of Information" Concept?, in: International Affairs 1976, Heft 2, S. 102 ff.

Korowin, E. A.: Das Völkerrecht der Übergangszeit. Grundlagen der völkerrechtlichen Beziehungen der Union der Sowjetrepubliken, in: Internationalrechtliche Abhandlungen 1929
(zit.: Korowin, Übergangszeit)

— Proletarischer Internationalismus und Völkerrecht, in: Gegenwartsprobleme des Völkerrechts, Berlin (Ost) 1962, S. 67 ff.
(zit.: Korowin, Proletarischer Internationalismus)

Koschwitz, Hans-Jürgen: „Freiheit der Information" oder „Kommunikationsimperialismus"?, in: aus politik und zeitgeschichte, beilage zur wochenzeitung das parlament, B 15/77, S. 11 ff.

Krause(-Ablaß), Günter: Die Zuständigkeit zur Ordnung des Rundfunkwesens in der Bundesrepublik Deutschland, Flensburg 1960
(zit.: Krause, Zuständigkeit)

— Der Rundfunkfriedenspakt von 1936, in: 9 JIR 1960, S. 33 ff.
(zit.: Krause, Rundfunkfriedenspakt)

— Die Neutralitätspflicht der Rundfunkanstalten, in: 10 Rundfunk und Fernsehen 1962, S. 113 ff.
(zit.: Krause-Ablaß, Neutralität)

— Zur Rechtslage von Radio Free Europe, in: 19 Rundfunk und Fernsehen 1971, S. 20 ff.
(zit.: Krause-Ablaß, RFE)

Krüger, Herbert: Völkerrecht im Bundesstaat, in: Um Recht und Gerechtigkeit, Festgabe für Erich Kaufmann zum 70. Geburtstag, Stuttgart, Köln 1950, S. 239 ff.

Kunz, Josef L.: Freedom of Communications, in: Proceedings of the American Society of International Law 1954, S. 99 ff.

Kusnezow, Wladlen: Internationale Entspannungspolitik. Aus sowjetischer Sicht, Wien 1975

Kutzner, Gerhard: Die Amerikanische Menschenrechtskonvention vom 22. November 1969, in: 15 JIR 1971, S. 274 ff.

Lauterpacht, Hersch: Revolutionary Propaganda by Governments, in: 13 Transactions of the Grotius Society 1928, S. 143 ff.
(zit.: Lauterpacht, Propaganda)

— Revolutionary Activities by Private Persons Against Foreign States, in: 22 AJIL 1928, S. 105 ff.
(zit.: Lauterpacht, Revolutionary Activities)

— The International Protection of Human Rights, in: 70 RdC 1947 (I), S. 1 ff.
(zit.: Lauterpacht, Human Rights)

Lawrence, T. J.: The Principles of International Law, Seventh Edition revised by H. Winfield, London 1925

Leibholz, Gerhard: Rechtsgutachten zur verfassungsrechtlichen Problematik der Ausübung der Rechtsaufsicht gegenüber Rundfunk- und Fernsehanstalten im Bereich der Programmgestaltung, Schriftenreihe des ZDF, Heft 11, Göttingen 1973
(zit.: Leibholz, Gutachten)

— Bundesverfassungsgericht und Rundfunkfreiheit. Bemerkungen zu BVerfGE Bd. 12, S. 205 und Bd. 31, S. 314, in: Festschrift für Willi Geiger, Tübingen 1974, S. 9 ff.
(zit.: Leibholz, Rundfunkfreiheit)

Lerche, Peter: Zum Kompetenzbereich des Deutschlandfunks, Berlin 1963

Lewytzkyj, Borys: Zur sowjetischen Informationspolitik. Unter besonderer Berücksichtigung von Wissenschaft und Technik, in: 26 Osteuropa 1976, S. 435 ff.

Lima, F. X. de: Intervention in International Law. With a Reference to the Organization of American States, Den Haag 1971

Lisann, Maury: Broadcasting to the Soviet Union. International Politics and Radio, New York, Wishington, London 1975

Loewenstein, Karl: Souveränität und zwischenstaatliche Zusammenarbeit, in: 80 Archiv des öffentlichen Rechts 1955/56, S. 1 ff.

von Löwis of Menar, Henning: Die Rolle des Rundfunks im Ost-West-Konflikt, in: Handbuch der deutschen Außenpolitik, hrsg. von Hans-Peter Schwarz, München, Zürich 1975, S. 533 ff.

López, Salvador P.: Freedom of Information. A Report on Contemporary Problems and Developments. With Recommendations for Practical Action, submitted by Salvador P. López to the ECOSOC, 6 May 1953, in: UN ECOSOC OR 16th sess., suppl. no. 12

Loth, Heinrich: Interventionen. Zur imperialistischen Interventionspolitik der Gegenwart, Berlin (Ost) 1966

Luge, Carola / Richard *Mand* / Rudi *Rost:* Sozialismus und Menschenrechte. Staats- und rechtstheoretische Aspekte, in: 26 Staat und Recht 1977, S. 789 ff.

Mader, Julius: Die subversive Rolle des „Radio Free Europe", in: 13 Deutsche Außenpolitik 1968 (I), Berlin (Ost), S. 561 ff.

Maheu, René: Das Informationsrecht und das Recht der freien Meinungsäußerung, in: Um die Erklärung der Menschenrechte. Ein Symposium. Mit einer Einführung von Jacques Maritain, Zürich, Wien, Konstanz 1951, S. 286 ff.

Mallmann, Walter: Völkerrecht und Bundesstaat, in: Strupp / Schlochauer, Wörterbuch, 3. Band, Berlin 1962, S. 640 ff.
(zit.: Mallmann, Bundesstaat)

— Einige Bemerkungen zum heutigen Stand des Rundfunkrechts, in: JZ 1963, S. 350 ff.
(zit.: Mallmann, Bemerkungen)

— Zur Rechtsaufsicht über das Zweite Deutsche Fernsehen, Rechtsgutachten erstattet dem hessischen Ministerpräsidenten, Wiesbaden 1975
(zit.: Mallmann, Gutachten)

Marcoff, Marco G.: Traité de Droit international public de l'espace, Fribourg, Genève, Paris, New York 1973

Mardersteig, Helmut: Funkwellen, insbesondere Rundfunkwellen im Völkerrecht. Eine rechtstheoretische Untersuchung mit technischen und funkrechtsgeschichtlichen Grundlagen, Kiel 1950

Martelanc, Tomo: External Radio Broadcasting and International Understanding. Broadcasting to Yugoslavia, UNESCO, Paris 1977

Martens, Wolfgang: Öffentlich als Rechtsbegriff, Bad Homburg, Berlin, Zürich 1969

Martin, L. John: International Propaganda. Its Legal and Diplomatic Control, Minneapolis 1958

Marx, Karl / Friedrich *Engels:* Werke, Bd. 3, Berlin (Ost) 1962

Masmoudi, Mustapha: The New World Information Order, Doc. 31, erarbeitet für die International Commission for the Study of Communication Problems der UNESCO, 1978

Maunz, Theodor / Günther *Dürig* / Roman *Herzog* / Rupert *Scholz:* Grundgesetz. Loseblattsammlung

McWhinney, Edward: Friendly Relations and Co-operation among States (Co-existence) and the Principle of Non-Intervention, The Legal Principles Governing Friendly Relations and Co-operation among States, Leyden 1966, S. 69 ff.

Meissner, Boris: Die Prinzipienerklärung der KSZE und ihre völkerrechtliche Bedeutung, in: Politik und Kultur 1975, Nummer 6, S. 60 ff.

Mendelson, Wallace: Clear and Present Danger — From Schenck to Dennis, in: 52 Columbia Law Review 1952, S. 313 ff.

Mitrović, Tomislav: Non-Intervention in the Internal Affairs of States, in: Principles of International Law Concerning Friendly Relations and Cooperation, hrsg. von Milan Šahović, Belgrad 1972, S. 219 ff.

Morgenthau, Hans J.: To Intervene or Not to Intervene, in: 45 Foreign Affairs 1966/67, S. 425 ff.

Morozov, G. I.: Responsibility for War Propaganda (English Summary), in: Soviet Yearbook of International Law 1959, S. 323 ff.

Mosler, Hermann: Die Intervention im Völkerrecht, Berlin 1937
(zit.: Mosler, Intervention)

— Die völkerrechtliche Wirkung bundesstaatlicher Verfassungen, in: Festschrift für Richard Thoma zum 75. Geburtstag, Tübingen 1950, S. 129 ff.
(zit.: Mosler, Wirkung)

— Der „Gemeinschaftliche Ordre Public" in europäischen Staatengruppen, in: Estudios de derecho internacional homenaje a D. Antonio de Luna García, Madrid 1968, S. 372 ff.
(zit.: Mosler, ordre public)

von Münch, Ingo: Das völkerrechtliche Delikt in der modernen Entwicklung der Völkerrechtsgemeinschaft, Frankfurt 1963
(zit.: von Münch, Delikt)

— Internationale und nationale Zuständigkeit im Völkerrecht der Gegenwart, in: Berichte der Deutschen Gesellschaft für Völkerrecht, Heft 7, Karlsruhe 1967, S. 27 ff.
(zit.: von Münch, Zuständigkeit)

Neuhold, Hanspeter: Internationale Konflikte — verbotene und erlaubte Mittel ihrer Austragung. Versuche einer transdisziplinären Betrachtung des Grundsatzes des Gewalt- und Interventionsverbots sowie der friedlichen Streitbeilegung im Lichte der UN-Prinzipienerklärung und der modernen Sozialwissenschaften, Wien, New York 1977

Nichols, Josef C.: Comment on McWhinney's „The Antinomy of Policy and Function in the Law of International Telecommunications", in: 13 Columbia Journal of Transnational Law 1974, S. 30 ff.

Noack, Paul: Öffentliche Meinung und Außenpolitik, in: Handbuch der deutschen Außenpolitik, hrsg. von Hans-Peter Schwarz, München, Zürich 1975, S. 195 ff.

O'Brien, William V.: International Propaganda and Minimum World Public Order, in: International Control of Propaganda, hrsg. von Clark C. Havighurst, Dobbs Ferry, New York 1967, S. 151 ff.

O'Connell, D. P.: International Law, Volume I, 2. Auflage, London 1970

Onuf, Nicholas Greenwood: The Principle of Non-Intervention, the United Nations, and the International System, in: 25 International Organization 1971, S. 209 ff.

Oppenheim, L. / H. *Lauterpacht:* International Law. A Treatise, Volume I, Peace, 8. Auflage, London, New York, Toronto 1955

Oppermann, Thomas: Nichteinmischung in innere Angelegenheiten, in: 14 Archiv des Völkerrecht 1969/70, S. 321 ff.

Ossad, Meir: Legal Aspects of the Egyptian Intervention in Yemen, in: 5 Israel Law Review 1970, S. 216 ff.

Ossenbühl, Fritz: Rundfunkfreiheit und die Finanzautonomie des Deutschlandfunks, München 1969
(zit.: Ossenbühl, DLF)

— Staatsaufsicht und Rechnungsprüfung der Rundfunkanstalten, in: 21 Rundfunk und Fernsehen 1973, S. 31 ff.
(zit.: Ossenbühl, Staatsaufsicht)

— Rundfunk zwischen Staat und Gesellschaft, München 1975
(zit.: Ossenbühl, Rundfunk)

Ouchakov, Nicolai Alexandrovitch: La Compétence interne des Etats et la non-intervention dans le droit international contemporain, in: 141 RdC 1974 (I), S. 5 ff.

Partsch, Karl Josef: Die Rechte und Freiheiten der europäischen Menschenrechtskonvention, Berlin 1966
(zit.: Partsch, Menschenrechtskonvention)

— Aspekte des internationalen Menschenrechtsschutzes, in: 27 Vereinte Nationen 1979, S. 21 ff.
(zit.: Partsch, Aspekte)

von Pestalozza, Christian: Rundfunkfreiheit in Deutschland. Notizen aus der Provinz, in: 12 Zeitschrift für Rechtspolitik 1979, Heft 2, S. 25 ff.

Peters, Hans: Öffentliche und staatliche Aufgaben, in: Festschrift für Hans Carl Nipperdey zum 70. Geburtstag, Band 2, München, Berlin 1965, S. 877 ff.

Piradow, A. S. / G. B. *Staruschenko:* Das Prinzip der Nichteinmischung im modernen Völkerrecht, in: Gegenwartsprobleme des Völkerrechts, Berlin (Ost) 1962, S. 183 ff.

Poppe, Eberhard: Die Bedeutung der Grundrechte und Grundpflichten des Bürgers in der sozialistischen Gesellschaft, in: 32 Neue Justiz 1978, S. 326 ff.

Power, Jonathan: The UNESCO Debate on Role of the Press, in: International Herald Tribune vom 26. 10. 1978

Preuss, Lawrence: International Responsibility for Hostile Propaganda Against Foreign States, in: 28 AJIL 1934, S. 649 ff.
(zit.: Preuss, Propaganda)

— Article 2, Paragraph 7 of the Charter of the United Nations and Matters of Domestic Jurisdiction, in: 74 RdC 1949 (I), S. 553 ff.
(zit.: Preuss, Domestic Jurisdiction)

Rechenberg, Hans: Die interne Intervention auf Ersuchen. Völkerrechtliche Betrachtung des Tatbestandes in den internationalen Beziehungen, Diss. Würzburg 1964

Reich, Herbert: Die völkerrechtlichen Schranken der internationalen politischen Propaganda in Friedenszeiten, Diss. Kiel 1966

Remmele, Wolf Dieter: Die Selbstdarstellung der Bundesrepublik Deutschland im Ausland durch den Rundfunk als Problem des Staats- und Völkerrechts, Frankfurt, Bern, Cirencester 1979

Report of the Presidential Study Commission on International Radio Broadcasting: The Right to Know, U.S. Government Printing Office: 1973 0-494-673

RFE/RL: Radio Freies Europa/Radio Liberty — eine einzigartige Sendeeinrichtung, 3. Auflage, München 1978
(zit.: RFE/RL, Fact Sheet)

Righter, Rosemary: Noch eine „neue Weltordnung"? Zur Mediendeklaration der UNESCO und den Forderungen nach Kontrolle der Presse, in: 34 Europa Archiv 1979, S. 211 ff.

Romaniecki, Leon: Sources of the Breshnev Doctrine of Limited Sovereignty and Intervention, in: 5 Israel Law Review 1970, S. 527 ff.

Rosenau, James N.: The Concept of Intervention, in: 22 Journal of International Affairs 1968, S. 165 ff.
(zit.: Rosenau, Intervention)

— Intervention as a Scientific Concept, in: 13 Journal of Conflict Resolution 1969, S. 149 ff.
(zit.: Rosenau, Scientific Concept)

Rosenstock, Robert: The Declaration of Principles of International Law Concerning Friendly Relations: A Survey, in: 65 AJIL 1971, S. 713 ff.

Ross, Alf: A Textbook of International Law, General Part, London, New York, Toronto 1947
(zit.: Ross, LB)

— The Proviso concerning „Domestic Jurisdiction" in Article 2 (7) of the Charter of the United Nations, in: Österreichische Zeitschrift für öffentliches Recht, Neue Folge 2, 1950, S. 562 ff.
(zit.: Ross, Proviso)

Rowson, Richard C.: The American Commitment to Private International Political Communications: A View of Free Europe, Inc., in: International Control of Propaganda, hrsg. von Clark C. Havighurst, Dobbs Ferry, New York 1967, S. 20 ff.

Rudolf, Walter: Informationsfreiheit und Rundfunk im Völkerrecht, in: 5 JIR 1954, S. 256 ff.
(zit.: Rudolf, Informationsfreiheit)

— Rechtsvergleichende Betrachtungen über den Auslandsdienst des Rundfunks, in: 2 Rundfunk und Fernsehen 1954, S. 47 ff.
(zit.: Rudolf, Auslandsdienst)

Rumpf, Helmut: Intervention und Nicht- Intervention im modernen Völkerrecht, in: 39 Auswärtiger Dienst 1976, S. 41 ff.

Schapiro, L. B.: Domestic Jurisdiction in the Covenant and the Charter, in: 33 The Grotius Society 1948, S. 195 ff.

Scheuner, Ulrich: Sovereignty and the United Nations (Domestic Jurisdiction), in: The United Nations Ten Years Legal Process, Den Haag 1956, S. 17 ff.

Schmitt, Carl: Völkerrechtliche Großraumordnung mit Interventionsverbot für raumfremde Mächte, Berlin, Wien 1939

Schneider, Eberhard: Das Menschenrechtsverständnis der DDR und der UdSSR, in: 4 Politik und Kultur 1977, Heft 6, S. 25 ff.

Schönke, Adolf / Horst *Schröder:* Strafgesetzbuch. Kommentar, 19. Auflage, München 1978

Scholz, Rupert: Private Rundfunkfreiheit und öffentlicher Rundfunkvorbehalt — BVerwGE 39, 159, in: 14 Juristische Schulung 1974, S. 299 ff.

Schwarz, Urs: Intervention: The Historical Development, in: 25 Internationale Spectator 1971, S. 29 ff.
(zit.: Schwarz, Intervention)

— Abkehr von der Gewalt. Konfrontation und Intervention in der modernen Welt, Düsseldorf, Wien 1971
(zit.: Schwarz, Gewalt)

Schweisfurth, Theodor: Breschnew-Doktrin als Norm des Völkerrechts?, in: 21 Außenpolitik 1970, S. 523 ff.

Schwelb, Egon: The Nature of the Obligations of the States Parties to the International Covenants on Civil and Political Rights, in: Festschrift für René Cassin, Amicorum Discipulorum Liber I, Paris 1969, S. 301 ff.

Scott, Andrew M.: Non-intervention and Conditional Intervention, in: 22 Journal of International Affairs 1968, S. 208 ff.

Seiffert, Wolfgang: Die DDR stellt die Dinge auf den Kopf, in: Der Spiegel, Nr. 21 vom 21. 5. 1979, S. 118

Simma, Bruno: Grenzüberschreitender Informationsfluß und domaine réservé der Staaten, in: Berichte der Deutschen Gesellschaft für Völkerrecht, Heft 19, Heidelberg, Karlsruhe 1979, S. 39 ff.

Skelton, James W.: The United States Approach to Ratification of the International Covenants on Human Rights, in: 1 Houston Journal of International Law 1979, S. 103 ff.

Soder, Josef: Die Problematik des völkerrechtlichen Interventionsverbots, in: 18 Vereinte Nationen 1970, S. 48 ff.
(zit.: Soder, Interventionsverbot)

— Die Menschenrechtskonventionen der Vereinten Nationen, in: 15 Vereinte Nationen 1967, S. 167 ff.
(zit.: Soder, Menschenrechtskonventionen)

Sparks, Kenneth R.: Selling Uncle Sam in the Seventies, in: The Annals of the American Academy of Political and Social Science 1971, S. 113 ff.

Staatsrecht der DDR: Hrsg. von der Akademie für Staats- und Rechtswissenschaft der DDR, Berlin (Ost) 1977

Stalin, Josif V.: Der Marxismus und die Fragen der Sprachwissenschaft, Berlin (Ost) 1952

Stanger, Roland J.: Foreword, in: Essays on Intervention, hrsg. von R. Stanger, Columbus 1964

Starck, Christian: Rundfunkfreiheit als Organisationsproblem. Zur Zusammensetzung der Rundfunkgremien, Tübingen 1973

Steigner, Walter: Auslandsrundfunk — ein Regierungssender?, in: 18 Rundfunk und Fernsehen 1970, S. 125 ff.

Stern, Klaus / Herbert *Bethge:* Die Rechtsstellung des Intendanten der öffentlich-rechtlichen Rundfunkanstalten, München 1972

Strisower, Leo: Intervention, in: Wörterbuch des Völkerrechts und der Diplomatie, hrsg. von Karl Strupp, Erster Band, Berlin, Leipzig 1924, S. 581 ff.

Strupp, Karl: Das völkerrechtliche Delikt, in: Handbuch des Völkerrechts, hrsg. von Fritz Stier-Somlo, III. Band, Berlin, Stuttgart, Leipzig 1920
(zit.: Strupp, Delikt)

— Die völkerrechtliche Haftung des Staates, insbesondere bei Handlungen Privater, Kiel 1927
(zit.: Strupp, Haftung)

Sujka, Bogumil: Ausgewählte rechtliche Aspekte der Propagandatätigkeit durch Massenmedien (mit besonderer Berücksichtigung des Rundfunksenders „Freies Europa"), in: Volksrepublik Polen — Bundesrepublik Deutschland, Probleme der Normalisierung gegenseitiger Beziehungen, hrsg. von Janusz Rachocki, Poznań 1972, S. 183 ff.

Tchechko, Boris: Die Auffassung der Menschenrechte in der UdSSR. Dargestellt auf Grund offizieller Dokumente, in: Um die Erklärung der Menschenrechte. Ein Symposium. Mit einer Einführung von Jacques Maritain, Zürich, Wien, Konstanz 1951, S. 208 ff.

von Thadden, Eberhard: Der vorbehaltene Betätigungsbereich der Staaten (domaine réservé), Göttingen 1934

Thomas, Ann van Wynen / A. J. *Thomas,* Jr.: Non-Intervention. The Law and Its Import in the Americas, Dallas 1956

Titarenko, Stepan: Why There Can Be No Compromise in Ideological Struggle, in: Co-existence 1977, S. 171 ff.

Tomuschat, Christian: Menschenrechtsschutz durch die Vereinten Nationen, in: 24 Vereinte Nationen 1976, S. 166 ff.

Triepel, Heinrich: Völkerrecht und Landesrecht, Leipzig 1899
(zit.: Triepel, VR und Landesrecht)

— Die auswärtige Politik von Privatpersonen, in: 9 Zeitschrift für ausländisches öffentliches Recht und Völkerrecht 1939/40, S. 1 ff.
(zit.: Triepel, Politik)

Tscherning, Dieter: Der Standard der Menschenrechte nach dem Menschenrechtspakt der Vereinten Nationen im Vergleich zur Europäischen Menschenrechtskonvention, Diss. Mainz 1969

Tunkin, Grigori I.: Das Völkerrecht der Gegenwart. Theorie und Praxis, Berlin (Ost) 1963
(zit.: Tunkin, LB)

— Menschenrechte und Völkerrecht, in: 17 Vereinte Nationen 1969, S. 9 ff. (zit.: Tunkin, Menschenrechte)

Uibopuu, Henn-Jüri: Die Menschenrechtspakte der Vereinten Nationen im Staatsrecht der UdSSR, in: 21 Osteuropa 1975, S. 1 ff.
(zit.: Uibopuu, Menschenrechtspakte)

— The International Legal Obligations of the UdSSR for the Protection of Individuals, in: 14 Co-existence 1977, S. 266 ff.
(zit.: Uibopuu, Legal Obligations)

U.S. Government Manual 1978/79: Published by the Office of the Federal Register National Archives and Records Service, General Services Administration, Washington

Ustor, Endre: The Content of the Legal Rule of Non-Intervention in the Internal Affairs of Other States, in: Questions of International Law, Budapest 1964, S. 189 ff.

Vallindas, P.: The Concept „Matters which are Essentially within the Domestic Jurisdiction" Contained in Article 2, Section 7 of the United Nations Charter, in: 1 Revue hellénique de droit international 1948, S. 375 ff.

Varis, Tapio: The Control of Information by Jamming Radio Broadcasts, in: 3 Co-operation and Conflict 1970, S. 167 ff.

de Vattel, Emmerich: Le droit des gens ou principes de la loi naturelle, Appliqués à la conduite et aux affaires des Nations et des Souverains, Tome 1 und 2, London 1758

Verdross, Alfred: Die völkerrechtliche Verantwortlichkeit der Sowjetunion für die Handlungen der russischen kommunistischen Partei und der 3. Internationale, in: 9 Zeitschrift für Öffentliches Recht 1930, S. 577 ff.
(zit.: Verdross, Verantwortlichkeit)

— Theorie der mittelbaren Staatenhaftung, in: 1 Österreichische Zeitschrift für öffentliches Recht 1948, S. 388 ff.
(zit.: Verdross, Staatenhaftung)

— Völkerrecht, 5. Auflage, Wien 1964
(zit.: Verdross, LB)

Verdross, Alfred / Bruno *Simma:* Universelles Völkerrecht, Berlin 1976

Verzijl, Jan H. W.: Le domaine réservé de la compétence nationale exclusive, in: Scritti di diritto internazionale in onore di Tomasi Perassi, 2. Band, Mailand 1957, S. 389 ff.

Vincent, R. J.: Non-Intervention and International Order, Princeton 1974

Vitta, Edoardo: La Convention européenne et la Convention américaine pour la protection des droits de l'homme, in: 13 International Problems 1974, S. 191 ff.

Völkerrecht, Lehrbuch, Teil 1: Hrsg. von der Arbeitsgemeinschaft für Völkerrecht beim Institut für Internationale Beziehungen an der Akademie für Staats- und Rechtswissenschaft der DDR, Berlin (Ost) 1973
(zit.: VR der DDR)

Voigt, Hanns-Christian: Die Intervention. Eine völkerrechtliche Untersuchung, Diss. Göttingen 1938

Watson, J. S.: Autointerpretation, Competence, and the Continuing Validity of Art. 2 (7) of the UN Charter, in: 71 AJIL 1977, S. 60 ff.

Wehberg, Hans: Der nationale Zuständigkeitsbereich der Staaten nach der Satzung der Vereinten Nationen, in: 2 Archiv des Völkerrechts 1950, S. 259 ff.

Wengler, Wilhelm: Völkerrecht, Band II, Berlin, Göttingen, Heidelberg 1964

Westen, Klaus: Die Rolle der Grundrechte im Sowjetstaat, in: 17 Vereinte Nationen 1969, S. 12 - 17 und 51 - 57

Wettig, Gerhard: Freiheit oder Unfreiheit im Äther. Auseinandersetzungen in der UNO und auf der KSZE, in: aus politik und zeitgeschichte, beilage zur wochenzeitung das parlament, B 23/76, S. 3 ff.
(zit.: Wettig, Freiheit)

— Der östliche Kampf gegen den Informationsfluß aus der Bundesrepublik, in: 9 Deutschland Archiv 1976 (II), S. 1039 ff.
(zit.: Wettig, Informationsfluß)

— Der Kampf um die freie Nachricht, Zürich 1977
(zit.: Wettig, Kampf)

Whitton, John B.: Hostile International Propaganda and International Law, in: The Annals of the American Academy of Political and Social Science 1971, S. 14 ff.

Whitton, John B. / Arthur *Larson:* Propaganda. Towards Disarmament in the War of Words, Dobbs Ferry, New York 1963

Wiarda, Howard J.: Democracy and Human Rights in Latin America: Toward a New Conceptualization, in: 22 Orbis 1978, S. 137 ff.

Wiebringhaus, Hans: Kompetenzsphären im modernen Völkerrecht, in: 1 Annales Universitatis Saraviensis 1952, S. 125 ff.

Wiewiorowska, Krystyna: Some Problems of State Responsibility In Outer Space Law, in: 7 Journal of Space Law 1979, S. 23 ff.

Wilkens, Heinz: Die Aufsicht über den Rundfunk, Diss. Frankfurt 1965

Wilson, Robert: Reservation Clauses in Agreements for Obligatory Arbitration, in: 23 AJIL 1929, S. 68 ff.

Winfield, P. H.: The History of Intervention in International Law, in: 3 British Yearbook of International Law 1922/23, S. 130 ff.

Wright, Quincy: Subversive Intervention, in: 54 AJIL 1960, S. 521 ff.
(zit.: Wright, Subversive Intervention)

— Beziehungen zwischen verschiedenen Kategorien des Rechts, in: Um die Erklärung der Menschenrechte. Ein Symposium. Mit einer Einführung von Jacques Maritain, Zürich, Wien, Konstanz 1951, S. 187 ff.
(zit.: Wright, Kategorien des Rechts)

Wufka, Eduard: Die verfassungsrechtlich-dogmatischen Grundlagen der Rundfunkfreiheit. Zugleich ein Beitrag zu Problemen der Rundfunkorganisation und Staatsaufsicht, Frankfurt, Berlin 1971

Young, Oran R.: Intervention and International Systems, in: 22 Journal of International Affairs 1968, S. 177 ff.

Zellweger, Ed.: Die völkerrechtliche Verantwortlichkeit des Staats für die Presse, Zürich 1949

Zschiedrich, Angelika: Sozialistische Grundrechte in ihrer Funktion als staatliche Leitungsinstrumente in der sozialistischen Demokratie, in: 7 Staat und Recht 1979, S. 578 ff.

Kolibri 360 GmbH
Ferdinand-Jühlke-Straße 7
99095 Erfurt, Deutschland
produktsicherheit@kolibri360.de

Druck:
CPI Druckdienstleistungen GmbH
im Auftrag der
Kolibri 360 GmbH
Ferdinand-Jühlke-Str. 7
99095 Erfurt